DESPERTAR
EN LA 5D

Una guía práctica de
Transformación Multidimensional

Título original: Waking Up in 5D. A Practical Guide to Multidimensional Transformation
Traducido del inflés por Francesc Prims Terradas
Maquetación de interior: Toñi F. Castellón

©   de la edición original
     2017 de Maureen J. St. Germain

     Publicado por acuerdo con Inner Traditions mediante International Editors'Co Barcelona

©   de la portada
     Cover art - Sacred Geometry 209, de Endre Balogh
     www.EndresArt.com

©   de la presente edición
     EDITORIAL SIRIO, S.A.
     C/ Rosa de los Vientos, 64
     Pol. Ind. El Viso
     29006-Málaga
     España

www.editorialsirio.com
sirio@editorialsirio.com

I.S.B.N.: 978-84-18000-30-0
Depósito Legal: MA-247-2020

Impreso en Imagraf Impresores, S. A.
c/ Nabucco, 14 D - Pol. Alameda
29006 - Málaga

Impreso en España

Puedes seguirnos en Facebook, Twitter, YouTube e Instagram.

Maureen J. St. Germain

DESPERTAR
EN LA 5D

Una guía práctica de
Transformación Multidimensional

EDITORIAL
SIRIO

Este libro está dedicado a los dragones que han reaparecido en la Tierra para enseñarnos a todos acerca de la claridad y a tomar las mejores decisiones. Mi dragón favorito es un ser humano, Devra Jacobs. Ella misma dice que es una dragona, y está claro que es solidaria, servicial, amigable y tenaz, como los dragones invisibles de nuestro mundo.

Un agradecimiento especial a Knight, Endre Balog, Janiece Jaffe, Terri Young y Sylvia Chappell, así como a mis maravillosos alumnos, que me han inspirado tanto.

ÍNDICE

LA CONCIENCIA SUPERIOR, LA CIENCIA Y EL CORAZÓN

¿No te has preguntado qué se supone que estás haciendo en este planeta? ¿No te has preguntado por qué hay tantas dificultades y tanta violencia? Si estás leyendo estas palabras, es probable que hayas nacido para ser parte de la solución. Tu trabajo es crear el cielo en la Tierra, y este libro te ayudará a llevarlo a cabo. Pasar a formar parte de la solución es un proceso de dos pasos. La primera fase consiste en descubrir una nueva forma de pensar sobre uno mismo y la realidad. La segunda fase consiste en ser proactivo y elegir una nueva forma de ser a partir de esta nueva comprensión, más evolucionada.

Esta obra te ofrece orientación en relación con estos dos pasos. En primer lugar, te permitirá tener una comprensión más profunda acerca de lo que se encuentra más allá de la tercera dimensión, en la quinta dimensión concretamente, que puede entenderse como el lugar que todo el mundo llama *cielo*. Pero la quinta dimensión no es un lugar al que ir; ¡es una vibración en la que convertirse! Así que no tienes que «salir de aquí» para llegar allí. Cuando empieces a percibir y comprender las diferencias entre la tercera dimensión (3D) y la quinta dimensión (5D), podrás pasar con mayor facilidad a tu yo de la quinta dimensión, que está preparado para acogerte y te está esperando. ¡Es mucho más fácil de lo que podrías haber imaginado! Y ¿qué hay que decir de la cuarta dimensión (4D)? Pasarás por ella de camino a la 5D, como veremos.

En segundo lugar, este libro también te ofrece las estrategias y técnicas que te permitirán utilizar estos nuevos conocimientos. Mi trabajo es ayudarte a comprender lo que está sucediendo, por qué está ocurriendo, cómo lo estamos haciendo y cómo podemos ser proactivos. Todo el material que estoy compartiendo contigo ha acudido a mí a través de mis guías, gracias a mi conexión directa con la Fuente.

La experiencia de la quinta dimensión es esencial para el futuro de la humanidad. Es una concepción emergente en la que la ciencia se fusiona con la filosofía y la espiritualidad. El mensaje central es que estamos profundamente conectados con nuestra conciencia, y que nuestra ciencia, naturaleza y filosofía se están fusionando en una nueva forma de estar en el mundo: el *despertar en la quinta dimensión*. Es el cambio de paradigma de los cambios de paradigma.

Este libro no trata solamente de *tu* despertar en la 5D. Esta llamada es para toda la humanidad. Entraremos en el paradigma de una nueva realidad. En este volumen aprenderás diversas habilidades, entre ellas el lenguaje de la quinta dimensión, que no es peyorativo ni denota preferencias. Es igualitario, pero contiene una variedad tremenda.

Hace casi veinte años que imparto clases sobre las dimensiones, y actualmente estoy preparada para compartir una explicación completa acerca de este gran cambio dimensional. Esta obra te brindará la oportunidad de digerir este potente conocimiento y de expandir tus posibilidades. Tanto los científicos como los místicos como yo estamos de acuerdo en que hay mucho más de lo que podemos ver o sentir con nuestros sentidos; hay otras dimensiones. De hecho, es tanto lo que hay más allá de lo visible que vale la pena profundizar en el conocimiento de las dimensiones y la forma en que están organizadas. Con esta comprensión empezarás a creer que, efectivamente, ya has ido más allá de la tercera dimensión, y continuarás expandiendo tu conciencia y el ámbito de tu experiencia.

LA CONEXIÓN CON TU YO SUPERIOR SUPONDRÁ UN PUNTO DE INFLEXIÓN

Trabajar con tu yo superior te dará las claves para despertar en la 5D. Este libro te ayudará a orientarte en esa dirección. Desarrollar la conexión con el yo superior es la llave que abre todas las puertas. Tu yo superior se distingue de tu yo inferior por el hecho de que te proporciona intuición, aunque esté vinculado a tu ego y tus deseos. Tu yo inferior es reactivo; tu yo superior es proactivo. Tu yo superior va por delante de los acontecimientos; tu yo inferior reacciona a los acontecimientos.

A partir de que te conectes con tu yo superior, todo será distinto para ti. En el primer capítulo se describe en detalle una práctica para ayudarte a establecer esta conexión. Con el tiempo, aplicarás esta comprensión a todo lo que sabes, y ello expandirá enormemente tu corazón amoroso. Tu yo superior hará que conserves la honestidad. Ha habido muchas ocasiones en las que he querido hacer algo, después he elegido verificarlo con mi yo superior y he recibido información que me ha ayudado a elegir en otro sentido; la nueva decisión me llevó a tener una experiencia más afín a la quinta dimensión.

Estamos recibiendo el impulso colectivo de encontrar una versión nueva y diferente de nosotros mismos junto con formas nuevas y diferentes de resolver lo que debemos afrontar. En este volumen te enseñaré lo que sé. Es un conocimiento procedente de la luz, pero no tienes que confiar en mi palabra. Puedes y debes confirmarlo tú mismo, desarrollando tu propia conexión con tu yo superior.

EL CORAZÓN MUESTRA EL CAMINO

Estar en la quinta dimensión es elegir una frecuencia. También consiste en usar lo que uno tiene a su disposición para auxiliarse cuando vuelve a precipitarse desde las frecuencias más altas. Esto significa que llegar allí no garantiza quedarse; ahora bien, ciertamente, una vez que uno ha estado en la 5D, cada vez le resulta más fácil regresar a ella. Oscilarás entre la tercera dimensión y la quinta hasta que puedas mantener la frecuencia más elevada todo el tiempo.

Este es probablemente uno de los conceptos más difíciles de entender. Piensa en cómo podrías reaccionar frente a un descubrimiento difícil sobre alguien cercano a ti. Tal vez te sentirías enojado, después herido, a continuación lo aceptarías, luego volverías a enojarte, y así sucesivamente. Una de las formas de «permanecer en tu corazón» sería advertir estos sentimientos a medida que pasan; después harías el salto de la aceptación a la compasión por la otra persona, situación o circunstancia. ¿Cómo se hace? Una forma de hacerlo consiste en la práctica hawaiana del *ho'oponopono*. En pocas palabras, es el proceso de decir una y otra vez, en el ámbito del pensamiento: «Lo siento. Perdón. Gracias. Te amo». Este sistema lo sacó a la luz y lo enseñó la sanadora hawaiana Morrnah Nalamaku Simeona. Joe Vitale lo popularizó. Pruébalo la próxima vez que sientas que la dureza del corazón te impide avanzar hacia la compasión.

El corazón muestra el camino. Si tienes una buena mente, úsala, y luego deja que tu corazón decida. Esto significa que debes dejar que la mente te conduzca a través de cada una de las emociones, pero luego has de seguir adelante. No te aferres a las emociones negativas. Tu corazón marca la pauta; ¡es lo único importante!

Puedes decidir cómo interpretar las cosas que te suceden y las que te rodean. Recuerdo una tarjeta de cumpleaños que compré para mi padrastro. Mostraba a una mujer soñando despierta en un semáforo, con una fila de vehículos detrás de ella. La leyenda decía: «Estaba pensando en tu cumpleaños mientras iba conduciendo, y cuando el semáforo se ha puesto en verde, ¡de repente, todos los coches que tenía detrás han empezado a pitar para celebrarlo! ¿No ha sido un gesto bonito por su parte?». Es maravilloso considerar que las personas que te tocan el claxon están de acuerdo contigo o que les gustas. ¡Menudo concepto!

Imagínate teniendo pensamientos positivos y reconfortantes sobre cualquier comentario que recibas. Sabía que a mi padrastro le encantaría la tarjeta, porque si bien no entiende a qué me dedico, le gusto como persona. Está convencido de que, sea lo que sea lo que hago para ganarme la vida, es algo intangible y etéreo, y piensa que es incluso más extraño que a otras personas les gusten este tipo de cosas que «están en el aire».

Me siento inspirada por el mundo que experimento, y he encontrado en el mundo real, una y otra vez, las correlaciones que me han permitido corroborar esta comprensión. Hay algo que está claro: el futuro *no* es seguro. Aunque gran parte de nuestro futuro está asegurado, cómo y cuándo acontecerá depende de nosotros. Es nuestro deber cocrear un futuro amoroso, centrado en el corazón.

CONCIENCIA Y CIENCIA

¿Qué es la conciencia? ¿Somos los productos de nuestro entorno? ¿Viene de nosotros la conciencia o está influida por el ambiente? ¿Podemos cambiar lo que nos rodea? ¿Podemos modificar nuestra conciencia? Los científicos y los místicos se están uniendo para explorar lo que es posible y probable. Por ejemplo, desde 1994, la Universidad de Arizona ha patrocinado conferencias anuales sobre «La ciencia de la conciencia», en las que participan científicos y matemáticos prominentes, así como expertos en espiritualidad y salud holística o alternativa, como Deepak Chopra, Stuart Hameroff y *sir* Roger Penrose.

En estos encuentros estamos viendo, por fin, la fusión de la ciencia y la espiritualidad. Deepak Chopra, el desaparecido Wayne Dyer, Gregg Braden, Nassim Haramein y otros han demostrado las significativas ventajas de integrar la ciencia y el espíritu. Todos los documentos de divulgación general y los revisados por pares están de acuerdo en que la conciencia está conectada y en que, por lo tanto, la vida humana se halla vinculada al conjunto de la vida. En cuanto al verdadero significado de la conciencia, no se conoce totalmente ni existe un consenso al respecto. De todos modos, muchos científicos y filósofos coinciden en que es una experiencia interna basada en las experiencias subjetivas del individuo. Todos tenemos una conciencia interior; sin embargo, algunas percepciones pueden ser iguales o similares, y otras pueden no ser las mismas. Por lo tanto, la conciencia es tanto personal como universal. Muchos individuos que experimentan lo que yo llamo *conciencia universal* son capaces de ver y sentir la verdad pura, el pensamiento puro procedente, tal vez, de un tipo de percepción de alcance universal. Se está manifestando la conciencia universal cuando los investigadores hacen las mismas preguntas a distintas personas que se encuentran bajo la influencia de alucinógenos o hipnoterapia y reciben respuestas similares; y se está manifestando la conciencia subjetiva cuando la teñimos con nuestros sesgos y experiencias. Además, creo que la conciencia es la fuente de la vida tal como la conocemos, y que existen unas ideas universales a las que todos podemos acceder.

La conciencia no lo es todo, pero es tanto lo que hemos ignorado que ahora está ocupando el asiento delantero. Cuando era más joven, sabía muchas más verdades que venían directamente de la conciencia. A medida que despiertes, tú también verás y sabrás sin saber «por qué». Cuestiona la información. Anótala en tus diarios. Pide que sea confirmada o validada. Lo será.

CREAR EL CIELO EN LA TIERRA

Tú eres el recipiente, y la conciencia brota de tu interior. Puede hacerlo a través de un tubo estrecho o uno gigantesco; tú decides. Puedes abrir este conducto con tu voluntad y tu intención; también puedes cerrarlo con tus miedos, tus juicios, tu rabia, tu decepción y otras emociones negativas.

Al comienzo de mi trabajo espiritual, se me mostró cómo pedir un día del cielo en la Tierra. Te invito a hacer lo mismo.

Empieza con esto. Haz que todos los días sean buenos con una sencilla oración:

Pido un día del cielo en la Tierra para mí y para todas las personas con las que entre en contacto.

Cuando empecé, me di cuenta de que normalmente imaginaba un día difícil; después rectifiqué, y ofrecí con humor esta frase sustitutoria: «Estoy pasando un día del cielo en la Tierra». ¡Los resultados fueron asombrosos! Cuando hube formulado tres veces esta «afirmación», me di cuenta de que podía pedir eso todos los días. ¡Tú también puedes hacerlo!

VISIONES DE OTROS INSTRUCTORES

El 21 de diciembre de 2012 marcó el fin del gran ciclo maya y el comienzo de una nueva era mundial. Fui elegida para unirme a Hunbatz Men, quien originalmente escribió sobre el final del calendario maya, en el solsticio de diciembre de 2012 en Chichén Itzá, el templo maya del Yucatán, junto con un grupo de instructores y buscadores espirituales, para dar a luz la nueva era. Hunbatz Men dijo: «Ahora es el momento de que las mujeres asuman el liderazgo como instructoras espirituales». Las mujeres ya no serán silenciadas. Pero se trata de algo más. ¡Es la hora de lo femenino divino que hay dentro de ti! Y es la hora de lo femenino divino equilibrado y lo masculino divino equilibrado, tanto en los hombres como en las mujeres. En el capítulo ocho se trata en profundidad esta cuestión.

Este libro no trata de lo que otras personas están haciendo para retenerte o apoyarte, aun cuando estas energía son reales.

En lugar de ello, considera que contiene las claves que te permiten reclamar lo que es tuyo por derecho de nacimiento, comprender tu realidad y aprender a cocrear una nueva versión del cielo en la Tierra. ¡Estás descubriendo que la puerta está abierta de par en par, esperando a que decidas qué hacer a continuación! El conocimiento convencional quiere perpetuar el *statu quo*, pero nada en el universo apoyará esta opción.

¡Elige formar parte de la nueva realidad; opta por mostrarte, desempeñar tu papel y despertar en la quinta dimensión!

1

LA LLAMADA A DESPERTAR EN LA QUINTA DIMENSIÓN

La quinta dimensión es una frecuencia vibratoria de amor incondicional en la que no existe el miedo y en la que la compasión gobierna las emociones. Como se menciona en el prólogo, la quinta dimensión es el cielo al que se refieren las religiones tradicionales. Es el siguiente lugar al que la humanidad se está dirigiendo y en el que se va a expresar. En realidad, gran parte de los seres humanos ya se están expresando desde ahí.

Aunque generalmente consideramos que somos tridimensionales, la verdad es que estamos en un lugar ubicado ligeramente por encima de la tercera dimensión. La mayor parte de la humanidad permanece en este lugar, que se encuentra un poco más allá de la mitad de camino entre las dimensiones tercera y cuarta (en el punto dimensional 3 ⅝ para ser exactos; este número puede parecer extraño, pero considera que es una medida: un ascensor puede pararse en el tercer piso, o puede detenerse en un lugar más alto que el tercero que aún no es el cuarto).

Todas las dimensiones están unas dentro de otras como muñecas rusas.* La cuarta es diferente de la tercera, pero podemos experimentar ambas al mismo tiempo. La quinta dimensión es bastante similar a la tercera, y es posible que no notes la diferencia al principio. Cuanto más subas en la experiencia dimensional, más podrás discernir las frecuencias altas por la sensación de paz y tranquilidad que aportan. Desde el nuevo punto panorámico que ofrecen la cuarta o la quinta dimensión, podrás experimentar las dimensiones inferiores con buen talante, compasión y un interés desapasionado.

 ## Práctica del escenario hipotético

La conciencia de algo que parece ser ilógico es un buen indicador de que ya estás conectado con tu yo de la quinta dimensión.

1. Cuando ocurra esto y percibas estos datos ilógicos, tómate tiempo para conectarte con la Madre Tierra. Puedes hacerlo rápidamente enviando una «raíz» energética desde tu tubo pránico** que salga por el coxis y se hunda en el planeta. Muchas tradiciones chamánicas denominan *enraizamiento* a este proceso.

---

* Juguete de madera de origen ruso que consiste en una muñeca hueca, dividida por la cintura en dos partes que encajan, que tiene en su interior otra muñeca igual pero más pequeña y así sucesivamente, hasta llegar a la más pequeña que es maciza.

** El tubo pránico es el conducto energético que se encuentra frente a la columna vertebral. Se extiende desde un palmo por encima de la cabeza hasta un palmo por debajo de los pies, y entre 12,7 y 17,8 centímetros en todas las direcciones. Entra en el cuerpo allí donde está ubicada la fontanela del bebé, o chakra de la corona, y sale por el perineo, tanto en los hombres como en las mujeres. Normalmente está lleno de la energía de la vida, llamada *prana* o fuerza vital.

2. Luego, permite que un escenario hipotético se despliegue en tu mente. Afirma que es real, solicita acceder a él, suelta tus pensamientos y espera.

3. Te sorprenderá la rapidez con la que esto desemboca en una comprensión e información nítidas.

Uno de los resultados del ejercicio anterior es que pasarás a ubicarte en una perspectiva intemporal. También será una experiencia mágica si aceptas que es posible. La intemporalidad suele ir acompañada de una sensación de paz profunda y de una compasión de una calidad que está más allá de toda explicación. Permítete experimentarlo. Percíbelo. Espera hasta haberlo asumido antes de hablar de ello.

OTRA FORMA DE DESPERTAR

Despertar es el reconocimiento de que el eterno ahora es todo lo que tienes. Despertar en la quinta dimensión es diferente de la forma que tienes actualmente de despertarte. Esto debería ser obvio, pero no está de más dejarlo claro. Encontrarás que tu descanso es cada vez más profundo a medida que te vas volviendo más afín a la quinta dimensión. Es posible que te cueste despertarte por la mañana o de las siestas. Este fenómeno es real; es una de las consecuencias de despertar en la quinta dimensión. Se debe a que estás yendo más profundo, conectando con otras versiones de ti y despertando tu conciencia interna de quién eres realmente.

Para muchos occidentales, despertarse consiste en ser sacado del sueño mediante algún tipo de alarma externa. Varios tipos de alarmas forman parte de la tecnología a la que el cuerpo se ha acostumbrado y que perturba el descanso de la gente. Aun así, en la actualidad muchos individuos están usando su propio reloj interno para abandonar el sueño. Algunas personas se dan cuenta de que incluso si programan una alarma externa, se despiertan antes de que suene. Y también hay quienes están optando por alarmas que emiten sonidos suaves, como los *Om clocks*, o por relojes que emiten, como alarma, una luz suave que se va volviendo cada vez más brillante a lo largo de treinta minutos.

En el sueño tienen lugar ciertas alineaciones que son esenciales para nuestro ahora siempre presente. Cuando te despiertas bruscamente, ya sea debido a un sonido externo o al tipo de alarma que has elegido, alteras el proceso de desplazamiento de tu conciencia de los planos superiores a las expresiones materiales inferiores. Hazte un favor y desacelera el proceso del despertar: permite que tu cuerpo se desplace lentamente hacia la conciencia de la vigilia desde el sueño para que tu esencia más evolucionada regrese a tu cuerpo. Esta es tu oportunidad de sacar el máximo partido a las energías dimensionales superiores.

Tu descanso físico es un tiempo que pasas lejos del cuerpo. También puedes incorporar una mejor versión de tu cuerpo; te recomiendo la meditación del mantra triple[*] como una herramienta que te será útil para ello. Y hay tecnologías modernas que impulsan el rejuvenecimiento. Por ejemplo, Corey Goode, que dispone de información privilegiada del Programa Secreto Espacial, ha divulgado, en el programa *Cosmic Disclosure* [Revelación cósmica] del canal *online* Gaia TV, información sobre una impresionante variedad de tecnologías, como las máquinas rejuvenecedoras, que no se han puesto a disposición de la humanidad.

---

[*] Consulta el apartado «Recursos» para obtener más información sobre esta meditación.

Como me dijo un militar, si un civil llega a tener conocimiento de alguna tecnología «nueva», significa que el ejército ya la conoce desde hace veinticinco o treinta años. Este tipo de conocimiento ha sido ocultado a la mayoría de los humanos, pero no importa: puedes sortear este obstáculo y usar la mente para aprovechar cualquier «sistema» que pueda ser apropiado para ti. Ni siquiera necesitas saber si existe o cómo puede ser que exista. Hay tecnologías avanzadas para la curación, la fabricación, la reproducción, etc. Para nuestros propósitos, entre estas tecnologías puede haber algunas que sirvan para curar el cuerpo. Pues bien, puedes visualizarlas en tu mente. Imagina que hay una máquina capaz de curar lo que sea que te aqueje y otra que te puede llevar al lugar del futuro donde se lleva a cabo esta curación, como una nave espacial o un centro de salud ubicado en un lugar secreto en el sueño. Puedes acceder a esta tecnología desde una dimensión superior, imprimirla en el cuerpo energético y luego dejar que produzca resultados físicos. Reflejar en un diario tus circunstancias y los cambios que observes te ayudará a apreciar tus progresos. No te desanimes. Te estás convirtiendo en un maestro de lo que te apasiona. Te estás divirtiendo, y si no es así, probablemente debas averiguar qué está sucediendo.

CAMBIA TU PERCEPCIÓN

¡Este libro también forma parte de la llamada a que despiertes en la quinta dimensión! Se nos está instando a que seamos conscientes de lo que es posible, a que sepamos cuál es nuestra verdadera herencia y a que la reclamemos. Este volumen te guiará a través de este proceso y te ayudará a comprender y organizar tus esfuerzos.

Esta obra pretende *cambiar tu percepción de lo que es posible*. Una y otra vez, a lo largo de sus páginas, incluiré esta declaración cuando sea más probable que tengas la tentación de permanecer en un sistema de creencias o en un comportamiento basado en nuestras experiencias históricas, y no en lo que puede ser una realidad. Fíjate en que no he escrito «un sistema de creencias viejo» u «obsoleto». Una vez que estamos en la quinta dimensión, los sistemas de creencias simplemente son tales, porque ahí no hay polaridad, preferencias ni excepciones. Cuando hayas cambiado tu concepción de lo que es posible, habrás modificado tu rumbo para siempre, y el de la humanidad junto con el tuyo.

¿QUÉ PUEDE HACER QUE TE MANTENGAS FUERA DE LA QUINTA DIMENSIÓN?

Todos los buscadores deben saber cuáles son los factores que impiden habitar en la quinta dimensión.

Uno de los más importantes es la falta de tiempo de sueño. Es posible que necesites dormir mucho más de lo que crees. Los tiempos de sueño más largos hacen que nuestra expresión en la quinta dimensión sea cada vez más contundente. La razón de ello es que durante estos períodos de descanso más profundos podemos recalibrarnos con nuestro yo de mayor vibración, lo que nos permite conservar nuestro yo de la quinta dimensión cuando estamos despiertos.

Bloqueos y perturbaciones energéticos

Hay muchas perturbaciones externas que pueden afectar a la capacidad de permanecer en la 5D. Entre ellas están los *chemtrails* (sustancias químicas soltadas desde aviones que vuelan a grandes alturas y tienen efectos nocivos sobre la vida en este planeta) y las influencias vibratorias directas e indirectas. Entre las influencias directas están las de los teléfonos móviles, la de la wifi y la de otros dispositivos electrónicos de todo tipo. Entre las indirectas están la programación que se transmite desde varios lugares, las modificaciones a las que son sometidos los alimentos, etc. Cuando hayas activado tu conexión con el yo superior, percibirás estas energías y frecuencias mientras las experimentas, lo cual te permitirá practicar el discernimiento.

En una ocasión sentí que el campo energético del rúter inalámbrico me seguía literalmente hasta la cama, y que después me entraba en el oído. ¡Noté como si me metieran un alambre caliente en el canal auditivo, a modo de sonda! Me levanté de inmediato y desconecté el aparato. Desde entonces, tengo un temporizador. ¿Cómo se percibe el exceso de energía procedente de un rúter? Es posible que en alguna ocasión, al mantener tu teléfono móvil junto a la oreja, te doliese el interior del canal auditivo. Es exactamente la misma energía. ¿Por qué dormir con el rúter inalámbrico encendido? Así como apagas las luces, apaga también este dispositivo.

No mires atrás

Es posible que te encuentres pensando en una situación del pasado e intentes identificar si fue una experiencia de quinta o de tercera dimensión. Ten en cuenta que tu deseo de saber esto es encomiable, pero contraproducente. ¿Por qué? ¡Porque la necesidad de saber más sobre tu pasado para poder evaluarlo te mantiene encerrado en la tercera dimensión! Veamos el motivo.

Examina tu propósito. ¿Te estás evaluando y juzgando a ti mismo? La autorreflexión es, por supuesto, una parte importante del camino hacia la maestría. Sin embargo, estamos usando la mente, y no el corazón, cuando tratamos de dilucidar si un comportamiento fue de quinta dimensión o de tercera. Establecer algo estrictamente en aras de la evaluación es un acto propio de la tercera dimensión, vinculado al ego. Hazte un favor y presta atención a tu presente. Cuando hagas esto, la quinta dimensión se ocupará de sí misma.

Debes entender que tu ego es tu amigo, que hace un buen trabajo, pero que no siempre está acertado. Te está cuidando; quiere que estés a salvo y feliz. Y ¿cómo lo hace? Utiliza el pasado para evaluar las posibles elecciones que tienes frente a ti. Pasarte la vida tratando de distinguir lo bueno de lo malo puede haberte sido útil en la versión tridimensional de la realidad, ya que estaba basada en la polaridad. Sin embargo, ahora que todos nos estamos desplazando hacia la 5D con bastante regularidad, el viejo sistema de categorización de las experiencias basado en el impacto que tuvieron en ti te impide estar en el momento presente y te mantiene anclado en la perspectiva propia de la 3D basada en la polaridad. Permanece en el presente, y tus actos y energías afines a la 5D te mantendrán alineado con este espacio.

La necesidad de reemplazar viejas creencias

Si no te haces cargo de tu futuro, ¡alguien lo hará por ti! Nuestro futuro ya fue secuestrado una vez, por seres que pensaban que sabían hacerlo mejor que nosotros, como consta en las muchas versiones de la prehistoria de la Tierra que han visto la luz para nutrir nuestro conocimiento. Dos de estas versiones se pueden encontrar en *Entangled* [Entrelazados], de Graham Hancock, y en *Confessions of a Rebel Angel* [Confesiones de un ángel rebelde], de Timothy Wyllie. Cada una de estas fuentes es de otro mundo. Ambos libros contienen más violencia de la que puedo tolerar sin sentirme incómoda (normalmente me salto estas partes), pero nos muestran nuestra prehistoria desde puntos de vista distintos de los habituales y nos invitan a acercarnos a ella de una forma un poco más compasiva.

Eso fue hace mucho tiempo, y hemos recorrido un largo camino desde entonces. Sin embargo, algunos de esos seres siguen estando por aquí, y aún intentan controlarnos a través del miedo y la manipulación. Pero puedes mantenerte firme contra ellos si decides ahora, de una vez por todas, que eres un ser de luz y que nada volverá a detenerte.

Ya es hora de que aprovechemos todo nuestro potencial; y a la luz del pasado representado en este tipo de libros, podemos empezar a ver que se trata de un potencial realmente enorme. Se trata, también, de que descubramos algo, de que despertemos a nuestra expresión completa, en la quinta dimensión. Un visitante le preguntó a Buda: «¿Eres un dios?». «No, solo estoy despierto», fue su amorosa respuesta. Y tú, cuando despiertas en la quinta dimensión, ¿eres un dios? No. Estás despierto.

Menciono estos descubrimientos con un propósito, que es ayudarte a reconocer el hecho de que todo lo que sabes no es suficiente; quiero ayudarte a que tengas la expectativa de que unas creencias nuevas y diferentes pueden reemplazar esos preciados sistemas de creencias que albergaste en el pasado. Esto no puede suceder a menos que reconozcas que tus creencias actuales se basan en una realidad de la tercera dimensión, la cual no cuenta casi con ninguna referencia de la realidad de la quinta dimensión. En cierto sentido, es como aprender un idioma extranjero. Primero aprendes unas cuantas palabras y crees que puedes hablar esa lengua, hasta que te das cuenta de que debes olvidarte de cómo construyes las frases en tu idioma. Después, enriqueces tu vocabulario. Apreciarás similitudes a lo largo del proceso, pero es posible que sean pocas y distantes entre sí. Incluso encontrarás que algunos aspectos de la 5D son inexplicables según el pensamiento tridimensional.

A tu alrededor, por todas partes, hay quienes no pueden o no quieren desafiar el sistema caciquil que ha frenado a la humanidad. Este sistema consiste en gobiernos secretos que siguen el plan de hacer que la gente sienta que no tiene otra opción que vivir según marca el *statu quo* en la tercera dimensión. Los sujetos que caen en esta trampa están convencidos de que no disponen de ninguna alternativa. Lamentablemente, están mal informados. Al leer este libro y aplicar los conocimientos que contiene, puedes cambiarlo todo. Los individuos que consideran la posibilidad de que pueden cambiar la realidad son empoderados por la Fuente (son «nombrados caballeros», por así decirlo) para lograrlo. Ten en cuenta que lo que es posible aún se está descubriendo y revelando.

CÓMO POTENCIAR TU DESPERTAR

En la quinta dimensión aprenderás a practicar el discernimiento en lugar del juicio. Ya no necesitarás clasificar la información como buena o mala o efectuar comparaciones.

Ver la belleza en todo

Buscar la belleza en todas partes es uno de los primeros pasos hacia la quinta dimensión. Empieza a verla donde estés. Contémplala en la naturaleza; sorpréndete con la nueva alegría derivada de ver la belleza en todas partes.

Gratitud y presencia

Permanecer en un estado de profunda gratitud por todo te ayudará a lograr un estado 5D continuo. Permitirte estar plenamente en el momento presente también contribuirá a que alcances estados elevados. Pero hay algo que decir acerca de observar la propia felicidad y gratitud mientras permanecemos en el ahora.

Después de haber conducido una clase especialmente «elevada» hace años, mi anfitriona y yo estábamos hablando de la maravillosa experiencia mientras desayunábamos en su porche delantero. Podíamos oír el piar de los pájaros; emitían un canto dulce y sonoro. Mi anfitriona comentó que no recordaba haber oído nunca cantar a tantas aves de una forma tan dulce y vigorosa. Seguidamente, pasamos a centrar nuestros pensamientos en elementos más mundanos del taller que no eran perfectos. De repente, fue como si alguien accionara un interruptor, y una vez más reparamos en los pájaros. Esta vez, fue en su silencio. ¡Habían dejado de cantar! Fue entonces cuando nos dimos cuenta de que inicialmente teníamos una vibración tan elevada (5D) que eran afines a nuestra energía; eso hizo que su coro original fuese tan alegre. Cuando bajamos nuestros pensamientos a las «quejas» que teníamos sobre el taller y sobre nosotras mismas, dejaron de cantar. ¡Menudo toque de atención!

CULTIVA TU CONEXIÓN CON TU YO SUPERIOR

Si sientes que no estás en la quinta dimensión, puedes pedir ayuda. Pídele a tu yo superior que te traiga a las personas o las situaciones que aumentarán tu frecuencia. La práctica del Yo Superior (página 32) te ayudará a convertir la confianza en conocimiento. No te engañes pensando que ya tienes una conexión saludable con tu yo superior. En lugar de ello, asume el desafío de seis semanas que plantea esta práctica; solo entonces podrás verificar todo lo que estás aprendiendo con tu propio yo superior. Por favor, haz esto para ti mismo, para tu propia maestría. Lleva al siguiente nivel tu conexión con el yo superior para poder saber lo que necesitas saber en todo momento. Aquí se ofrece una versión resumida de la práctica; la versión completa la puedes encontrar en mi libro *Beyond the Flower of Life* [Más allá de la flor de la vida] (consulta el apartado «Recursos» para obtener más información sobre esta obra).

Práctica del Yo Superior

Le harás preguntas a tu yo superior mientras mantienes los siete acuerdos siguientes durante un período de tiempo determinado, que idealmente es de seis semanas como mínimo. Empieza con una meditación centrada en el corazón en la que preguntes qué símbolos o señales de tu yo superior indicarán *sí, no* y *neutro*.

1. Elige un marco temporal, que será tu período de práctica. No debería ser inferior a cuarenta y cinco días; puede ser más largo. Decide la futura fecha de finalización. Si hoy es 1 de junio, el final de tu período de práctica puede ser el 15 de julio.

2. Haz preguntas cerradas exclusivamente, en que la respuesta solo pueda ser sí o no. Evita las preguntas abiertas.

3. Formula preguntas sin importancia, insignificantes, cuya respuesta no te importe, como «¿debo tomar esta ruta para ir al trabajo?» o «¿debo ponerme la camisa roja?». Si estás preguntando acerca de cómo vestirte, por ejemplo, sigue haciendo nuevas preguntas hasta obtener un sí. Haz este tipo de preguntas intrascendentes a lo largo del día con cierta frecuencia, entre treinta y cincuenta veces.

LA LLAMADA A DESPERTAR EN LA QUINTA DIMENSIÓN

4. Procede siempre según la respuesta que recibas, sin hacer excepciones, para que el período de práctica esté claro. Después de este lapso, si decides no hacer caso a tu yo superior, está bien, pero probablemente lo lamentarás.

5. No hagas preguntas importantes. Si no puedes postergar de ninguna de las maneras una pregunta en concreto hasta después de los cuarenta y cinco días, haz una excepción. Procura que las excepciones sean muy escasas.

6. No formules preguntas de tipo predictivo, como «¿cambiará la luz del semáforo antes de que llegue?» o «¿sonará el teléfono en los próximos minutos?». Este tipo de preguntas invitan a tu ego a evaluar tus progresos. Si estás evaluando tus progresos, ello es indicativo de que aún te importa la respuesta (recuerda el tercer acuerdo).

7. No emplees ningún método de adivinación durante tu período de práctica. No uses la kinesiología, los test musculares, los test con los dedos, las cartas o los péndulos. La adivinación tiene su lugar y puede ser útil, pero no durante este lapso. Si eres terapeuta y utilizas estos métodos con tus pacientes, úsalos solamente en ese contexto. En lo que a ti respecta, limítate a preguntarle a tu yo superior durante este período de práctica.

Muchas veces las personas piensan que están recibiendo una buena información por parte de su yo superior, pero no confían en ella. La primera comunicación que recibas desde tu yo superior podría consistir en confirmaciones corporales. La tradicional que recibe casi todo el mundo es la piel de gallina. Una de mis alumnas siempre ha notado un fuerte sabor metálico en la lengua cada vez que su yo superior está presente. Hay quienes pueden percibir un sabor salado. Son maneras que tiene el cuerpo de decirnos que estamos en resonancia con nuestra versión divina, nuestro yo superior.

Ninguna petición puede quedar sin ser atendida. Si persistes en pedirle a tu yo superior que se comunique contigo y especificas que tan solo deseas sus respuestas, atenderá esta llamada tarde o temprano. Sé paciente. A veces la señal de tu yo superior será muy sutil. Te gustaría que fuese más evidente, por supuesto. Pero ¡debes gatear antes de correr! Por lo tanto, sé amable contigo mismo si sientes que tu yo superior se muestra demasiado vago. Se manifestará con mayor claridad, y lo mismo ocurrirá con tu capacidad de «sentirlo». También puedes agradecer la sensación tenue al tiempo que pides que sea más fuerte.

Con el tiempo, tu yo superior podrá comunicarse contigo por todos los medios, como el sonido (por ejemplo, una voz que habla en tu cabeza), el olfato o el tacto (puedes experimentar ciertos olores o sentir energías sutiles moviéndose en tu cuerpo) o determinadas sensaciones (como unas leves náuseas o un ligero mareo).

Después de tus seis semanas de práctica, tu ego querrá ser un buen amigo de tu yo superior, porque sabrá y comprenderá que este lo mantendrá a salvo. Tu yo superior no es mejor que tú; es, sencillamente, un magnífico recurso para que puedas efectuar las elecciones mejores y más elevadas. No tienes por qué proceder siempre según lo que te indique tu yo superior; sin embargo, una vez que hayas establecido esta conexión, siempre elegirás hacerlo. ¿Por qué? Bueno, pues porque la primera vez que no actúes de acuerdo con la sabiduría de tu yo superior, a *posteriori* desearás haberlo hecho. Con una vez tendrás suficiente. Después de ese episodio, el ego se ocupará de que le hagas caso a tu yo superior, pues tu ego quiere que estés a salvo y obtengas lo que quieres.

El resultado de aprender a conectarte con el yo superior es que cuando le hagas una pregunta no tendrás que «confiar» en su respuesta, sino que *sabrás* que no puede hacer otra cosa que proporcionarte información precisa en el momento. No conozco ningún otro proceso que sea preciso al cien por cien; y este grado de precisión es necesario para que puedas saber lo que necesitas saber, en lugar de limitarte a confiar en la respuesta. No es una cuestión de fe, sino de conexión.

ACTIVAR EL PODER DE LA ASERCIÓN, LA PROTECCIÓN Y LA INTENCIÓN

Cuando te veas «expulsado» de la quinta dimensión, ¡recuerda que perteneces a ella! Puedes probar con las herramientas que siguen para reclamar tu derecho a reingresar en la 5D. Di: «No tienes poder sobre mí» o «No me asustas». Te sorprenderá comprobar el gran efecto que tienen estas sencillas declaraciones si las formulas cuando te sientas abrumado o superado, aunque las pronuncies en una habitación vacía. Un buen baño con sales de Epsom también te ayudará, en gran medida, a desprenderte de vibraciones no deseadas. Otra herramienta es la maravillosa y potente piedra conocida como *shungita*; ponla en el agua de tu baño para drenar energías pesadas u oscuras.

También puedes configurar una jaula de Faraday energética alrededor de tu cama. Una jaula de Faraday es un espacio que se usa para impedir el paso a campos eléctricos; normalmente está formada por un material conductor o por una malla elaborada con materiales de este tipo. En este ejercicio, dispondrás una protección energética para poder dormir tranquilo por la noche y recargarte verdaderamente con la energía de tu yo superior.

Crear una jaula de Faraday

1. Ponte las manos sobre el corazón. Aléjalas de tu cuerpo, como si estuvieras tirando de un hilo (o de una vía) desde el corazón.

2. Ahora, deja que las manos se abran y extiendan completamente, mientras imaginas que estás creando una jaula de Faraday alrededor de tu cama. Intenta que permanezca en su lugar hasta que te despiertes por la mañana.

3. Asegúrate de hacer esto todas las noches. En algún momento, la jaula se volverá permanente.

También puedes, como alternativa, controlar tu estado de atención y establecer una intención. Formula una intención clara a medida que te vas quedando dormido, como la siguiente:

Querido Dios, queridos ángeles y guías, solicito asistir al lugar más evolucionado al que pueda acceder con mi conciencia, con el propósito de obtener claridad en relación con mi misión, mi propósito y mi servicio. Dejadme aprender y entender mejor lo que necesito (saber, aprender y ser) para alcanzar mi máximo potencial. Ayudadme a mejorar en todo lo posible. Gracias, amén.

AYUDAR CON ALEGRÍA, PACIENCIA Y HONESTIDAD

Elige ser una persona servicial y alegre. Proponte hacer realidad todo aquello por lo que te sientas atraído. Recuerda tus reflexiones, visiones y sueños, y escríbelos. Pide orientación sobre lo que podrían significar.

• •

PROPONTE HACER REALIDAD LAS IDEAS, ACCIONES Y PENSAMIEN-
TOS QUE TE ATRAIGAN.

• •

Haz todo lo que puedas para ser honesto contigo mismo de inmediato. Comprométete a decir la verdad en todo momento, y después pídeles a tus ángeles y guías[*] que te ayuden a detectar cualquier falta de honestidad contigo mismo. Te reirás de ti mismo cuando te descubras en esta tesitura (o cuando lo hagan tus ángeles). Puedes acostumbrarte a vivir la verdad de lo que eres, con todas tus imperfecciones. En el ámbito del programa de recuperación de doce pasos, la honestidad es la clave del autodominio. Estos grupos de individuos que están en proceso de recuperación son los «líderes de la manada» en cuanto a la honestidad. Debes practicar esta apertura con tus amigos cercanos y familiares.

De hecho, el secretismo o cualquier otro tipo de retención caerá en la quinta dimensión. Pero es importante ser amable con los demás. Cuando te hagan una pregunta, asegúrate de ser sincero, pero simple. Solo puedes cambiarte a ti mismo. Cuando te encuentres con alguien interesado en tus experiencias nuevas y diferentes, comparte lo que funciona para ti solamente cuando te lo pregunte por segunda vez. Cuando alguien te pide información o comprensión una primera vez, tiene la mente abierta en ese momento; esa persona percibe que estás diferente y puede

---

[*] Tus ángeles son seres pertenecientes a la creación angélica, no terrenal, que fueron creados para llevar el amor de Dios a la humanidad y producir milagros que hagan posible sentir ese amor. Tus guías son ayudantes invisibles que tienen una conexión específica con la Tierra, a menudo debido a que han vivido en nuestro planeta y han alcanzado una determinada maestría. Vienen para ayudarte a avanzar dándote instrucciones en tus meditaciones y en el sueño y apoyándote en tu búsqueda de la sabiduría, el equilibrio y la apertura del corazón.

ser que tenga curiosidad. No arruines la oportunidad al compartir tus nuevas experiencias demasiado deprisa y asustarla cuando solo su mente está abierta. Ya llegará el momento en el que podrás dar a conocer tu verdadero yo. Se trata de que te quites la máscara con suavidad.

Es la segunda vez que la persona pregunta cuando ha abierto el corazón. Es entonces cuando está preparada para reaccionar a tu información, asimilarla y descubrir su valor. Acuérdate de dar una respuesta simple y no amenazadora la primera vez, del estilo «bueno, lo he pasado genial este fin de semana asistiendo a un seminario sobre crecimiento personal; sigamos y encarguemos el almuerzo». Después de tu respuesta simple y no reveladora, cambia de tema. Puede parecer un comportamiento contradictorio, pero nunca es necesario predicar en la quinta dimensión. Cuando esa persona vuelva a acudir a ti para pedirte consejo o información, solo entonces es apropiado que le expreses sinceramente tu nueva sabiduría y te manifiestes tal como eres en lugar de ocultarlo.

Se te mostrarán modos de cambiar tu forma de pensar, tu comportamiento y tu forma de comunicarte añadiendo determinadas palabras escogidas a tu vocabulario (palabras descriptivas pero que no denoten polarización) y prescindiendo a conciencia de aquellas que fomenten la división.

A continuación, ofrece algo de amabilidad y compasión al competidor que puede ser tu colaborador mañana. No insistas en que tu manera de hacer las cosas o tu camino son los correctos o los únicos válidos, porque, por supuesto, no lo son. La manera o el camino correctos no existen. ¡En la quinta dimensión no se distingue entre lo correcto y lo incorrecto! Solo hay lo que agrada a cada uno en el momento.

Cuando empieces a asimilar la realidad de que tu camino y tus maneras son una posibilidad entre muchas, podrás sentirlo en tu interior y tus palabras lo transmitirán con una gran elegancia y soltura. Puedes incorporarlo a tu forma de comunicarte presentando cualquier idea nueva con este comentario inicial: «Considera la posibilidad...». Este es tu nuevo paradigma comunicativo.

¡YA NO SE TRATA DE COMPETIR, SINO DE BAILAR! PUEDES BAILAR SOLO, PERO ES MÁS DIVERTIDO (Y MÁS APROPIADO) HACERLO CON UN COMPAÑERO O DOS.

¿ALGUIEN PUEDE HACER ESTO?

Piensa en cómo pasas tu tiempo no recreativo, en cómo inviertes tu trabajo o tus esfuerzos, tanto si te pagan por ello como si no, y decide, a partir de ahora, hacer siempre más de lo que se espera de ti. Te verás recompensado por ello. Así invertirás en tu futuro. Cuando ejercitas la fuerza de voluntad y la determinación, empiezas a cambiar de dirección. El universo apoyará este movimiento.

Decide cambiar tu percepción de lo que es posible. Aprende a pensar de manera diferente. ¿Cómo puedes hacerlo? Imagina que cuando vas a trabajar, te pones un «sombrero del trabajo». Llegas a casa y tal vez te encuentras con tu pareja o tus hijos; entonces te pones el «sombrero de papá o mamá» o el «sombrero de compañero o compañera». Al principio, te estás dando permiso para pensar de manera diferente en varias situaciones. Con el tiempo, esto te conducirá a «permitir» que surjan en ti nuevas maneras de pensar, al no estar atascado en «la forma en que siempre haces las cosas». Aprende a admitir tus errores ante ti y los demás. Por más difícil que parezca, es mejor que tú y tus amigos os acostumbréis a decir la verdad cuando descubráis vuestros propios errores y os deis cuenta de que lo haríais de otro modo la próxima vez.

Aprende a afinar tus objetivos. Justo cuando crees que lo estás haciendo bien es cuando puedes mejorar. Esto no es lo mismo que permanecer dudando y no mejorar nunca tu nivel de calidad.

Ora por el prójimo

Muchos autores, yo incluida, hemos escrito sobre creer en uno mismo. Ahora es el momento de creer en ti mismo y en el prójimo. Crea un ambiente de optimismo, de alegre aceptación. Acuérdate de orar tanto por ti como por tu competidor. Es mejor que ambos obtengáis sabiduría. La sabiduría da lugar a soluciones y fluidez. La diversión y la flexibilidad son conceptos clave en la quinta dimensión. Decide que tú y tu competidor sois aliados; todo lo que ocurre es que aún no habéis descubierto de qué manera vais a beneficiaros mutuamente.

No desees que las cosas sean más fáciles. En lugar de ello, pide que mejoren para todos. Los bailarines no solo dependen unos de otros, sino que se apoyan mutuamente para lograr algo más grande de lo que podría lograr cada uno por sí mismo. Trata a tus socios y colaboradores como si fueran tus compañeros de baile, sabiendo que lo que les ocurra también te afectará a ti. ¡De esta manera, te beneficiarás de su buena fortuna! Piensa en lo maravilloso que sería nuestro mundo si todas las personas orasen para todas las otras además de hacerlo para sí mismas.

Si tu socio, familiar, amigo o compañero de trabajo es mezquino o desconsiderado, ¡responde como si fuera tu persona favorita! Imagina que un querido amigo te escribe un mensaje del tipo «estaría bien que...» como muestra de aprobación y burla simpática. E imagina que al cabo de unos minutos recibes un mensaje similar por parte de alguien con quien no mantienes una relación de amistad, un mensaje que podría ser percibido, erróneamente, como un comentario celoso o un insulto. ¿Por qué no tratar ambos comentarios de la misma manera, con risas y alegría? Puedes elegir cómo recibir cualquier mensaje. Nos pusieron aquí para que ejerzamos nuestras habilidades como co-creadores. Ahora es el momento de hacer magia.

Un compañero de trabajo me contó que le había vendido a su hijo su deportivo de gama alta con un descuento considerable respecto a lo que esperaba obtener de la venta de ese automóvil. Me explicó con pesar que su hijo lo había convencido para que se lo vendiera por la mitad de precio, casi, de lo que creía que habría obtenido en el mercado. Le sonreí y lo miré con ojos brillantes, y le dije: «¡Piensa en lo orgulloso que estarías de tu hijo si hubiese obtenido el mismo trato de un extraño!». Pareció confundido y después consternado, por un momento... antes de echarse a reír a carcajadas. Sí, esto es válido para todos nosotros.

Hay una excepción. Es cuando alguien ha roto su acuerdo contigo. Cuando alguien no cumple con su parte, no estás obligado a cumplir con la tuya. En los «viejos tiempos» del ámbito legal, el incumplimiento de un contrato anulaba el pacto. Sin embargo, hoy en día, muchos acuerdos incluyen una cláusula que dice: «El incumplimiento de una parte de este contrato no anula ninguna otra parte del contrato». Esta cláusula se incluye para proteger a la parte que presta el servicio y limita la responsabilidad. No estoy sugiriendo que incumplas un contrato firmado legalmente, pero hay muchos casos en los que alguien no cumple un contrato «implícito». En estos casos, puedes y debes ejercer tu derecho a negarte a cumplir tu parte. O, como mínimo, debes examinar cómo te sientes al respecto y elegir ser fiel a dicho sentimiento, no porque quieras parecer un buen tipo (esta es una apetencia del ego), sino porque te complace en el momento.

Lo siguiente es una historia real. Una viejecita de Boston no dejó de pedirle al taxista que fuera más despacio, ya que conducía demasiado deprisa entre un tráfico intenso hacia el aeropuerto. Finalmente llegaron. Sintiéndose un poco mal a causa de la carrera, la mujer pagó y se alejó. El taxista la llamó; le dijo: «Eh, señora, ¿dónde está mi propina?». La mujer se dirigió hacia él, se le acercó y le dio un puñetazo en la nariz. «¡Esta es su propina!», profirió enojada. Escuchar esta historia de boca de una amiga sobre su madre de setenta y nueve años, justo después de que hube contado una historia similar sobre un taxista que me había cobrado demasiado, me dejó intrigada. Pregunté en meditación por qué esas dos historias habían coincidido en ese momento, y se me mostró que yo tampoco debí haber dado propina, pues esa decisión estaba vinculada a mi deseo egoico de querer parecer una buena persona. Debes entenderte y respetarte lo suficiente como para hacer lo apropiado en el momento y no dejar que sea tu ego el que dirija tus acciones.

Los frenos se han soltado

Observa cómo se posan los pájaros en una rama: con absoluta confianza. Confían en que la rama se moverá con ellos cuando aterricen y que después se estabilizará. Tú puedes hacer lo mismo. ¿Qué ocurre si tu «aterrizaje» no es como esperabas y te bamboleas? ¿Significa esto que te vas a caer? ¡Difícilmente! Incluso los gimnastas aterrizan de una manera que los obliga a lidiar con su peso y su movimiento hacia delante. Tú eres fuerte y puedes hacer lo mismo. Es útil reconocer que es normal experimentar un movimiento en el momento del aterrizaje. El cambio es normal en tu nueva realidad, y estás añadiendo tus experiencias y tu comprensión de la naturaleza humana a tus circunstancias. Todo está fluyendo. Los frenos se han soltado, pero esto no significa que debas hacerlo todo de una vez. Aprenderás, practicarás, extenderás tus límites y seguirás avanzando cada vez más deprisa. Ha llegado el momento de que se expanda una inmensidad que es más grande de lo que jamás hayas imaginado.

OLAS DE AMOR

La humanidad está siendo bombardeada con una ayuda tremenda para impulsar su cambio. No es normal que esta energía tenga un impacto suave en ti, pero puede afectarte en gran medida si la invitas a hacerlo. Formas parte del sistema de la tercera dimensión que está cambiando. Puedes ir por delante, encontrarte en el medio o ir por detrás. Es más divertido estar al frente de la ola, ya que nos empuja suavemente, sobre todo cuando sabemos que se acerca. ¿Alguna vez has estado parado en la orilla del mar sin mirar y de espaldas a las olas? ¡Probablemente una sola vez! No es divertido que te derribe una ola que no viste venir. Sin embargo, puedes optar por dejar que la ola te empuje a la orilla, como hacen los surfistas. Actualmente dispones de muchas herramientas nuevas; el MerKaBa de la 5D, que se presenta en un capítulo posterior, es una de ellas.

Esta energía está a tu alrededor. Ha venido para ayudarnos a anclar las vibraciones más elevadas en nuestro cuerpo de forma fácil y fluida. Pide recibir e integrar fácilmente la vibración más evolucionada que puedas incorporar en este día. Formula la petición de esta manera:

Querido Dios, permíteme cambiar con suavidad y soltura gracias a las energías que están disponibles para mí en este día.

2

CÓMO PROCESAMOS
LA INFORMACIÓN

¡Ahora es cuando empiezas a cambiar tu percepción de lo que es posible!

En su éxito de ventas *Cómo decidimos*, Jonah Lehrer nos dice que, desde los tiempos de los antiguos griegos, el tema de cómo pensamos y decidimos se basa en la idea de que los humanos somos seres racionales. A continuación explica que no es así como funciona el cerebro y revela, además, que los humanos no estábamos destinados a ser solamente criaturas racionales. Asegura que nuestras emociones juegan un papel importante en el proceso, y expresa esta preocupación: «A pesar de las afirmaciones de muchos libros de autoayuda, la intuición no es un curalotodo milagroso. [...] La verdad del asunto es que tomar buenas decisiones requiere que utilicemos los dos lados* de la mente».[1]

---

* En este caso, los lados de la mente harían referencia a los dos hemisferios cerebrales. El izquierdo es el que rige el pensamiento racional y la memoria, y el derecho, ligado a lo sensorial y lo intuitivo, nos acerca directamente a la dimensión emocional y espiritual.

Es decir, debemos encontrar la manera de usar, de forma equilibrada e ideal, las emociones y la lógica. La ciencia y la nueva espiritualidad comparten esta idea tan importante. Pasar a la 5D es, en realidad, la unión del procesamiento mental y emocional de la información. Es la fusión del pensamiento lógico y lineal con la respuesta emocional al entorno. Debes aprender a usar tus emociones y tu mente para que te ayuden a evolucionar como ser humano y a pasar a la quinta dimensión.

DISTINTAS MANERAS DE PENSAR

La diferencia entre la tercera dimensión y la quinta es la forma en que funcionan. La conciencia de la distinción entre el pensamiento lineal, el multilineal y el dinámico nos conduce por el camino de la introspección que nos lleva a un cambio de conciencia perceptible. Empezaré exponiendo las diferencias entre el pensamiento lineal y el no lineal, y después podremos explorar el pensamiento multilineal y el dinámico para que empieces a entender qué puedes esperar en la 5D.

La esencia del pensamiento lineal son las causas y efectos. A muchas personas se les sigue enseñando que todo se basa en las causas y los efectos, y que el pensamiento racional basado en la lógica es la única expresión válida del pensamiento inteligente. Esta creencia existe a pesar de las revelaciones radicales de la física cuántica que empezaron a producirse a principios del siglo XX con el trabajo de Max Planck. ¿Recuerdas esa frase especial que prometí incluir en momentos cruciales? Aquí está otra vez: es hora de que cambies tu percepción de lo que es posible.

El pensamiento lineal tiende a ser muy polarizado, aunque no siempre lo es. Clasificar a las personas, las situaciones o las experiencias es un procedimiento lineal. El pensamiento lineal puede explicarse con la fórmula de que la distancia es igual a la velocidad multiplicada por el tiempo. Usamos esta ecuación sin darnos cuenta cuando estamos conduciendo por la autopista y queremos averiguar cuánto tiempo tardaremos en llegar de un lugar a otro. Existe una relación proporcional directa entre un lado de la ecuación y el otro. Si duplicamos la velocidad, reducimos a la mitad el tiempo necesario para llegar a nuestro destino. El pensamiento lineal siempre es una línea recta cuando se representa en un gráfico. La lógica se construye a partir del pensamiento lineal.

Otra forma de ver los sistemas lineales es examinar el tiempo. Los científicos y los místicos están de acuerdo en que el tiempo no se puede medir. El único elemento temporal que existe en realidad es el momento presente. Este es el ahora siempre presente. Fingimos que el pasado existe porque tenemos memoria, porque disponemos de libros, porque contamos con la escritura, etc., pero la verdad es que el pasado no existe hasta que lo volvemos a experimentar. No es más que un recuerdo, el cual, a veces, tenemos registrado (en grabaciones de audio o vídeo, en diarios o revistas y en libros de historia). Además de esto, el pasado se graba en los registros akáshicos, y lo mismo ocurre con los futuros potenciales (consulta la explicación que se ofrece en el recuadro). Por eso podemos cambiar el pasado y el futuro.

¿Qué son los registros akáshicos?

Constituyen el campo energético de todo lo que es. Se conformaron después de la creación, cuando se estimó que sería interesante conservar un registro de la actividad de la conciencia.

Este campo energético se encuentra en la undécima dimensión y no se ve afectado por la interacción humana, si bien la registra. Esta dimensión es diferente, desde el punto de vista vibratorio, de las dimensiones tercera, cuarta, quinta, etc. Sintonizar con los registros o lecturas implica un cambio vibratorio: la vibración de la búsqueda de sabiduría debe coincidir con la vibración de los registros. Hay una vía espiritual muy específica que nos permite hacer esto, de manera muy similar a como un túnel que pasa por debajo de una masa de agua nos permite cruzar esa extensión sin entrar en ningún momento en contacto con el líquido elemento. Cuando un ser humano «lee» los registros, generalmente no entra en el campo energético; más bien entra en comunión con guías que están asignados activamente a la zona de los registros que es objeto de la exploración. Esta comunión tiene lugar por medio de la coincidencia vibratoria que se produce. Algunos de los guías de los registros akáshicos rotan en este servicio, y otros son miembros permanentes del *akasha*. Puede considerarse que son grandes seres energéticos desprovistos de sexo que retienen información en su conciencia. La descripción más precisa que se puede hacer de ellos es que se parecen a los *viajeros*, los seres especiales que transportan a las personas a través de portales espaciales en la película y el libro *Dune*.

Muchos creen que el tiempo es la cuarta dimensión. Aunque esta puede ser una posibilidad, no es la que conozco. El tiempo está tan mal entendido que le dedico todo un capítulo, el séptimo, en este libro.

Comparación entre el tiempo lineal y el tiempo multilineal

Hasta ahora, hemos sido «programados» para ver una sola versión de la realidad. Sin embargo, la física moderna nos dice que hay múltiples versiones de esta. Cada decisión que tomamos incluye múltiples posibilidades, pero como el cerebro ha sido condicionado con el patrón de registrar una sola versión de la experiencia (incluso si la persona ve más de una), tiende a descartar esta posibilidad. Estamos eligiendo múltiples caminos, pero no nos damos cuenta. Muchos físicos han efectuado postulados sobre las múltiples versiones de la realidad y creen que esto constituye la explicación de la mecánica cuántica. Algunos físicos han llegado a decir que existe más de una realidad, que, como las ramas de un árbol, nunca se intersectan.[*] Mis guías me dicen que se despliegan todas aquellas realidades que merecen ser experimentadas por la persona. Ahora puedes percibir y observar sin juzgar. Este conocimiento cambia totalmente las reglas del juego.

Echando una mirada lineal, puedes mirar atrás en el tiempo y trazar una línea recta desde el momento actual hacia el pasado. Por ejemplo, pongamos por caso que te has sacado un máster de Enfermería. Antes de eso, supongamos que te graduaste en la universidad. Anteriormente acabaste los estudios de la educación secundaria, y previamente los de la educación primaria. Este es un proceso lineal porque estás siguiendo una secuencia de eventos en línea recta, aunque sea hacia atrás en el tiempo. Estás utilizando el pensamiento lineal para mirar, en retrospectiva, tu historial de elecciones individuales.

---

[*] Esta idea está representada por el teorema del gato de Schrödinger de la mecánica cuántica, según la interpretación de los muchos mundos. En esta interpretación, cada evento es un punto de ramificación. El gato está vivo y muerto, pero el gato «vivo» y el «muerto» se hallan en distintas ramas del universo, las cuales son igualmente reales, pero no interactúan entre sí.

Si inviertes esta perspectiva y examinas el tiempo desde el punto de vista del pasado, puedes empezar a comprender la perspectiva multilineal. Cuando estabas en el último curso de la escuela primaria mirando hacia el futuro, tal vez consideraste la posibilidad de asistir a más de una escuela secundaria. Después de la educación secundaria, tal vez solicitaste la admisión a más de una universidad. Finalmente, después de la universidad, posiblemente pensaste en varias escuelas de posgrado. Al observar todas estas opciones, puedes concluir que tuviste varias en cada encrucijada. No ilimitadas, pero sí varias.

El futuro no existe desde el punto de vista del «ahora», pero puede considerarse como una de las múltiples posibilidades que podemos experimentar o es probable que experimentemos. Este proceso de mirar hacia delante a las múltiples posibilidades que existen en el continuo espacio-tiempo es adoptar una perspectiva multilineal. Cada posibilidad es experimentada según el valor o el peso que se le otorga. Esto se explica con más detalle en el capítulo siete.

Los sistemas dinámicos

Los sistemas dinámicos parecen ser lineales, pero salen aleatoriamente de su previsibilidad. Una pequeña bola de nieve que rueda cuesta abajo recogerá, en algún momento, suficiente nieve para provocar una avalancha. La avalancha tiene lugar cuando se alcanza un punto crítico y una bola de nieve que se ha vuelto lo bastante grande hace que la nieve acumulada en la montaña se venga abajo. Las diferencias pueden aparecer de forma inesperada y al azar. La ciencia le ha dado el nombre de *caos* a este fenómeno.

Tal vez recuerdes el juego infantil de los palitos chinos (o mikado), en el que un conjunto de palos delgados del mismo tamaño, parecidos a lápices afilados, se sueltan en posición vertical sobre una mesa. Caen formando una pila desordenada, y los niños se turnan para agarrarlos. El juego empieza cuando el primer niño levanta un palito sin que la pila se mueva. Cada niño, por turnos, hace lo mismo. La dinámica sigue invariable hasta que un jugador desafortunado provoca un movimiento en la pila en su intento de agarrar un palito, lo cual hace que quede eliminado. Este juego muestra el orden aparente más la aleatoriedad propios de los denominados *sistemas no lineales* o *dinámicos*.

CÓMO USAR LA PERSPECTIVA DINÁMICA

Puedes acceder a cualquier línea temporal, tanto del pasado como del futuro, en cualquier momento que desees, utilizando herramientas especialmente concebidas para ello, como meditaciones guiadas, trabajos chamánicos, regresiones al pasado o progresiones al futuro y trabajos con los registros akáshicos. Hay muchas formas de acceder a estos últimos. Enseño un método para hacerlo como trabajo interior (para uno mismo) o como servicio (para otra persona), que está a disposición de cualquiera que desee aprenderlo. Esta capacidad de contemplar un evento desde múltiples posibilidades nos libera de la 3D. Por ejemplo, ciertas frases nos encierran en la 3D; declaraciones del tipo «mis llaves no están; alguien las ha robado» o «debo de haberlas perdido». Sin embargo, otra forma de ver el mismo incidente nos abre a la 5D: «Mis llaves no están; me pregunto qué está pasando». Este último ejemplo permite que todas las posibles opciones sean conocidas. Esto puede incluir múltiples versiones de las expresiones y desencadenar una gran comprensión sobre la naturaleza de la realidad y la de la elección.

Por ejemplo, tal vez elegiste divorciarte, pero has estado lamentando todo lo que te podrías estar perdiendo, por lo que estás poniendo un porcentaje de tu energía en la elección que no tomaste. ¿Y si escogiste ambas opciones? Los físicos cuánticos están lidiando actualmente con este concepto, que han denominado *modelo del colapso*, porque suponen que en el momento en que «eliges» (observarte a ti mismo) en una elección, todas las otras posibilidades colapsan en la observada. Sin embargo, es muy probable que otras versiones de ti estén experimentando la otra opción en una realidad alternativa. Personalmente he experimentado más de una versión de la realidad a la vez, que eran la expresión de elecciones opuestas. Tú también puedes tener esta experiencia.

Considera la posibilidad de que cada elección sea, en realidad, un «camino tomado». ¿Y si ya estás eligiendo las dos opciones de la bifurcación del camino? Concibe que la opción que eliges experimentar es tu ahora, y que la otra «elección» pasa a convertirse en otra versión de la realidad.

Huir de los patrones repetidos

Comprender la perspectiva dinámica significa que puedes elegir hacer algo diferente cuando se manifiesten patrones repetidos. Si siempre reaccionas de la misma manera ante una situación, estás atrapado en la 3D. Prepárate para advertir los momentos en los que efectúes comparaciones y, luego, decide hacer esta pregunta: «¿Qué está pasando?». En la mayoría de los buscadores, el deseo de comprensión está limitado por el deseo que tiene su mente de compartimentar la información según una forma de pensar lineal. Cuando te des cuenta de que estás haciendo esto, puedes decidir hacer algo diferente. Compartimentar es una forma de permanecer en la 3D, mientras que estar abierto a las posibilidades es una forma de estar en la 5D. Darse cuenta es la llave que abre la puerta a la quinta dimensión.

Cambiar el futuro a partir de visiones sorprendentes

Hace varios años, mi marido, físico e investigador de los factores implicados en los incendios, participó en la investigación de un fuego que se había producido a bordo de un carguero en el océano Atlántico. Viajó varias veces al lugar donde estaba atracado el barco, en otro país. Su trabajo consistía en determinar la causa del incendio. Cuando llevaba aproximadamente un mes con este encargo, empecé a tener visiones de que una viga de acero lo golpeaba por detrás. Sentí que el acto era deliberado y que tenía un desenlace fatal. Pude determinar la ubicación; definitivamente, el episodio tenía lugar en el extranjero. Incluso pude precisar el plazo, unos cuatro meses en el futuro. No estaba segura de qué hacer con esa información. Por lo general, me comunico con mi yo superior para saber si debo hacer algo con este tipo de visiones. Quiero asegurarme de que sea apropiado alertar a alguien sobre esta clase de sucesos, pues no sé cuáles pueden ser las implicaciones.

Finalmente, confié en un miembro femenino de mi equipo que a menudo recibía «advertencias por adelantado». A ambas nos sorprendió descubrir que ella estaba recibiendo información similar. Hacía algún tiempo que quería exponerle el tema a mi marido, pero esa circunstancia le imprimió al asunto un carácter más urgente. De manera que le pregunté si había consultado con su yo superior acerca de regresar al barco. Su respuesta me sorprendió por completo. Dijo: «Si quieres decirme que hay alguna razón para no regresar, como que pueda correr un peligro, no volveré a ir». Le conté mis visiones y me pidió que abriera los registros akáshicos para él. Yo estaba deseando hacerlo. Lo que sucedió después nos sorprendió a los dos.

Esperaba que hiciera preguntas como «¿es esto real?», «¿está mi vida en peligro?» o «¿se puede cambiar este futuro?». Pero cuando establecí el contacto con los registros akáshicos, su primera pregunta fue: «¿Qué causó el incendio?». Hasta ese momento, no había hablado de su investigación, y yo no sabía nada sobre el fuego. Pensé que buscaría información personal sobre él y su vida, por lo que no me esperaba esa pregunta. Los custodios de los registros respondieron enseguida y de forma clara, a través de mí: «Se provocaron dos incendios para encubrir un par de asesinatos». Al no esperar algo así, me detuve, me retiré de la energía de los registros akáshicos y le dije a mi marido:

—¡Esto es muy extraño, nadie murió en ese incendio!

Mi esposo me lanzó una mirada triste y dijo:

—En realidad, murieron tres personas.

Los custodios de los registros prosiguieron con la explicación. Me dijeron que uno de los fuegos fue provocado a modo de «pantalla de humo» para generar una humareda y mucha confusión, y el otro para que ocasionase daños y deshacerse de uno de los cuerpos. Esa espantosa historia incluía más elementos, pues tenía que ver con un incidente y un encubrimiento de carácter mafioso.

Varias semanas después volvíamos a estar en contacto con los registros akáshicos para pedir más información sobre este tema y nos dijeron que podíamos limpiar al asesino (de una entidad oscura desencarnada que le otorgaba una gran habilidad) y que esa acción cambiaría drásticamente la realidad, porque esa entidad hacía que el asesino fuese muy preciso. Hicimos lo que nos correspondía y limpiamos a ese individuo desconocido. Más adelante nos dijeron, por medio de nuestro «equipo de limpieza»,* que nuestra acción había tenido un efecto dominó

---

* Puedes encontrar a nuestro equipo de limpieza en www.ClearingEnergy.org. En mi libro *Reweaving the Fabric of Your Reality* [Rearmar el tejido de tu realidad] encontrarás los tipos de energías y entidades que un ser humano puede despejar

que había anulado su capacidad de realizar cualquier «trabajo» que implicara matar a alguien.

Consulté con mi yo superior y supe que no había problema en que mi marido regresara unas cuantas veces más al barco. Un mes antes del momento crítico, sin disponer aún de pruebas científicas de la causa del incendio, le notificó al abogado que estaba a cargo de la investigación que su esposa, una psíquica, le había transmitido la historia anterior. No considero que el trabajo con los registros akáshicos sea de carácter psíquico y no estoy de acuerdo con esta clasificación; no obstante, es una forma habitual de referirse a ello que constituye una manera de explicar que el origen de un determinado conocimiento es «de otro mundo». La compañía cuyos abogados habían contratado a mi marido había sido acusada de tener operativo un contenedor de productos químicos defectuoso, y él estaba buscando pruebas científicas que pudiesen determinar si dicho contenedor había provocado el incendio.

Cuestioné a mi esposo que hubiese dado esa información. Durante años, mi primer marido me había calificado de excéntrica, y me asombró que mi marido actual, físico y testigo pericial, mencionase nuestra sesión con los registros akáshicos a los abogados que lo habían contratado. Me recordó que en el mundo de la investigación, especialmente cuando resultaba imposible determinarse que un incidente había tenido causas naturales, podía usarse la información proporcionada por una persona psíquica para ayudar a esclarecer el asunto.

Poco después, apartaron a mi marido del caso. El trabajo estaba casi terminado y los otros investigadores completaron el

y formas de limpiarte a ti mismo, así como los motivos por los que contratar a una persona o a un equipo de personas, y la forma de hacerlo, para que efectúen la limpieza por ti. Además, en el sitio web mencionado se explican en detalle estas cuestiones.

informe final. No sabemos si a la empresa acusada le dieron el mensaje de que lo dejase estar y no investigase más, pero tengo la sensación de que la información procedente de los registros akáshicos no era el único indicio que apuntaba a un acto delictivo.

Cambiar el pasado

En el trabajo con vidas pasadas, es posible cambiar una decisión del pasado que nos ha afectado en esta vida. Ahora que vamos terminando el actual ciclo de experiencias en la 3D, numerosas líneas temporales se están fusionando a medida que vamos pasando a la quinta dimensión. Existen múltiples grupos de líneas temporales, todas basadas en la relación que mantienen entre sí. Todo esto está ocurriendo en un segundo plano. Y hay líneas temporales personales y colectivas. Pueden incluir la de tu familia álmica y las de grupos a los que perteneces, incluida la del conjunto de la humanidad. Todos los cambios que efectúes afectan a todos los miembros de esos grupos. Además, puedes afectar al futuro a medida que cambias al comprender los contenidos de este libro y ponerlos en práctica.

Cuando pases a ser multidimensional, podrás tener indicios de esto. Podrás ser consciente de ello en el sueño o al meditar. Es posible que puedas realizar este trabajo por tu cuenta; sin embargo, lo ideal es que acudas a un experto en regresiones a vidas pasadas que entienda el principio de transformar el pasado para producir cambios sustanciales en la vida actual. Después de una sesión (para transformar una vida pasada, por ejemplo) tendrás, literalmente, la capacidad de entrar en nuevas direcciones inexpresadas, porque se habrá mitigado alguna mala elección del pasado. En este tipo de sesiones, podemos regresar al punto central de una elección y efectuar otra. Por ejemplo, pongamos por caso que un hombre que fue pistolero y murió en una pelea con armas de fuego en una vida pasada se está peleando continuamente en esta vida, sin ninguna razón aparente. En su sesión, podría decidir irse a vivir con su tía tras la muerte de su madre en lugar de frecuentar los salones con su padre, hacerse pistolero y sucumbir ante un rival mucho mejor a la temprana edad de dieciséis años. Después de este trabajo, no tendría las mismas ganas de mostrarse tan combativo en sus interacciones con los demás. Este tipo de regresión a vidas pasadas puede permitirte cambiar tu pasado mientras te encuentras bajo hipnosis.

Toda la humanidad está fusionando y comprimiendo las líneas temporales a medida que avanzamos en este ciclo hacia la 5D. Es importante que sepas y aceptes el hecho de que múltiples expresiones de ti mismo pueden desplazarse por múltiples líneas temporales paralelas, sanar el pasado y, por lo tanto, cambiar tu presente y tu futuro. Las líneas temporales van colapsando a medida que avanzamos hacia la quinta dimensión y se necesitan menos versiones de las experiencias y líneas temporales. Por lo tanto, hay buenos motivos para sanar y transformar las versiones más dolorosas de las experiencias. Este tipo de sanación cuenta con sus especialistas, que pueden ayudarte si te estás viendo afectado por un evento de una vida pasada que parece estar influyendo negativamente en tu vida actual, aunque no sepas cuál fue ese suceso.

En una versión más sencilla de este tipo de experiencia, es posible que le cuentes a alguien una historia sobre algo difícil que te sucedió en el pasado, algo de lo que no hablabas con nadie desde hacía tiempo. Tal vez no notes ningún cambio mientras relatas esa experiencia, pero luego, mientras estás acostado en la cama esa noche, reflexionando sobre el día, puede ser que te des cuenta de que la versión que le has narrado a tu nuevo amigo era más suave, amable y afectuosa que la experiencia que recuerdas. Así es como uno fusiona líneas temporales por sí mismo. Has vuelto a contar una experiencia en la que la dificultad se ha transformado y conlleva un dolor y una carga emocional mucho menores.

IR MÁS ALLÁ DE LA POLARIDAD

Lo más importante que hay que entender es que la humanidad en su conjunto está pasando de una realidad que incluye la polaridad, o el bien contra el mal, a una realidad desprovista de polaridad. ¿Qué significa esto? ¿Qué motivos hay para este cambio?

El propósito original de la tercera dimensión era explorar la enorme variedad que la polaridad puede proporcionar. Piensa en la increíble diversidad que hemos explorado alrededor de los extremos de la polaridad. Este ciclo ha terminado, y estamos poniendo fin a la forma en que nos hemos estado manejando en la tercera dimensión. Las cosas han cambiado, las reglas también, y el juego ya no es el mismo al que hemos jugado durante eones. Esto significa que nuestra forma de pensar (basada en el bien contra el mal), nuestra forma de hacer (basada en que unas personas están por encima de otras) y nuestra forma de ser (en la que cada uno se ocupa de sí mismo) se están transformando.

La tercera dimensión sigue siendo una zona en la que se puede ejercer el libre albedrío. En ella, aún tenemos la libertad de elegir una opción centrada en Dios o una opción no centrada en Dios. En la 3D podemos etiquetar dichas opciones como la buena y la mala. En cambio, desde la perspectiva de la quinta dimensión no hay polaridad, solo hay amor, lo que se traduce en elegir a Dios. La ausencia de amor es la elección no centrada en Dios. (En capítulos posteriores hablaremos de las otras dimensiones, aquellas en las que aún hay polaridad y aquellas en las que ya no existe). Esto significa que a medida que vayas permaneciendo más en la quinta dimensión te irá quedando muy claro que el juego de la polaridad ha terminado. En la 5D aún podrás elegir; pero la opción no centrada en Dios ya no te resultará atractiva, o, en última instancia, ni siquiera estará disponible para ti.

Pongamos un ejemplo para ilustrar esta cuestión. Si tuvieses la oportunidad de alojar en tu casa a alguien a quien admiras, ¡por supuesto que aceptarías hacerlo! Ni se te pasaría por la cabeza la posibilidad de negarte a ello. Esta elección sería la equivalente a elegir a Dios. Aún tendrías la posibilidad de elegir, de experimentar la variedad, la forma en la que alojarías a tu huésped, lo que le servirías y otros aspectos, pero en ningún caso se te ocurriría negarte a recibir a alguien a quien respetas tanto. A partir de esta aceptación, tendrías muchas opciones a tu disposición para manifestar esta nueva energía de carácter exclusivamente amoroso, la cual ya no requiere la existencia del karma.

A muchas personas les cuesta aceptar el concepto de la finalización del karma, que me fue comunicado por primera vez en 1995. En ese momento, incluso me sorprendió la posibilidad. No tenía ni idea de lo que significaba esto ni de cómo podría manifestarse. Las primeras personas con las que compartí esta información tan importante fueron estudiantes y amigos espirituales de confianza, y ni siquiera ellos recibieron la noticia con mucho agrado. Pero a medida que cada vez más estudiantes han aprendido a abrirse a los registros akáshicos, también han ido recibiendo el mismo mensaje: se acabó el karma. Esto significa que la humanidad ya no está sujeta a las reglas de volver a la vida para experimentar el dolor que cada uno pueda haber infligido o recibido.

Puedo oír tus objeciones: incluso si tú estás dispuesto a poner la otra mejilla, como se supone que dijo Jesús, ¿qué ocurre con todas las demás personas? La orientación ha sido muy clara; valga, como botón de muestra, este mensaje reciente procedente de los registros akáshicos:

Todos vosotros, toda la humanidad, sois amor. Todos sois amados y dignos de ser amados. Las personas pueden juzgarse unas a otras, pero esta no es nuestra forma de proceder. Os pedimos que sigáis manteniendo el corazón abierto y dejéis que los demás se adentren en su espacio de gozo y paz. Es posible que esas personas necesiten más tiempo para entender todo esto; lo conseguirán. Amaos. Cuando aceptáis demasiada polaridad, mantenéis vigente el juego de la polaridad. No busquéis entender, sino consolar. El juego termina cuando no quedan jugadores. Entonces solo hay amor.

Escribí este libro para que puedas entrar por voluntad propia en tu expresión de la quinta dimensión. Cuando eliges no estar pendiente de los demás y soltar la necesidad del karma, te has convertido en parte de la solución. La finalización del karma es uno de los cambios más significativos que está experimentando la humanidad. Esto significa que ya no se están produciendo reencarnaciones marcadas por el karma. Nos encontramos en el final de un ciclo, de una era, y nadie está limitado por los patrones inferiores del pasado, especialmente los pecados cometidos en otras vidas.

La preferencia por la acción de carácter divino o la elección de Dios prevalecerá. El libre albedrío no tendrá que continuar de la misma manera que lo ha hecho, a partir de la exploración de las sombras más profundas y oscuras, como fue posible en la expresión polar de la tercera dimensión. Quienes no quieran renunciar al juego de la polaridad podrán quedarse atrás, ciertamente. El nuevo planeta Tierra ya está entrando en la quinta dimensión, y está esperando a que la humanidad se armonice, desde el punto de vista vibratorio, con las nuevas frecuencias más altas, que están a disposición de quienes las elijan.

LO MÁS IMPORTANTE QUE HAY QUE ENTENDER ES QUE LA HUMANIDAD EN SU CONJUNTO ESTÁ PASANDO DE UNA REALIDAD QUE INCLUYE LA POLARIDAD, O EL BIEN CONTRA EL MAL, A OTRA REALIDAD EN LA QUE LA POLARIDAD NO EXISTE.

¿Por qué elegimos estar en una realidad caracterizada por la polaridad?

Esta pregunta no es fácil de responder, pero hay respuestas. Los humanos son los únicos seres que tienen la capacidad de alojar simultáneamente la luz y la oscuridad. Esta unificación de las energías polares en un solo ser tenía el objetivo de que la Fuente pudiera comprender mejor la naturaleza del desarrollo de la creación. La finalidad era que desarrolláramos la capacidad de elegir la luz y fusionar la oscuridad dentro de la luz.

De entrada, avanzar hacia una perspectiva de quinta dimensión nos permite expandir enormemente todas las experiencias posibles. Nos posibilita tener conciencia de las emociones y amplía la experiencia de la elección. Podemos empezar a observarnos de manera neutral y a expresarnos desde ambos lados de la ecuación, como el «chico bueno» y el «chico malo» (siendo ambos, con toda probabilidad), para ampliar nuestras experiencias. ¿Y si fueses tanto el perpetrador como la víctima en una guerra?

Por ejemplo, en el curso de una meditación (el rato en que estamos meditando pertenece a la quinta dimensión), descubrí que cierto hombre que me había robado cinco mil dólares ¡era otra versión de mí misma! ¡Caramba! ¿Eso significa que él (esa otra versión de mí) se creó karma conmigo al robarme? ¡No lo creo! Esa interacción fue estresante y difícil. Mis guías me indicaron que le mandara una carta y luego aceptara lo que me ofreciese. No hice más que seguir esas indicaciones, sin tener ni idea de cuál sería el resultado. La respuesta del individuo fue un cheque por valor de unos pocos cientos de dólares.

En cada paso del camino descubrí una nueva información, como si estuviese juntando las piezas de un puzle. Al final, lo que aprendí fue que mi conexión con esa persona tenía un propósito. Cada uno de nosotros nos habíamos inclinado a un extremo en torno a la integridad; yo me estaba mostrando muy rígida con respecto a mantener los acuerdos, mientras que él estaba muy dispuesto a ajustarlos sin que hubiese un consentimiento mutuo. Nuestra última interacción estuvo marcada por una gran compasión. Me guiaron a establecer contacto con él, a pesar de que yo no veía que pudiese servir para algo. Estaba siendo muy difícil para mí el solo hecho de considerar la posibilidad de retomar el contacto cuando recibí otra instrucción de mis guías en este sentido. Actué según esta indicación y esa persona y yo conectamos de nuevo y nos inspiramos mutuamente para avanzar hacia el punto medio de nuestras creencias y comportamientos: él optó por una mayor integridad y yo por ser menos rígida. Al menos conseguimos esto.

«Sí, pero ¡mira todo el dolor y sufrimiento que hay en el mundo!»

En una zona marcada por el libre albedrío, tenemos el permiso y la posibilidad de cometer errores. Contamos con la libertad de optar por Dios o no hacerlo. Depende de nosotros.

La creación quiere ampliar las posibilidades de las experiencias. A pesar de esto, la inhumanidad del hombre para con el hombre nunca fue prevista. ¡Plantéate contemplar esta cuestión sin emitir juicios! Hay muchos factores que tienen que ver con este asunto que constituyen el tema de numerosos libros. En el que tienes en tus manos no se exploran las razones principales por las que hemos llegado al punto en que estamos, pero es importante que entiendas que, ciertamente, no obedece a un plan divino. El hecho de aceptar esto como una posibilidad real te ayudará a empezar a ver cosas que antes no podías o no querías ver.

Cuando aceptes que pudo haber situaciones y circunstancias que fueron activadas por fuerzas que actuaban al margen de las reglas operativas básicas, podrás empezar a usar la mente y el corazón para avanzar hacia la compasión y la quinta dimensión.*

LOS QUE QUIEREN RETENERTE

Durante casi veinte años, mientras viajaba y enseñaba, usé, por inspiración de mis guías, la denominación *los que quieren que fracases* para referirme a los seres cuyos planes eran contrarios al despertar en la quinta dimensión, que también se conoce como *la Ascensión* o la expresión de las cualidades divinas mientras aún estamos en un cuerpo físico. ¿Por qué nombrar a estos seres por medio de una frase? Porque no conviene mencionar a quienes

---

* Mencioné el libro de Wyllie *Confessions of a Rebel Angel* en una referencia anterior a este tipo de información relativa a las fuerzas externas causantes de la inhumanidad del hombre hacia el hombre. No es uno de los temas que trato en este libro, de manera que se trata de un recurso al que acudir si te interesa saber más al respecto. Mucho antes de descubrir el libro de Wyllie supe, en el contexto de una meditación muy profunda, que nadie, ni siquiera el Creador, estaba preparado para la inhumanidad del hombre hacia su prójimo. Esta deriva no formaba parte de ningún plan.

quieren que fracasemos. Llamarlos por su nombre los empodera; esto es cierto incluso para los que son bien conocidos. ¡Recuerda esto cuando te sientas tentado a llamar a alguno por su nombre! Resistirse a ellos frente a evitarlos es una expresión emocional que se inscribe dentro de la polaridad que los fortalece.

Más recientemente, me transmitieron la denominación *los que quieren retenerte*. Me pregunté acerca del motivo. Cuando medité sobre el cambio y lo que había detrás de él, supe que ya no es posible que alguien fracase. Los anfitriones ascendidos[*] y otros seres no físicos han dedicado tanta energía a apoyar nuestra transformación en seres de la quinta dimensión que ha sido conveniente sustituir el verbo *fracasar* por el verbo *retener*.

Para ilustrar gráficamente esta cuestión, imagina que se crea un fondo fiduciario universitario para una niña, en el que contribuyen los abuelos y otros familiares. Todos le recuerdan mientras está creciendo: «Ese dinero será tuyo a los cuarenta años, a menos que lo uses para ir a la universidad. Si sobra dinero, lo obtendrás cuando te gradúes». ¿Cuál es la probabilidad de que la joven termine la universidad? ¡Incluso existiendo el libre albedrío, la probabilidad de que vaya a la universidad y se gradúe es muy alta!

Mientras piensas en esto, puedes empezar a ver cómo la realidad ha cambiado justo frente a ti. De nuevo, permíteme recordarte que debes cambiar tu percepción de lo que es posible, porque actualmente las cosas son totalmente distintas a

---

[*] Los anfitriones ascendidos incluyen a los maestros ascendidos y a otros seres cósmicos que están al servicio de la humanidad. En el ámbito de la teosofía, se cree que los maestros ascendidos son seres espiritualmente iluminados que en encarnaciones pasadas fueron humanos comunes, pero que pasaron por una serie de transformaciones espirituales conocidas, originalmente, como iniciaciones. En algunos casos, el maestro ascendido logró la perfección como ser humano y las experiencias de la vida le sirvieron como iniciaciones, lo cual le permite operar como un ser benevolente hacia toda la vida. Esta es la Ascensión a la quinta dimensión.

como eran antes. Ahora puedes beneficiarte totalmente de la Ascensión.

Hace poco canalicé un mensaje del gran director divino, un maestro ascendido que conoce el plan divino para la humanidad. Estas fueron sus palabras:

> *No es posible fallar. Cualquier persona que desee alcanzar la maestría lo logrará, independientemente de si usa herramientas e invoca ayuda. Al igual que un niño que aprende a caminar, puede usar una silla para ayudarse a andar antes, pero acabará por hacerlo tanto si aprende poco a poco como si lo hace deprisa.*

TU NUEVA REALIDAD

La quinta dimensión es nuestro próximo destino vibratorio y hacia donde nos dirigimos ahora. De hecho, es probable que ya hayas estado vibrando entre la tercera y la quinta, alternativamente. Es posible que esta afirmación te resulte sorprendente. La 5D es la plataforma de la alegría y la dicha, el estado humano perfeccionado y mucho más. No es el final del trayecto, según la forma en que describen el cielo las religiones tradicionales. Es, sin embargo, el final del trayecto en cuanto a la separación. A partir de este punto, nos preocupamos tanto por nuestros semejantes y por nuestra amada Tierra como lo hacemos por nosotros mismos.

A partir de las expresiones de la quinta dimensión, nos desplazamos cada vez más hacia la denominada *conciencia grupal*. Otro nombre que se le da a esta experiencia es *unidad*, lo que implica que todos somos uno. Es posible que ya hayas tenido alguna experiencia en este sentido, pues muchas personas han experimentado la unidad en sus meditaciones. De todos modos, esta unidad incluye estados de percepción cada vez mayores; estas percepciones cambian a medida que evolucionamos hacia estados de conciencia progresivamente más elevados.

Abandona la necesidad de saber cómo o por qué

Cuando observas una zanahoria silvestre en floración desde la distancia, solo ves una flor en un campo donde hay muchas otras. Cuando te acercas y examinas el tallo, puedes ver que se ramifica en cincuenta pequeños tallos o más, cada uno de los cuales tiene diez o más flores. Te vas dando cuenta de que la floración de la zanahoria silvestre se parece más a un sistema dinámico o fractal que se está expandiendo continuamente. Este es el punto en el que te hallas. Estás en el lugar de la historia en el que puedes empezar a comprender que es posible que se hagan realidad los resultados nuevos e inconcebibles que hayas imaginado.

Tienes la capacidad de producir unos resultados diferentes reales y tangibles, aunque aún no sepas cómo. Estás yendo hacia ahí. Abandonar la necesidad de saber te libera del proceso lineal y te permite «aceptar» la información de nuevas maneras.

Olvidarte del *cómo* o el *por qué* no es la única vía, pero constituye una herramienta de conciencia importante para que puedas expandir en gran medida tu capacidad de alcanzar la 5D e integrarte en ella. ¿Cómo debes proceder? Cuando te preguntes por qué ha ocurrido X, date cuenta y decide optar por la maravilla. Di para tus adentros: «Me pregunto qué está pasando». La maravilla debe sustituir el por qué. Esto te permitirá recibir información que no encajará necesariamente en tu actual paradigma de la 3D. Esta es una de las maneras en las que puedes expandirte hacia la forma de pensar propia de la 5D. La información, solución o toma de conciencia llegará fácilmente hasta ti, ya sea en el momento en que te hagas la pregunta, más tarde cuando estés meditando o durante el sueño. Prepárate para las sorpresas. Permite que lo inexplicable pueda ser una realidad. Recuerda la oración *es hora de que cambies tu percepción de lo que es posible*.

Desde la perspectiva de la tercera dimensión, en el momento en que experimentes tu verdadera identidad como una y la misma con la totalidad de la vida, podrás tener la impresión de que eso es todo lo que hay y todo lo que podría haber. Presta atención a esta perspectiva y te permitirá avanzar hacia grados de maestría cada vez mayores, lo que hará que tu estado afín a la quinta dimensión se vuelva permanente.

Es un baile, y el corazón manda

Es importante que tengas en cuenta que no puedes estar en la quinta dimensión si no implicas el corazón en ello. Hay algunos seres humanos que fueron tan heridos a una edad tan temprana que desarrollaron la capacidad de activar los chakras que tienen por encima del chakra del corazón, pero evitaron activar este. Lo hicieron para sobrevivir. Llamo a estos individuos *supervivientes psíquicos*.*

Los supervivientes psíquicos utilizan los dones de sus chakras superiores para obtener información y controlar su entorno; usan esta información con sus mentes. Para ellos, se trata de conservar el control; le otorgan a esta cuestión una importancia de vida o muerte, porque en algún momento de su historia vital decidieron que debían ser superiores o morir. Han de

---

* Puedes leer más al respecto en mi libro *Reweaving the Fabric of Your Reality*.

afrontar la difícil tarea de aprender a usar su corazón derribando todos los muros que han creado para mantenerse a salvo. Han de aprender a construir una nueva conexión basada en la compasión a través del corazón.

En la mayoría de los casos, su corazón cuenta con tantas capas protectoras que ni siquiera conocen su verdadera naturaleza. Llegar a conocerla es una tarea desalentadora para estos individuos. Han sido tan avergonzados y heridos que confunden la vergüenza con la culpa. La vergüenza es creer que eres malo; la culpa es admitir que hiciste algo malo. Las buenas personas hacen cosas malas en la tercera dimensión; todos hemos cometido actos de los que nos hemos avergonzado. Pero haber hecho algo malo no hace que seas alguien malo. La clave para ayudarte a ti mismo en estas situaciones consiste en encontrar algún sanador que te ayude a avanzar rápidamente, aprender a meditar y hacerlo todos los días, hasta que puedas superar tus heridas.

El trabajo de la meditación MerKaBa puede ser extremadamente útil, porque el MerKaBa sella el corazón en el campo de la quinta dimensión y evita que vuelvan a herirlo. Nos permite ser vulnerables sin estar expuestos. En su formato original, la meditación del MerKaBa de las diecisiete respiraciones (la meditación MerKaBa clásica) nos conduce a través de una serie de pasos que nos permiten activar un campo energético alrededor del cuerpo, lo cual nos posibilita, a continuación, acceder a nuestro yo de la quinta dimensión. Es una práctica increíble que hace que sea fácil entrar en la quinta dimensión y permanecer allí.* Esto se debe a que nos da acceso a los campos energéticos que contienen esta vibración.

---

* En la sección «Recursos» encontrarás la referencia del DVD que enseña la práctica de la meditación MerKaBa clásica.

Cuando te encuentres con una frecuencia más baja procedente de determinadas circunstancias o individuos, puedes mantener tu vibración más alta eligiendo amar a esas personas de todos modos. Esto te permitirá coexistir con ellas hasta que puedan encontrarse contigo en tu nivel de energía. A partir de entonces podrás ver a ese oponente como tu amigo. Si eres alguien que está apoyando la transformación de otros individuos y están manifestando su propio drama, ámalos de todos modos.

En la quinta dimensión, se espera de ti que dejes que tu corazón dirija tu mente. Los supervivientes psíquicos decidieron en algún momento que debían ganar o, de lo contrario, morirían. Estas personas tienen más dificultades para curar las heridas de su corazón, pero pueden hacerlo. Son fáciles de identificar, ya que parecen estar sintonizadas con reinos superiores y, al mismo tiempo, sus actos denotan sus heridas. Puedes ayudarlas amándolas de todos modos. A medida que te vas armonizando con la quinta dimensión, no abandonas tu mente ni tu corazón. Así como en los bailes de salón hay una persona que lleva a la otra y aun así bailan «como uno», el corazón dirige y la mente lo sigue. Este es un baile nuevo, y es la única manera de acceder a la 5D. Nunca se ha hecho así antes, de modo que ¡eres un pionero!

· ·

EN LA 5D, EL CORAZÓN DIRIGE Y LA MENTE LO SIGUE. ES UN NUEVO BAILE.

· ·

DESARROLLAR LA CONFIANZA

La confianza es un elemento importante de tu nueva experiencia de la quinta dimensión. Puedes empezar a utilizarla mientras aún te encuentres en las dimensiones tercera o cuarta. Lleva a cabo prácticas en las que confíes de una manera muy proactiva. Por ejemplo, cuando vas a un hotel, ¿llevas tu propio champú preferido? Y después ¿necesitas traerte a casa el champú que te ofrecía el hotel? Si no es así, déjalo ahí; confía en que tendrás suficiente. Cuando estés en un restaurante de tipo bufé, toma porciones más pequeñas y confía en que habrá más comida para ti si sigues teniendo hambre. Cuando estés esperando en una fila, invita a otras personas que parezcan tener mucha prisa a que pasen delante de ti, con amabilidad y gentileza. Cuando adoptes este tipo de prácticas, notarás que otras personas hacen lo mismo por ti. Habrás cambiado tu vibración y estarás atrayendo a más individuos semejantes a ti; de hecho, ¡habrás logrado que más gente actúe de la misma manera! Como me dijeron mis guías:

> Te invitamos a pasar a este nivel de confianza y de preocupación mutua. Hay una diferencia entre confiar y saber. La confianza implica la posibilidad de que puedas fallar. Saber es la creencia indudable de que solo puedes tener éxito.

La confianza en ti mismo puede requerir un esfuerzo mayor. ¿Cómo sabrás si es adecuado confiar en ti mismo o en tu intuición? Al principio, no lo sabrás. Sin embargo, hay muchas formas de desarrollar este factor de confianza con tanta profundidad que acabe por transformarse en conocimiento. Una manera de hacerlo es llevar un diario en el que anotes todas las ocasiones en las que obtengas algún tipo de información o certeza sin que

COMO PROCESAMOS LA INFORMACIÓN

te puedas explicar de dónde viene. Decide actuar a partir de esa información, confiando en ella. Toma nota de estas experiencias en tu calendario o en tu diario. Con el tiempo, esta dinámica se convertirá en conocimiento.

Respetarte a ti mismo sin coerciones también forma parte de esta confianza. ¿Qué haces cuando nadie está mirando? ¿Honras y respetas a los demás porque es lo correcto? Investigaciones recientes han mostrado que las personas que tienen un buen control sobre sus procesos de pensamiento, emociones y comportamientos no solo prosperan en la escuela y en el trabajo, sino que también están más sanas y son más ricas y populares.[2]

¿Qué tal si dejas de mirar lo que otros están obteniendo y en lugar de ello decides ser un ejemplo, por el mero hecho de que te gusta proceder así? Los buenos líderes benefician a los demás.

¿Qué formas podrías encontrar de respetar a los demás y comportarte adecuadamente porque puedes hacerlo y no porque tengas que hacerlo? ¿Qué tal si decidieras actuar como si el respeto hacia ti mismo, hacia los demás y hacia la totalidad de la vida fuera el único modo de estar en el mundo? No es suficiente con que «pienses» que ya lo estás haciendo. Presta atención a las personas a las que amas y admiras. Sus comentarios te ayudarán a ver tus puntos débiles.

Hay que conservar la confianza incluso cuando no se obtiene el resultado deseado. Te invito a salir de tu caparazón para convertirte en tu verdadero ser. Y te invito no a confiar, sino a *saber* que puedes tener éxito. ¿Qué harías si supieras que no puedes fracasar?[*] ¿Confías en que el sol saldrá cada mañana, o lo sabes? Saber es tener la certeza. El sol saldrá; no puedes fallar con esta

---

* Esta pregunta la hace a menudo Pat Bacilli, presentadora del programa radiofónico de entrevistas *The Dr. Pat Show: Talk Radio to Thrive By* [El programa de la Dra. Pat: conversaciones radiofónicas para prosperar].

predicción. La confianza es la opción de creer en ti mismo tanto como lo hace Dios. ¿Dudarías de Dios? ¿Por qué no adoptar la actitud de que no necesitas confiar y de que sabes, sin más?

Esto significa que eliges consultar con tu yo superior a diario. Cada día, elegir formar parte de la expresión de tu libre albedrío. El proceso diario de consultar con tu yo superior es un acto de humildad, ya que él no usa tu voluntad o tu ego para basarse en información previa. Y la nueva confianza da lugar a una economía totalmente nueva, la economía colaborativa.

¿Podrías alojar a un extraño en tu casa? Millones de personas lo han hecho, y han conocido viajeros maravillosos. Observa la proliferación de organizaciones como Airbnb, cuyos miembros confían en tener personas desconocidas en sus hogares. Quien tiene este tipo de confianza sabe que forma parte de un todo más grande y que todos estamos conectados. Y la economía colaborativa no se limita a los hogares o los automóviles. Muchos autores de éxito te permiten usar sus trabajos solo con que menciones su nombre. Yo hago lo mismo con todos quienes me piden utilizar mi obra. Sabemos y entendemos que nos necesitamos los unos a los otros para aprender y crecer, y nos beneficiamos de compartir con los demás.

· ·

DECIDE QUE YA SABES QUE DIOS CREE EN TI Y TÚ CREES EN DIOS. PUESTO QUE ESTA ES LA ZONA DEL LIBRE ALBEDRÍO, TODOS LOS DÍAS PARTES DE CERO. CADA DÍA TIENES LA OPORTUNIDAD DE ELEGIR. TODOS LOS DÍAS PUEDES EXPLORAR Y DESCUBRIR LO QUE SABES Y LO QUE TE DICEN TUS GUÍAS.

· ·

EN CONCLUSIÓN

Este capítulo puede haber desafiado tu sistema de creencias. Decide considerar que puede haber más posibilidades en la realidad de lo que creías posible. Disolver los sistemas de creencias forma parte del despertar en la 5D. No abandonarás tus creencias; lo que harás será expandir tu conciencia, ya que así es como funciona la mente. Ampliarás tu zona de confort. *Los que quieren retenerte* prefieren que permanezcas en tu actual paradigma. ¿Está tu sistema de creencias actual limitado por la versión muy estrecha de la realidad que has respaldado y mantenido aquí en la Tierra? A medida que te expandas y admitas más posibilidades, tu comprensión también aumentará. La cocreación de una versión de la realidad totalmente nueva forma parte de este compromiso; realmente, constituye tanto tu entrenamiento como tu oportunidad de oro.

3

LA ASCENSIÓN Y LAS CINCO DIMENSIONES

En este punto de la historia de la humanidad, todo el mundo está siendo llamado a despertar. Algunas personas se sienten magnéticamente atraídas a cuestionar lo que valoraban, junto con sus elecciones actuales. Este despertar espiritual forma parte del Gran Cambio que se predijo hace siglos. Empezó con el llamado final del calendario maya, y muchos instructores lo llaman *Ascensión*. Mágicamente, me pidieron que participara en las ceremonias principales de Chichén Itzá relacionadas con el final del calendario maya. No es el fin del trayecto, pero sí un cambio tan grande que podría parecerlo. En realidad, es el comienzo de una energía y unas frecuencias sorprendentes y potentes que nos desenganchan de nuestros patrones pasados y facilitan nuestra transformación. Muchos de nosotros llevamos bastante tiempo esperando estos momentos. Se trata de un gran cambio que supone la transformación de una era.

¿Qué has estado esperando? ¿Mayor comprensión, claridad, seguridad? No hay ningún error. La comprensión vendrá, y te ayudará a aprovechar la increíble energía estimulante que os impregna a ti y a todos los que te rodean. Esta es tu oportunidad de informarte bien, convertirte en un maestro y contribuir a la transformación de la humanidad. ¡Qué oportunidad tan increíble! Este capítulo ofrece una visión general, y en capítulos posteriores profundizaremos en esta información.

¿QUÉ ES LA ASCENSIÓN?

La Ascensión es una transformación física, emocional y espiritual drástica de los seres humanos que hará que sientas, pienses y seas de forma diferente. En los viejos tiempos, pensábamos en la Ascensión en términos de la Pascua de Resurrección, en la que Cristo tuvo que morir para «ascender». ¡Este no es el caso! De hecho, esta es la razón por la que este proceso es tan misterioso. ¿Cómo podría alguien ascender sin haber muerto? Aparte del caso de avatares y místicos, nadie ha ascendido conservando su cuerpo físico, que se sepa.

¿Significa la Ascensión que morirás para poder iluminarte o renacer? No, ¡en absoluto! ¿Significa el final de las experiencias de 3D y que iremos a la cuarta dimensión? No, y esta es la razón: actualmente, estamos oscilando entre las dimensiones cuarta y quinta cuando salimos de la tercera. En estos momentos, ya nos estamos encaminando hacia nuestra expresión propia de la quinta dimensión, en la que a veces estás y ni siquiera lo sabes. Es por eso por lo que necesitas despertar en la 5D.

¿Por qué hablamos de Ascensión si no vamos a morir? Porque la transformación hará que nuestro «viejo» yo sea irreconocible, literalmente. Como ocurre con la metamorfosis que experimentan todos los insectos que pasan por la fase de crisálida (como las abejas, libélulas y mariposas), la transformación lo cambia todo, pero el ser sigue vivo. La Ascensión de la humanidad en la Tierra es la emergencia del ser humano desde su estado actual de crisálida; es una conclusión inevitable. Estamos en camino, pero nos sería útil contar con alguna orientación adicional. Como ocurre con la oruga que se convierte en mariposa, la transformación es un misterio, pero real. Es posible que hayas oído hablar de un experimento científico en el que un investigador de orugas intervino al intentar ayudar a una oruga a salir de su capullo. ¡El resultado fue que la mariposa que salió de él lo hizo con las alas deformadas! Esta es la razón por la que es tan importante que uno se forme a sí mismo. En tu caso, es determinante que recorras tu propio camino para que puedas tener éxito en el autodescubrimiento. Por estos motivos, puedes y debes contribuir a tu propio proceso con tus propios esfuerzos. Debes ejercer tu voluntad. Esta es la manera de acceder a tu divinidad y a tu yo de la quinta dimensión.

No está nada claro cómo pasará cada persona a expresarse en la 5D. Esto se debe a que cada uno está viviendo múltiples realidades y versiones de sí mismo. El proceso de Ascensión de cada cual es único. A medida que te vuelves más consciente y vas eligiendo, en el día a día, ciertas acciones, comportamientos, creencias y sentimientos basados en la energía no polarizada de la aceptación incondicional, comienzas a darte cuenta de que estás en la 5D mucho más de lo que pensabas. Las múltiples realidades van colapsando en una sola.

La humanidad está despertando a un nuevo ahora. Tu ego y tu mente desarrollaron habilidades que eran necesarias y debiste utilizar en favor de tu presencia física; esto lo has dominado.

Ahora estás preparado para la próxima evolución. Se están activando nuevos códigos en tu persona. La próxima «ola» evolutiva se está cerniendo sobre ti. Esta es tu oportunidad de llevar una mayor conciencia a todo. Al igual que puedes llevar un plato para compartir a un evento familiar, ¿qué te parecería si eligieses llevar tu conciencia altamente evolucionada como un regalo, recordándote que estás al servicio de los que asisten a ese evento familiar (no que eres mejor que esas personas)? Puedes participar en tu propia sanación y la de los demás. Puedes contribuir positivamente a la transformación de la humanidad siendo tú mismo en la quinta dimensión. En la 5D gozarás fácilmente de muchas habilidades que te parecen inalcanzables en la 3D.

A medida que vas vibrando cada vez más de acuerdo con la quinta dimensión, ¡tú mismo te conviertes en un maestro ascendido! Tu proceso es único y no irá más rápido de lo que lo permitas. En el caso de algunas personas, su cambio de conciencia les parecerá radical a sus amigos. En el caso de otras, el «despertar» será tan gradual pero tan claro que su expresión parecerá suave. Por supuesto, todos quienes desean despertar se están convirtiendo en maestros ascendidos. A medida que madures y desarrolles tu manifestación como maestro ascendido (esta es tu manifestación natural en la quinta dimensión), tu Ascensión traerá cambios en el planeta. La Madre Tierra no «ascenderá sin ti». Esta es la razón por la cual todo el cielo (y la Tierra) está observando y esperando a que el mundo «viva como uno» (tomo prestada la expresión de *Imagine*, la famosa canción de John Lennon).

Punto de vista físico

El cuerpo ascendido es el mismo que el de la quinta dimensión, que estará más lleno de luz: será ligeramente translúcido y, posiblemente, brillante.

Es muy probable que hayas visto esta versión de ti mismo u otros seres en tus meditaciones y no te hayas dado cuenta de que todo el mundo está yendo hacia ahí. Por supuesto, hay quienes se resistirán y dirán: «Me gusta esta [vieja] versión de la realidad; está bien». Aquellos que así piensen tendrán muchas oportunidades para entender que el mundo tal como lo conocen está llegando a su fin. No podrán sostenerlo, y habrán de elegir entre dos opciones: unirse a la nueva Tierra o perecer con la antigua. Y tú, ¿cómo vas a utilizar esta información? ¿Cómo pasarás a vibrar en la quinta dimensión?

Debido a que la Ascensión es física por primera vez, hay mucho que aprender y descubrir. Muchos experimentarán molestias físicas. Cuanto más te resistas, más difíciles pueden llegar a ser estos cambios. Es posible que hayas realizado muchas visitas a varios médicos y que ninguno haya podido encontrar ninguna razón para tu dolor físico y tu malestar, lo cual, por supuesto, puede agravar tu angustia. Si es tu caso y has acudido a todos los recursos que pone a tu disposición la medicina convencional, te invito a explorar otras vías de curación. Tal vez descubras que la terapia craneosacral, la acupuntura, la naturopatía, la meditación y otras herramientas pueden ayudarte a pasar por el cambio físico que estás experimentando. También puede serte útil optar por otros hábitos alimentarios.

Pueden presentarse experiencias que signifiquen, en realidad, que se están limpiando heridas de vidas pasadas. Es posible que algo de lo que te estés curando físicamente provenga de otras vidas u otras líneas temporales. También es posible que te estés ocupando de otras versiones de ti que están sufriendo daños. Es importante que lo tengas en cuenta, porque es mucho más fácil que puedas procesar estas energías si te abres a estas posibilidades. Cuando empieces a contemplar tu malestar con una intención clara, serás dirigido a las personas que podrán ayudarte mejor. Además, incrementarás la conexión con tu yo superior.

Punto de vista emocional

Las emociones son uno de tus portales. Mantente en paz y emocionalmente equilibrado. Pero incluso si lo intentas puede ser que te encuentres con que las emociones están muy presentes. Es posible que un trauma emocional sea el desencadenante de tu despertar; esto les ocurre a muchas personas. Es una cuestión tan importante que he dedicado todo un capítulo, el quinto, a explorarla en profundidad. Las emociones son característicamente humanas, y constituyen la capacidad de imbuir un propósito al *chi* (energía desprovista de carga): el propósito de expresar los sentimientos. Los sentimientos deben ser expresados. Son tan importantes como las experiencias, a las que dirigen y otorgan más profundidad. La mayoría de las mujeres desarrollan la conciencia de los sentimientos, mientras que la mayoría de los hombres se enfocan en las experiencias. Un ser humano equilibrado atiende ambos aspectos por igual. A medida que te des cuenta de lo que eres, como hombre o mujer, descubrirás que has puesto el acento en uno de los dos lados y te sentirás impulsado a cultivar el otro.

La interacción entre los pensamientos, los sentimientos y las acciones en la quinta dimensión

Habita en el momento, pero sé sensible al viento.

Aprende sobre tu entorno, pero no dejes que te gobierne.

Aprende a entender tus sentimientos y confía en ellos.

Pensar antes de actuar se traduce ahora en pensar y sentir antes de actuar. Pensar antes de actuar se traduce en mirar a derecha e izquierda y después hacia arriba, al yo de la 5D, antes de actuar. Sé intrépido, pero no imprudente. Puedes favorecer esta actitud elaborando una lista de tus miedos y pidiéndoles que te expliquen su significado. En la quinta dimensión, los miedos ya no dominan al ser humano.

Punto de vista mental

La mente ha llevado la voz cantante durante mucho tiempo. Hay muy buenas razones para ello. La sociedad occidental ha sostenido largamente que la lógica es la única forma razonable de llegar a conclusiones. Esto es especialmente cierto en el ámbito de la ciencia. Estamos empezando, poco a poco, a liberar el dominio que tiene la mente sobre los procesos de pensamiento. La lógica se basa en sistemas repetibles y verificables. ¿No constituye esto una forma de predicción? ¿No es interesante el hecho de que la mayoría de los principales avances matemáticos y científicos del mundo no se hayan producido desde posturas mentales sino desde la meditación o la intuición? ¡La mayoría de los avances son el resultado de alguna experiencia mística! El ego quiere aferrarse a los viejos patrones porque su función es mantenernos a salvo. El miedo a lo desconocido es a menudo la raíz de los dramas mentales y emocionales. Y ¿en qué se basa el ego para decidir lo que es seguro para nosotros? En nuestra historia. Esta es la razón por la que es determinante aprender a salir de los patrones y preguntar con confianza qué está sucediendo. Ello abre el camino a aprender, aceptar y adoptar algo que no sabíamos o no entendíamos a partir de nuestras experiencias o sentimientos.

Punto de vista espiritual

El cambio espiritual está impulsando hacia arriba a toda la humanidad. En el proceso de Ascensión, o de despertar en la 5D, las motivaciones internas cambian. Muchos de los individuos que están viviendo en la Tierra ya han alcanzado la Ascensión y están aquí para mostrar el camino. Estas personas no necesitan probar nada. Su propósito viene de dentro. Se basa en el profundo servicio a la humanidad y un profundo amor por todos los seres vivos.

Tendrás muchas experiencias de carácter trascendente. Tal vez empezarás a ver auras o a recibir información sobre otras personas. Quizá comenzarás a sentir la fuerte necesidad de hacer algo más que trabajar en una empresa. Debido a que la luz está activando tu nueva expresión, todo lo que no esté alineado con estas nuevas energías te resultará incómodo. Acaso pienses que necesitas todo esto, pero cuanto más tiempo te aferres a ello, más dramático será tu cambio. Aférrate si debes hacerlo y suéltalo tan pronto como puedas. Tu bienestar depende de ello. Toda tu conciencia te está llevando a que expreses tu yo superior.

¿CÓMO PUEDES SABER SI ESTÁS EN LA QUINTA DIMENSIÓN?

En la quinta dimensión no te importa nada, ni siquiera tú mismo. No es apatía; es un grado de compasión que no requiere nada de ti pero que te permite estar presente y tener una actitud amorosa hacia todo. Tienes claro que tus necesidades serán satisfechas fácilmente y de forma agradable, y no necesitas tomar partido ni correr para adelantarte a alguien. Esta es una de las muchas peculiaridades de la quinta dimensión en comparación con la tercera. Te da igual si no le gustas a la gente y no te importa ser diferente. Tienes compasión. Te preocupas por las personas, pero no hasta el punto de que ello te frene o te ate a algo que no sea adecuado para ti.

Sabes que estás en la quinta dimensión porque eres amable y te resulta fácil ser honesto de una manera bondadosa. No ocultas pequeñas o grandes cosas para protegerte a ti mismo o a otras personas. Te resulta fácil sentir compasión por ti mismo y por los demás. Admites tus errores, ya que, sí, aún puedes lastimar a alguien sin quererlo. Ves el humor en las situaciones difíciles. Incluso puedes advertir que estás respondiendo con amabilidad y empatía hacia los demás, aun cuando no esperabas o planeabas hacerlo.

Y ¿cómo puedes saber si otros individuos están en la quinta dimensión? Porque son divertidos, irreverentes, alegres, amorosos y pacíficos. Porque lo entienden (todo) y son agradables incluso cuando las cosas salen mal. Son pacientes y amables. Puede ser que mantengan unos criterios y se muestren firmes, pero nunca se enojan ni muestran una actitud hiriente.

Ahora que tienes una idea de los acontecimientos que están por venir, veamos qué sucederá exactamente cuando despiertes en la quinta dimensión. Tus habilidades se verán expandidas y agudizadas. Tendrás otras necesidades, preferirás otros alimentos y experimentarás otros deseos. Puede ser que te encuentres con que tus patrones de sueño se ven alterados. Es posible que te sorprenda ver que ya no te atraen ciertos tipos de alimentos. Y tal vez descubras que determinados pasatiempos ya no te interesan.

De hecho, es posible que incluso hayas elegido nacer en una familia a la que no sientes que pertenezcas. Si te sientes así, probablemente es porque no perteneces a esa familia, realmente. En este caso, ¿por qué efectuaste esa elección? Es una forma de que aprendas de primera mano las maneras de proceder en la Tierra, para que estés bien preparado para servir a la humanidad a medida que vas descubriendo tus verdaderas raíces. No ser «de aquí» generalmente significa que uno forma parte de la sociedad más evolucionada y orientada espiritualmente que emerge en la quinta dimensión.

He escrito este libro para fomentar que seas proactivo. ¿Cómo puedes usar activamente el impulso de la energía de la 5D para ayudarte a ti mismo? Antes de entrar en eso, arrojemos mayor claridad sobre las dimensiones primera a quinta.

DE LA PRIMERA DIMENSIÓN A LA QUINTA

Las dimensiones son tan vastas que nuestra capacidad de concebirlas y comprenderlas está limitada por nuestras percepciones. Aunque me he esforzado por hacer un bosquejo de las dimensiones en este apartado, debes comprender que hay series de armónicos que hacen que las dimensiones cuenten con múltiples variaciones. Los múltiplos son casi ilimitados. El principio de los armónicos se basa en la música y la física.

Una forma de entender esta cuestión es pensar en un instrumento de cuerda: cuando se toca una de las cuerdas, vibra en toda su longitud, produciendo una determinada nota. El primer armónico se origina donde la cuerda vibra naturalmente, a mitad de camino. La siguiente división vuelve a corresponder a otra mitad, o un cuarto, y estas notas se convierten en la próxima serie de armónicos, ya que habrá más de una. Esta subdivisión sigue teniendo lugar sin cesar. Del mismo modo, hay múltiples versiones de esta realidad en este momento. Dentro de este sistema hay grupos y subgrupos que convergen en múltiples líneas temporales. Idealmente, la humanidad regresará al uno. Esto es más tangible en el mundo de la 3D que en los reinos superiores. A medida que pasemos de centrar nuestras percepciones de lo que es probable a lo que es posible, nuestra visión también se expandirá para recibirlo. Ofrezco a continuación una lista parcial de las dimensiones que la mayoría de las personas están experimentando actualmente, junto con sus cualidades (consulta la tabla 3.1).

Tabla 3.1. Dimensiones y cualidades

Dimensión	Conciencia	Ubicación en la realidad	Movimiento	Qué se percibe
Primera dimensión.	Autoconciencia.	Dentro de la tercera.	Ninguno.	Existencia.
Segunda dimensión.	El punto (el yo) y la línea (los otros).	Dentro de la tercera.	Ninguno.	Relaciones; el principio del contraste; uno mismo/ los demás.
Tercera dimensión.	Tiempo y espacio; cuerpos físico, mental, emocional y etéreo.	¡Aquí!	Lineal.	Causas y efectos.
Cuarta dimensión.	Vórtice energético.	Plano astral.	Basado en las emociones; intensidad elevada.	Torbellino: tira hacia arriba; arenas movedizas: tiran hacia abajo.

Dimensión	Conciencia	Ubicación en la realidad	Movimiento	Qué se percibe
Quinta dimensión.	Apacibilidad, conocimiento, gozo.	¡Nuestro nuevo ahora!	Multidireccional.	Los pensamientos, palabras y actos están alineados; cualquier cosa que esté al margen de la coherencia es dolorosa.

La primera dimensión

La primera dimensión está enfocada hacia dentro, y toda ella tiene que ver con el punto único. Es la conciencia de la autoconciencia. Se puede expresar como una sola nota. Esta es la razón por la cual una práctica como la entonación es tan potente: porque corrige todo lo que está roto en la primera dimensión. Hay que entender *entonar*, aquí, como usar la voz para crear un sonido. Puedes empezar con una vocal, como una «o» alargada en el tiempo. Si quieres, puedes añadir una consonante y entonar «om» por ejemplo, pero la consonante no es necesaria. Entonar es como cantar, excepto por el hecho de que no se necesitan palabras, solo vocales. Cuando estás dispuesto a emitir sonidos de una manera lúdica, como harías en la ducha, es mucho más probable que llenes tu voz con la vibración de lo que realmente precisas. Te animo a que hagas esto todo el tiempo, siempre que puedas. Los atascos de tráfico (siempre que viajes solo) y la ducha son excelentes lugares para comenzar. Cuando te sientas seguro, puedes compartir esto con cualquier grupo con el que te reúnas para estudiar, aprender o meditar. Empieza por entonar antes de tus meditaciones, y verás cómo mejoran. Permítete entonar libremente los sonidos que salgan en el momento. Esta es la energía de la voluntad de Dios. Imagina que eres Dios: ya lo sabes todo; no tienes nada que saber. ¿Acaso no es esto lo que Dios es?

¿De qué sirve encarnar y experimentar todo lo que aquí se experimenta? Elegimos separarnos de lo inseparable. Elegimos crear un velo que nos permitiese experimentar la opción de la ausencia de Dios. Deseábamos experimentar más de lo que teníamos, cuando lo teníamos todo. El origen de esto es la autoconciencia. ¿Fue un anhelo marcado por la codicia? Imagina que eres artista y sientes que has explorado todo lo que querías explorar y decides probar otras opciones. ¿Vendrá alguien a cuestionarte lo nuevo que estás haciendo y conminarte a que regreses a tus acuarelas? Por supuesto que no. Tu sentimiento significa una expansión de la «base de datos».

En el proceso de venir desde lo que todo lo sabe, nos separamos de lo que es inseparable, como he dicho. Es como si hubiéramos creado un velo y estuviésemos fingiendo que no somos Dios o actuando como si no tuviéramos recursos. Es como el caso del príncipe que se va a las calles para experimentar lo que sería ser pobre. ¿Por qué haríamos eso? Encarnamos para aumentar aquello que no aumentaría de otra manera.

La segunda dimensión

La segunda dimensión está «enfocada en el exterior». En ella trabajamos con la sabiduría de Dios. Su expresión musical es la escala monocromática. Visualiza un teclado de piano; en esa escala, es cada tecla. Todas las teclas, blancas y negras, forman parte de la escala. Los tonos están muy próximos. Esta dimensión se basa en el punto y la línea. Para imaginarla, piensa en una hoja de papel. No hay profundidad, pero sí longitud y anchura. En una meditación que hice en una de mis clases, un estudiante pidió volver a su primera expresión en la creación. ¡Se vio a sí mismo como un pedazo de papel plano! Tal vez se pareció a los soldados-naipe de la película *Alicia en el país de las maravillas* de Disney. La segunda dimensión presenta una limitación que es resuelta por la 3D.

La tercera dimensión

La tercera dimensión es una proyección de otras dimensiones. Ocurre algo similar a lo que sucede con las películas, que consisten en una serie de imágenes fijas que se muestran de una manera que hace que la mente las conciba en movimiento. El campo de la 3D se basa en los números y las relaciones: tenemos la conciencia lineal tanto de los procesos paso a paso como de las relaciones que tienen lugar entre las personas, los lugares y las cosas. Esta capacidad de experimentar el contraste otorga todo tipo de relaciones a todo lo que creamos. Una vez que uno se encuentra en la 5D, ve claramente que ha estado proyectando desde otras dimensiones.

Muchas personas altamente evolucionadas que han venido al planeta en este momento experimentan indignación, preocupación, tristeza y mucho más por el lamentable estado de cosas que descubren aquí. A veces, el deseo que tienen de escapar y volver a Dios es abrumador. Si es tu caso, si tienes este deseo (de huir), estás aquí para ayudar a la transición del planeta. Tu incomodidad es una fuerza motriz que ayuda al mundo. Muchos individuos encarnan en situaciones difíciles para detener el drama. A muchos, mis guías les han dicho que el abuso se acabó con ellos. Por lo general, esto significa que la Tierra no es su verdadero hogar, y tienen el deseo de «irse a casa». Este deseo es normal, pero también puede significar que la persona no está haciendo su trabajo. Es condenadamente duro, sí. Si te está ocurriendo esto, todo lo que tienes que hacer es estar a la altura de tu tarea (tu misión), y ese deseo se desvanecerá.

¿Por qué te sientes así? Porque estás tan conectado a Dios que permanecer aquí (existir) es físicamente doloroso para ti. El antídoto para este dolor es hacer tu trabajo, servir a los demás de alguna manera. Quiero remarcar que no estoy hablando de servidumbre, sino de servicio. Tu incomodidad se debe a uno de estos dos motivos: a que no estás llevando a cabo tu misión o a que *crees* que no puedes llevarla a cabo. Tal vez no lo hayas descubierto todavía, pero así son las cosas. Si te encuentras en esta situación, prueba a pronunciar esta sencilla oración:

Dios mío, muéstrame cuánto soy amado. Ayúdame a encontrar y realizar mi misión.

El objetivo que tenemos aquí es trabajar por el equilibrio de las relaciones y las cosas con las que interactuamos, las estructuras. La tercera dimensión está basada en la materia física, pero enfocada interiormente. ¡Este eres tú, una energía espiritual que se ha vuelto física y está experimentando eso!

Los individuos de dimensiones superiores tienen un grado de conciencia importante. Esta es la razón por la que a algunos les puede resultar físicamente doloroso estar cerca de ciertas situaciones, personas, etc. Si es tu caso, debes evitar en la medida de lo posible todo aquello que lleve tu energía a un espacio de incomodidad. Presta atención si estás en un lugar donde te halles expuesto a sonidos o imágenes perturbadores, como una sala de cine en la que se esté proyectando una película violenta. Si es el caso, abandona la sala. Cuando hayas alcanzado la maestría, no te importará, ya que podrás desconectar de ello. Hasta entonces, no tengas reparos en salir de una habitación o un lugar en el que no te sientas bien. Esto va a reforzar tu verdadera naturaleza.

Por otro lado, algunas personas poseen una energía tan angelical que todo lo que tienen que hacer es estar aquí. A muchos de mis clientes les han dicho lo siguiente sus custodios de los registros akáshicos: «Tu trabajo es mantener la Conciencia de Dios en el planeta de la manera más pura posible. Debes darte permiso para evitar las experiencias que te causen dolor». Debes ser muy selectivo con respecto a lo que dejas entrar en tu vida. Si tus amigos utilizan malas palabras, pídeles que paren, o haz nuevos amigos. Recuérdaselo con amabilidad; diles que es doloroso para ti escucharlas. Si estás en un trabajo o una relación abusivos, pídeles a tus ángeles y guías que te ayuden a resolver la situación. Tal vez consigas un mejor trabajo o tal vez esa persona ofensiva se vaya. ¡Pide un milagro y luego exige un milagro! Y ¿qué pasa con las influencias externas? ¿Necesitas un televisor? Hace más de cuarenta años se estropeó mi primer televisor, y no lo reemplacé. ¡Un resultado sorprendente fue que uno de mis hijos, que era disléxico, empezó a leer! Hoy es ingeniero.

La cuarta dimensión

En la cuarta dimensión sigue existiendo la polaridad. Una expresión de ello es que consta de dos partes, la superior y la inferior. La energía que hay aquí se mueve con mayor rapidez, lo cual he visto como «arenas movedizas», como el vórtice energético que nos arrastra hacia abajo, a veces por debajo de la tercera dimensión. En cambio, el movimiento ascendente se experimenta como un torbellino suave que nos eleva con delicadeza hacia reinos superiores. La cuarta dimensión también contiene la energía conocida como plano astral. Se trata de una zona que se encuentra dentro de la cuarta dimensión inferior en la que residen muchos demonios, entidades y otras energías desagradables. Finalmente, la cuarta dimensión es un lugar en el que existen y se expresan emociones. También es una zona altamente creativa, pero en la que aún se manifiesta la polaridad.

No hay ninguna necesidad de «ir» a la cuarta dimensión. La usamos instintivamente como un portal o punto de unión. Muchos pasan a través de ella rápidamente; es un espacio de transición. No es un lugar al que lleguemos a propósito. Tampoco es un lugar al que nos convenga ir y en el que nos interese quedarnos; lo ideal es que sea una zona que sirva para ir adonde estamos yendo realmente. Considera que es como un eje que se encuentra entre las dimensiones tercera y quinta.

La cuarta dimensión es el lugar donde a menudo encuentras que estás experimentando emociones intensas. Tanto la felicidad como la tristeza profundas se pueden encontrar en la cuarta dimensión. La tristeza profunda puede hundirte como las arenas movedizas. La gran alegría puede elevarte en espiral hacia la quinta dimensión. Por lo general, estos efectos no se notan a menos que la emoción sea intensa. Tal vez alguien importante para ti te está dejando. Tal vez sentiste una inmensa emoción porque alguien murió; sin embargo, también fue en ese contexto donde tuviste una experiencia de tipo espiritual. No pudiste manejar la emoción, y te cambió. Quizá obtuviste una revelación o un tipo de sabiduría, o surgió en ti la compasión o ganaste en autodominio.

Por lo general, la cuarta dimensión no parece muy diferente de la tercera. Es posible no darse cuenta de haber entrado en ella. Muy a menudo, uno no advierte que ha estado en la 4D hasta que vuelve a estar en la 3D y nota que ha ocurrido algo inusual. La cuarta dimensión es un lugar muy creativo, pero no productivo. Un indicio de que se está en la 4D es la escalada de las emociones. Otro es la desaparición de objetos.

¿Alguna vez has extraviado algo y lo has buscado por todas partes, incluso por el lugar más improbable, y algún tiempo después, tras haber vaciado tu bolso o un cajón, apareció exactamente donde estabas seguro de haberlo dejado? Al principio, cuando me ocurría esto, preguntaba: «¿Adónde fue [lo que fuera que hubiese extraviado]?». Y mi yo superior siempre me respondía: «Está en la cuarta dimensión». No fue hasta que pregunté qué estaba ocurriendo cuando descubrí que había estado en la cuarta dimensión, donde dejé el artículo, de tal manera que dejó de estar visible en cuanto regresé a la tercera. Desde que entendí esto, puedo recuperar las cosas fácilmente diciendo: «Si el objeto que echo en falta está en la cuarta dimensión, me gustaría recuperarlo. Gracias». Y aparece exactamente donde había estado mirando antes. Tú también cambias de dimensión cuando desaparecen tus cosas y puedes recuperarlas de la misma manera, efectuando esta petición: «Me gustaría que mi [nombre del artículo] regresara». De ese modo sintonizarás una frecuencia más elevada y encontrarás el artículo extraviado exactamente donde lo dejaste.

La razón por la que esta declaración funciona es que nos alejamos de la emoción de la ansiedad y pasamos a un estado de aceptación. Tal vez sea el primer nivel de la aceptación solamente, pero nos ayuda a empezar, nos saca del ámbito de las emociones negativas y aumenta la probabilidad de que estemos en una dimensión más alta el tiempo suficiente para localizar lo que echamos en falta. La cuarta dimensión, aunque parezca igual o similar a la tercera, es un nivel vibratorio que proyectamos que nos permite ver y hacer cosas en ambas dimensiones a la vez. Sin embargo, cuando solo vibramos en la tercera dimensión, no se muestra ningún acto correspondiente a la cuarta. Estas experiencias son las que me llevaron a comprender la naturaleza de la expansión de la conciencia y de nuestra expresión en las dimensiones superiores.

La cuarta dimensión está diseñada para impulsar el movimiento, es decir, para empujarnos más arriba o más abajo. Nos permite trasladarnos a una ubicación muy fluida que contiene vibraciones que van en cualquier dirección. Este portal, en sí mismo, no es útil para el fin de la autotransformación, pero entramos en él cuando experimentamos una emoción intensa. Podemos pasar rápidamente por dicho portal si estamos enfocados y centrados en el corazón. La energía del portal nos traslada más abajo o más arriba.

Imagina que te encuentras al pie de una escalera mecánica. ¡No te llevará más arriba hasta que te subas a ella! ¿Alguna vez has experimentado la sensación de que tus emociones te han superado? ¿Alguna vez te has sentido emocionalmente descontrolado? ¿Alguna vez has sabido que estabas en una espiral descendente pero no pudiste o no quisiste detener esa dinámica? Todo ello son expresiones del empuje descendente de la cuarta dimensión. Y en la parte inferior de la 4D encontrarás energías oscuras. ¿Qué dirección elegirás? ¿Usarás el portal para facilitar tu comunión con unas energías más elevadas?

La zona de transición entre las dimensiones tercera y quinta está ponderada a favor del ser humano. Todo el cielo ha hecho que las expresiones superiores de las emociones en la cuarta dimensión sean energizantes y atractivas. Con esta energía, te volverás más consciente gracias a las corazonadas. Préstales atención y respétalas, ya que cada indicio o percepción que respetes y sigas te llevará proactivamente a una mayor conciencia. Esta conciencia honesta de lo que podrías elegir a continuación te permitirá tomar decisiones que te ayudarán a avanzar rápidamente hacia arriba; en ocasiones te permitirá deslizarte dentro de la quinta dimensión sin que tan siquiera te des cuenta.

TODO EL CIELO HA HECHO QUE LAS EXPRESIONES SUPERIORES DE LAS EMOCIONES EN LA CUARTA DIMENSIÓN SEAN ENERGIZANTES Y ATRACTIVAS. CON ESTA ENERGÍA, TE VOLVERÁS MÁS CONSCIENTE GRACIAS A LAS CORAZONADAS. PRÉSTALES ATENCIÓN Y RESPÉTA-LAS, YA QUE CADA INDICIO O PERCEPCIÓN QUE RESPETES Y SIGAS TE LLEVARÁ PROACTIVAMENTE A UNA MAYOR CONCIENCIA.

La quinta dimensión

La quinta dimensión te ubicará en la zona tranquila. Y ¿cómo puedes ir de la cuarta a la quinta? Esto puede ocurrir si alineas completamente tu cuerpo emocional con tu cuerpo físico, es decir, si haces que resuenen al unísono. La forma de conseguir esto es proyectarte en un agujero de gusano, que funciona como una cerradura de combinación, en la que todas las capas se alinean. Esto sucede cuando tus aspectos físicos, mentales y emocionales coinciden y se combinan. Puedes lograr esto por distintos medios.

La forma más fácil es comenzar con una intención clara y, luego, trabajar a partir de ahí. Empieza con una imagen o una intención que muestre claramente los resultados de vibrar en la quinta dimensión estando en un cuerpo de tercera dimensión. Tu primer objetivo es asegurarte de que no haya un conflicto entre tus pensamientos, tus emociones y tus actos. La verdadera coherencia tiene una importancia determinante para seguir vibrando en la quinta dimensión. Cuando piensas una cosa, haces otra y sientes otra, estás obstaculizando tu acceso a ese espacio. ¿Cuántas veces te has descubierto en actitud de negación respecto a algo? En ese momento te das cuenta de que no estás sincronizado contigo mismo y no puedes mantenerte en la quinta dimensión.

Percibe qué resistencias experimentas en el cuerpo, la mente y el corazón, e invítalas a disolverse. A veces se disuelven a través del movimiento, la danza o intervenciones quiroprácticas. Lo ideal es hacerlo por medio de la educación somática, una técnica creada por el profesor Thomas Hanna que incluye un sistema de estiramientos efectuados manualmente sobre el cuerpo; estos estiramientos liberan la resistencia corporal con el enfoque de renovar el control de los músculos mediante el uso del sistema motor voluntario. A veces el ejercicio puede acabar con resistencias; el *chi kung* es espectacular a estos efectos.

Es posible que te hayan enseñado a pensar y creer que la vida es una batalla, pero ¡no lo es! Lleva un diario de gratitud, da las gracias a Dios por todo y encontrarás que todo se resuelve y disuelve fácilmente. No te enganches al drama. No te pierdas en tus experiencias emocionales; úsalas para unirte a la conciencia superior, que es lo que se supone que deben hacer. Los budistas dicen que no eres tus pensamientos. ¡Tampoco eres tus emociones!

Empieza a ver el humor en todo. Si la gente dice que te ríes mucho, agradéceselo. Si te ríes incluso de las situaciones difíciles, probablemente ya estés en la quinta dimensión, al menos parte del tiempo. Cuando avanzas hacia la cuarta dimensión superior, ya no experimentas la afrenta. Imagina que ni siquiera notases un insulto que te lanzan. Voy a poner un ejemplo de una ocasión en la que me sucedió esto.

Había planeado estar con mi madre en el primer aniversario de la muerte de mi hermana, sabiendo lo difícil que sería para ella. Fui a la iglesia con ella y con mi padrastro, y acabábamos de salir de la misa. En ese momento de gran dolor para mi madre, me sentía profundamente agradecida por poder estar ahí para apoyarla. Ella era quien conducía y mi padrastro quiso que me sentara en el asiento delantero, algo que no había hecho nunca cuando iba en el coche con ellos. Me negué cortésmente y le sugerí que fuera él quien se sentase allí. Cuando finalmente me senté en el asiento delantero, ante su insistencia, me acusó de ser como mi madre. ¡No escuché más que un cumplido! Me giré hacia él y le dije: «Gracias; es una de las cosas más bonitas que me has dicho nunca». No fue un comentario sarcástico ni fruto del enojo; nació de mi paz interior.

Como rubia que soy, a menudo he dicho, en broma: «No se puede insultar a una rubia. ¿Por qué? ¡Porque solo escucha elogios!». Este es otro indicio de que se está en la quinta dimensión: todo es divertido. El libro de Deepak Chopra *¿De qué se ríe Dios?* tiene un título acertado.

Interesarse por el otro, tenerlo en cuenta

Interesarse por el otro, o tenerlo en cuenta, es una pauta fundamental que puede adoptar la humanidad de inmediato para ayudar a las personas a permanecer ancladas en la 5D. Según esta pauta, cuando ocurra algo, la primera acción de quien no se ha visto afectado debe ser preguntar: «¿Estás bien?». Esto es lo que hace habitualmente una madre cuando su hijo se ha caído. Pero ocurre que muchas personas no han recibido este tipo de atención, y tienen tales agujeros en el corazón que ni siquiera saben lo que significa interesarse por el otro, o tenerlo en cuenta. Lo siguiente, tras mostrar este interés, es indagar acerca de lo ocurrido.

Pruébalo por ti mismo. Cuando suceda algo perturbador, pregunta, si eres el que ha salido indemne: «¿Estás bien?». Solo tras haberte asegurado de que todo el mundo está bien, pregunta qué ha pasado, quién hizo eso o por qué ocurrió.

Seguramente, a veces te encuentras en situaciones tan difíciles que te sientes muy frustrado. No pareces ser capaz de razonar o trabajar con alguien. En estos casos, ten en cuenta la respuesta de consideración hacia el otro. ¿Cómo elegirla? Cuando empieces a experimentar una afrenta, ¡respira y haz una pausa! Pide ayuda a tus ángeles y guías. Reconoce que puede ser que la otra parte no esté intentando disgustarte, sino que solo esté tratando de expresar sus sentimientos o su herida. Contempla su comportamiento como una llamada de auxilio y deja que eso despierte tu respuesta de consideración hacia el otro. Pide ayuda para poder cultivar esta respuesta. Purificar tu intención cada día durante tus meditaciones diarias te ayudará a aterrizar en la 5D.

La respuesta de consideración hacia el otro reconoce el dolor de los demás. ¿Y si realmente heriste los sentimientos de alguien y esa persona está manifestando su reacción? En ese caso es apropiado anunciar: «No tenía ni idea de que hice eso». Aunque te resulte doloroso admitir que puedes haber lastimado a alguien, es importante que reconozcas su dolor. Esto transforma a todos los implicados. La gratitud es determinante. Es posible que te hayan enseñado que la ira está justificada. Nunca lo está. Cuando me encuentro con una ira feroz o una energía similar, mi respuesta es siempre la misma: practico la respuesta de tener en cuenta al otro. Practico *ho'oponopono*, una herramienta increíblemente potente para ayudarnos a salir de la acción o reacción mental basada en el ego y entrar en la quinta dimensión.

Las relaciones en la 5D

Las relaciones brindan una de las oportunidades más rápidas de manifestar el propio yo de la 5D, mantener la seguridad y crear más experiencias correspondientes a la 5D. Exploremos cómo funciona esto.

En la 3D, cuando alguien te lastima físicamente o hiere tus sentimientos, lo más probable es que te cause algún tipo de dolor, y que quieras una disculpa. Tal vez sientas que tienes derecho a obtener dicha disculpa. Estos son conceptos maravillosos en la 3D. Sin embargo, las cosas no funcionan de esta manera en la 5D.

En la 5D, aún puede ser que te decepcionen. Sin embargo, no necesitas una disculpa. La razón de ello es que en esta dimensión no existe el juicio. Recuerda que una disculpa implica que la otra persona es mala o está equivocada. En lugar de ello, deseas obtener consuelo por su parte. Tu familia, tus amigos o tu pareja, o la persona que tiene la mayor influencia sobre ti, la que sientes más cercana, pueden brindarte consuelo y aprecio para neutralizar la experiencia. Eso te permite soltar los sentimientos al instante. Todos hemos estado cerca de un niño pequeño que viene corriendo con un dedo herido levantado diciendo cuánto le duele porque se lo pilló con una puerta. Si lo atiendes enseguida, dejará de llorar y sufrir, y pondrá fin al drama rápidamente. Pero si decides no darle importancia («Regresa afuera y sigue jugando; no le ha pasado nada a tu dedo» o «Sé que esta puerta está rota y debo arreglarla; me pondré con ello más adelante esta semana»), lo estás ignorando por completo y enfocándote en ti mismo.

Si bien es importante que lo hagas, debes hacerlo en el contexto de un tiempo que te dediques en exclusiva, de modo que puedas prestar tu apoyo cuando un miembro de tu familia o tu pareja sienta dolor y necesite consuelo. Recuerda que el corazón dirige y la mente lo sigue. El ego lleva la voz cantante en la 3D, lo cual significa que todo lo que nos importa es guardar las apariencias y buscamos a quien echar la culpa. En la 5D, el corazón ama, y todo lo que nos importa es consolar al otro en su dolor.

Cada sexo tiene su propia forma preferida de operar. Los hombres están muy orientados a la acción y es más probable que las mujeres estén orientadas a hablar. Por ello, cuando una mujer necesite consuelo, el hombre puede acercarse y abrazarla. Y cuando sea la mujer la que deba brindar alivio, puede decir: «¿Estás bien?». Las mujeres dan benevolencia y los hombres dan consuelo.

Cuando mi marido hace algo que me produce dolor, no quiero que me pida disculpas. Una disculpa implica que tengo un criterio que él no ha satisfecho, lo cual me hace mejor que él. Desear o esperar una disculpa sería una forma de imponerle mi versión de la realidad. Eso me encerraría en la 3D. Así que no juzgo a mi marido. He podido sentirme herida cuando he dependido de él para algo y el asunto no ha ido bien, y si bien es importante para mí que escuche mis sentimientos, no lo es que me ofrezca una disculpa. Creo que el hecho de que se dé cuenta de cómo me siento bastará para inspirarle un comportamiento diferente en el futuro. Por otra parte, si puede ofrecerme consuelo y reconocer mi dolor sin buscar de quién es la culpa, eso abre los corazones de ambos. El reconocimiento dice: «Oh, Dios mío, sé que te has sentido herido/a». No se ocupa de la fuente del dolor, sino que lo valida. La validación de la experiencia es la respuesta de Dios. Reconoce que la experiencia ocurrió sin exigir que la persona doble la rodilla o sea la «parte responsable».

Cuando mis hijos eran más pequeños, les exigíamos que doblaran su ropa una vez que estaba lavada y secada. ¡Desde los ocho años de edad aproximadamente, mis hijos empezaron a llevar la ropa arrugada! Esto me resultaba incómodo; quería que presentaran el mejor aspecto posible porque a mí me gusta tener el mejor aspecto posible. Pero sentí que si no querían doblar su ropa y se contentaban con sacar la ropa arrugada de la cesta de la ropa limpia, debía dejar que lo hicieran. Mantuve la esperanza de que la presión de sus compañeros hiciera acto de presencia y, a partir de ahí, decidieran doblar su ropa o plancharla. Pero ocurrió algo totalmente inesperado: llegaron a casa con un producto de lavandería, un pulverizador que les permitía alisar las arrugas casi al instante. Es muy emocionante; la ausencia de juicio abrirá el camino a todo tipo de soluciones innovadoras.

Hemos enseñado a nuestros hijos que se debe una disculpa o que se está en deuda cuando se comete un error. En la 3D, cuando algo sale mal, nos sentimos heridos y luego esperamos una disculpa. Si algo se rompe, tiene lugar la restitución. Tenemos el bien y el mal, una víctima y un agresor. En la 5D podemos tener heridas y reconocimiento, aceptación y consuelo. La ausencia de juicio hace que el amor se expanda en ambas partes. *Un curso de milagros* enseña que las disculpas no son necesarias porque no hay afrentas en realidad.

Tabla 3.2. Cuando algo va mal o surge algún conflicto

Estas reacciones te mantienen encerrado en la 3D	Estas reacciones te anclan en la 5D
Herida que conduce a una disculpa	Herida que conduce al consuelo
Herida que conduce a una restitución	Aceptación
Correcto frente a incorrecto	Reconocimiento
Víctima frente a agresor	Ausencia de juicio
	Resultado: ¡el amor se expande!

DE LA 3D A LA 5D:
EXPERIENCIAS MUY REALES

En la 5D puedes incluso cambiar la manifestación actual de la realidad. Una de las herramientas más importantes que puedes usar es mi petición personal al universo:

Pido un día del cielo en la Tierra.

Cuando haces esta invocación, cambias la realidad. ¿Por qué? Porque te entregas a ti mismo, y entregas a todos con quienes te encuentras, la huella energética de la 5D: el cielo en la Tierra.

En una ocasión, revelé esta invocación en la ceremonia matutina de un taller. Esa misma mañana, en el transcurso de una meditación, mi anfitriona, Eliona, que era enfermera, vio un accidente automovilístico en el exterior de su vivienda, en el concurrido cruce al que daba la casa donde vivían ella y su familia. Cuando oyó un chirrido de neumáticos y el ruido de un accidente de tráfico, salió corriendo a la calle. Sin pensarlo, preguntó a los hombres que estaban de pie junto a sus coches dañados:

—¿Dónde está la mujer?

Preguntaba por la mujer que había visto en su meditación esa mañana, que había resultado gravemente herida y necesitaba una atención médica importante. Los hombres, aún aturdidos, le contestaron:

—Oh, en el último momento decidió no venir.

Cuando Eliona regresó a la clase, preguntó cómo podía ser que hubiese visto una cosa en su meditación y otra distinta más tarde. Le recordé que habíamos pedido un día del cielo en la Tierra para nosotros mismos y para todos con quienes entrásemos en contacto. Mis guías declararon que la oración que pronunciamos en la ceremonia de apertura cambió la realidad a una versión de quinta dimensión, en la que la mujer no tuvo que pasar por la experiencia del accidente.

Qué hacer si te sucede a ti

Si estás a punto de sufrir un accidente automovilístico y no hay nada que puedas hacer, *cierra los ojos*. Cerrar los ojos es una forma de trasladarte a la quinta dimensión y pasar a través del accidente. Puedes decir «paz», «seguridad» o cualquier otra palabra que te permita centrarte y estar en tu corazón para obtener resultados distintos de los que cabría esperar.

A salvo de un modo «imposible»

Me han contado tantos casos de desplazamientos de la 3D a la 5D en relación con accidentes que dejé de registrarlos. Al principio, ¡tenía la intención de escribir un libro sobre este tipo de casos solamente!

Ken Page informó de que estaba conduciendo por la autopista y se enfrentó a un importante accidente de tráfico en el que se vieron implicados un camión articulado y varios coches. Según cuenta, miró un cristal que estaba sosteniendo y lo siguiente con lo que se encontró fue con que pudo ver los vehículos colisionados por el espejo retrovisor, mientras que el camino que tenía por delante estaba libre y despejado.

Leí un libro entrañable publicado por Hallmark Cards que también relataba un incidente similar, en el que una mujer vio cómo un automóvil se salía de su carril en medio de una tormenta de nieve cegadora y se interponía en el camino de un camión articulado que se aproximaba. Sin embargo, la colisión no se produjo. ¡El coche apareció totalmente intacto!

En otro ejemplo, Jeff Pelez, un estudiante de Sarasota (Florida), narró un «no accidente imposible» similar, que desafió todas las leyes conocidas de la física. En su historia, Jeff iba conduciendo hacia una curva cerrada. Había una valla grande en el otro lado, por lo que no había manera de que un coche pudiera pasar. Sin embargo, detrás de él un automóvil amarillo intentaba adelantarlo. Se desplazó al carril opuesto, por el que apareció de pronto, en sentido contrario, un tercer automóvil (rojo). No había forma de que el coche amarillo que intentaba adelantarlo hubiese podido sortearlo. ¡Sin embargo, momentos después, el automóvil rojo con el que había estado a punto de chocar el coche amarillo estaba detrás de este!

La hija de un amigo iba conduciendo por una colina empinada de Los Ángeles. Era hora punta y su coche estaba en el carril de la izquierda cuando le falló el motor. Cerró los ojos y solo pensó: «A salvo». Cuando abrió los ojos a continuación, pudo «ver» a su difunta abuela sentada a su lado. Además, estaba en el arcén del extremo *derecho* de la carretera, y pudo obtener ayuda.

En una historia más, mi amiga Carol Kakoczky iba conduciendo su coche nuevo cuando vio a una joven conductora que iba camino de colisionar con ella. Fracciones de segundo después, golpeó su vehículo. Su pensamiento justo antes de la colisión fue: «¡Mantente a salvo!». Fue recitando esas palabras una y otra vez, como un mantra. El otro automóvil giró después de chocar con el coche de Carol, evitó por poco un camión articulado, rodó varias veces y finalmente se detuvo al otro lado de la autopista. El conductor del camión estaba tan atónito que se detuvo (tal vez ella lo atravesó), y la mujer salió del coche sana y salva.

La sorprendente facilidad con la que se puede ir y venir entre las dimensiones

A las personas que aún están pensando en clave de la 3D les sorprende saber que es posible deslizarse de la tercera dimensión a la cuarta o la quinta y regresar a la tercera sin advertir ni comprender que eso ha ocurrido. Es solo al echar una mirada retrospectiva cuando nos damos cuenta de lo que ha sucedido. De todos modos, puedes empezar a ser consciente de que estás comenzando a vibrar en la quinta dimensión porque te sientes feliz y amoroso en una situación difícil. Puede ser que sepas lo que está sucediendo a tu alrededor antes de que otros se den cuenta. Tal vez tengas la capacidad de permanecer centrado en tu corazón, paciente y afectuoso, a pesar de encontrarte en medio de unas circunstancias complicadas.

Cuando estamos realmente en la 5D, no vemos la dificultad de la situación. Es solamente cuando nos deslizamos de nuevo en la 3D y pensamos al respecto cuando empezamos a tomar conciencia de ello y nos damos cuenta de que hemos evitado cierto desastre y de la manera distinta en que estábamos vibrando en los momentos en que estuvimos en la 5D. Así es como empezamos a habitar en la 5D.

Después de participar en una clase de meditación MerKaBa conmigo, Kelley compartió la siguiente experiencia:

Recientemente, mi marido y yo viajamos a otro estado para asistir a la ceremonia de graduación de nuestro hijo como policía. No me gusta ir a ese lugar, debido a lo densa y pesada que se siente la energía en esa zona. En los días previos al viaje, había estado recibiendo mensajes de que trabajaríamos en el anclaje de algunas frecuencias más altas mientras estuviésemos allí.

También recibí el mensaje de que esa tarea podría sacarme de la vibración de gozo que había estado manteniendo durante las últimas semanas. Por supuesto, cuando te sientes tan bien, piensas: «¡No hay forma de que eso pueda suceder!». Pero, como sabemos muchos de nosotros, el trabajo de transmutar energías bajas y anclar otras más altas puede, muchas veces, cobrarse un peaje energético y hacer que prácticamente volvamos a vibrar con las mismas viejas energías de tercera dimensión. También recibí el mensaje de que tal vez descubriría algunas herramientas nuevas como resultado de este viaje (debí haber acogido este mensaje como la primera pista de que lo que iba a ocurrir podría no ser agradable).* Durante la ceremonia de mi hijo, me sorprendió la proyección inesperada de un vídeo perturbador. Fue bastante molesto.

Cuando Kelley y yo hablamos sobre su experiencia, describí así su reacción al vídeo inesperado:

Las personas muy sensibles [como Kelley y yo] podemos quedar fuera de juego como resultado de ciertas experiencias desagradables. En otras palabras, hay ciertas personas en el planeta que sostienen activamente las frecuencias más altas para todos los demás. Cuando se encuentran con algún tipo de violencia o con energías de baja vibración perturbadoras, pueden sentir que han perdido su conexión con lo divino. Y, de hecho, esto es exactamente lo que ha sucedido. Cuando vibramos en la quinta dimensión, estamos conectados a lo divino.

---

* Cuando Kelley dice «no agradable», está comparando lo que se siente al vibrar en la quinta dimensión con salir temporalmente de ese estado.

Cuando estamos realmente sintonizados y conectados a nuestro yo superior, lo experimentamos todo como real, dejamos la incredulidad en suspenso como hacemos automáticamente cuando vamos a ver una película en el cine. La mayoría de las personas tienen unos filtros tan pesados que no advierten o no tienen este tipo de reacción.

A medida que alguien va vibrando más en la quinta dimensión, la pureza reemplaza esos filtros y las imágenes visuales duras o difíciles son físicamente dolorosas, porque no expresan amor incondicional. En algún momento, cuando toda la humanidad vibre a este nivel, esto ya no será un problema.

Ahora, vuelve a ser Kelley la que habla:

Cuando llevaba unos días en casa después del viaje y sintiendo todavía como si me hubiera atropellado un tren de mercancías energético, decidí que a partir del día siguiente iba a volver a la quinta dimensión fuera como fuese.

El hecho de decir en voz alta que quería regresar a la quinta dimensión, en la que había permanecido desde la finalización de la clase de la meditación MerKaBa, ayudó a Kelley a empezar a emprender su camino de regreso «arriba»; su intención y su deseo de volver a esa frecuencia le proporcionaron herramientas para hacer justamente eso. Cuando se ha estado allí una vez, siempre se puede encontrar la forma de regresar. Kelley hizo esta reflexión:

Puede que nos resulte más fácil decirlo que hacerlo, pero ahí es donde Maureen y su teoría de la resonancia y un par de herramientas nuevas y geniales tienen su papel.

Algo que hizo Kelley para ayudarse fue llamarme algunos días después. Durante la conversación que mantuvo conmigo, mencionó varias veces que podía sentir cómo aumentaba su frecuencia. Esto sucede cuando entran en resonancia dos ámbitos que están vibrando a distintas frecuencias, una más rápida o elevada y otra más lenta o baja. La frecuencia más alta se utiliza como punto focal, lo cual atrae a la más baja a resonar con ella. En el caso de Kelley, su fuerte deseo de elevar su frecuencia y equipararla con la más alta o rápida lo hizo posible.

El punto de partida fue su acto de voluntad. Decidió no seguir vibrando en sintonía con la energía más baja. No era su verdad; por lo tanto, no era su realidad. Experimentó un cambio inmediato.

A continuación, su yo superior y el universo propiciaron una situación (su contacto conmigo) que también le permitió elevar su vibración personal, y eso bastó para llevarla de vuelta a la quinta dimensión. Según ella, «ocurrió con un golpe resonante». Es decir, el aterrizaje no fue suave.

Después de la larga conversación que mantuvimos, pasó a estar bien y a sentirse maravillosamente. Sin embargo, las cosas se torcieron rápidamente durante los quince minutos siguientes. Empezó a sentir el estómago atenazado y después tuvo unas náuseas tremendas. Consultó con su yo superior y recibió la información de que era un tema energético y no una enfermedad física. Sin embargo, para ella, se estaba manifestando físicamente, e hizo todo lo que pudo para reducir al mínimo los efectos. Eso incluyó las técnicas de respiración Lamaze utilizadas durante el parto y todo lo que se le ocurrió para evitar el mareo.

Luego, sintió la extraña necesidad de estar en el agua. Yo le había sugerido que se diera un baño de sales de Epsom para limpiar su energía. Pero no tenía esa sal a mano, así que decidió que el agua de la ducha tendría que ser suficiente para drenar los restos energéticos. Sigue explicando:

Tan pronto como estuve fuera del agua, experimenté una apertura increíble; empezó a llegarme información, cada vez más. Recibía la respuesta a cualquier cosa que pudiera pensar incluso antes de poder acabar de pensar en ello. Supe que había regresado totalmente a la quinta dimensión.

En ese momento supe totalmente lo que había ocurrido. [...] Había pedido esta comprensión, ¿recuerdas? Decidí que al día siguiente volvería a vibrar en sintonía con la quinta dimensión por lo menos. La intención fue tan fuerte que el universo me proporcionó una «herramienta», es decir, la conexión con Maureen, quien sostiene esta energía, para que me ayudase a desprenderme de los últimos restos de lo que fuese que me había situado de nuevo en el punto de partida.

Además, me di cuenta de que fue la rápida estimulación de mi sistema energético, el veloz cambio de vibración y frecuencia (por no mencionar el veloz traslado entre dimensiones), lo que estaba provocando la manifestación de los síntomas físicos. Así que finalmente recordé la nueva herramienta que había recibido un día antes, cuando decidí dejar de vibrar conforme a la energía inferior y establecí la intención, tomé la decisión y efectué la elección de despertar en la quinta dimensión al día siguiente. Así que dije: «Elijo experimentar este reinicio sin que mi cuerpo sufra efectos nocivos». ¡Y los síntomas cesaron en gran medida! No totalmente, pero sí lo suficiente como para poder dejar la respiración Lamaze.

Kelley señala un punto importante: cuando decidamos regresar rápidamente a la quinta dimensión es recomendable que declaremos que queremos hacerlo con suavidad y sencillez.

Los factores que afectan a tu capacidad de permanecer en la 5D son tantos que pueden superarte. ¿Qué vas a hacer al respecto? En última instancia, todo depende de un acto de voluntad. Cualquier persona que sea expulsada de la 5D y luego decida cambiar su vibración atraerá lo que sea necesario para que esto suceda. Kelley es una persona muy evolucionada y desarrollada espiritualmente que está preparada para usar esta información en la práctica. Tú también puedes hacerlo.

LOS QUE NO PUEDEN RETENERTE

Estamos en la última fase de la energía de los que quieren retener a la humanidad. No estoy tratando de abordar este problema. Solo estoy señalando el hecho, muy real, de que existe un poder y una fuerza cuyo plan es impedir que los humanos asciendan y vibren en consonancia con lo divino en la quinta dimensión. Como mencioné en el capítulo anterior, la humanidad ha sido «retenida» por energías y seres que tienen un gran interés en que los humanos permanezcamos encerrados en el concepto de que no es posible que podamos cambiar o mejorar nuestras vidas.

Leer esto es una de las claves de tu transformación. Vuelve a leerlo si no lo entiendes. Después regresa al capítulo anterior, donde describo cómo tu Ascensión está garantizada en estos tiempos. Ya no pueden retenerte. Tienes mucho más poder y muchos más recursos de los que puedes sospechar. La clave es tu imaginación.

4

HERRAMIENTAS PARA VIVIR EN LA 5D E INDICIOS DE QUE SE ESTÁ AHÍ

En este capítulo empezaremos a explorar las herramientas que puedes utilizar para preparar el terreno para despertar en la 5D y establecer la conciencia básica de tu yo de la quinta dimensión; también exploraremos algunas de las señales que nos permiten saber que estamos en ese ámbito dimensional.

Lo primero y lo más importante es la claridad de intención. Puedes dar inicio al proceso con una oración sencilla al irte a dormir por la noche: «Pido despertar en la 5D». Como mencioné con anterioridad, comencé a llamar a las energías de la quinta dimensión cuando empecé a enseñar a los demás a pedir «un día del cielo en la Tierra para mí y para todas las personas con las que entre en contacto». Esta petición da lugar a resultados mágicos. Mientras escribo esto, también escucho: «¡Y especialmente para cualquier persona con la que tenga un *contrato*!».

Puedes aprovechar conscientemente esta energía estableciendo una intención clara. Al empezar de nuevo todos los días, puedes decidir qué intención fijar cada jornada. ¡Tienes que decidir estar lleno de amor por la vida, por tu prójimo, por ti mismo y por todos los seres vivos de la Tierra! Imagina que estás en uno de los teletransportadores de *Star Trek*. Imagina que tu destino está establecido. Esta es tu decisión de estar en la 5D. Esto hace que sea fácil para ti estar donde necesitas estar para generar lo que necesitas generar. No estoy hablando de un lugar físico; tu ubicación es donde enfocas tu energía y donde pones tu atención.

La física cuántica nos ofrece una aclaración al respecto. Explica que incluso cuando se miden partículas y ondas, hay evidencias que demuestran que ambas (partículas y ondas) tienen lugar al mismo tiempo. ¡Es el acto de la observación lo que hace que algo se manifieste como real! ¿Qué tal si estuvieras dispuesto a observarte en más de una versión de la realidad y, luego, eligieses la que más te gusta?

PIDE AYUDA

Una vez que hayas decidido que quieres estar en la quinta dimensión, pide ayuda. En mi caso, al menos una vez al día, pido que mi conciencia esté «en mi yo de la quinta dimensión». Tú también puedes hacerlo. Pide ayuda a tus ángeles, guías y maestros ascendidos. También puedes pedirla a los *hathor*, seres de amor y luz de la quinta dimensión procedentes de Venus. Contienen la energía del amor incondicional, así que si les pides que te protejan y abran tu corazón, te ayudarán, y empezarás a actuar desde la hermosa forma de ser propia de la 5D. Si necesitas una ayuda adicional, entona una y otra vez el canto corto y sencillo de los *hathor*, *El Ka Leem Om*, que son los nombres de los cuatro

elementos (tierra, fuego, agua y aire) en la lengua de los *hathor*.*
Es una herramienta muy potente para el cambio.

Figura 4.1. *Hathor*. Esta es la cubierta del CD *Mantras for Ascension*, que contiene un canto y un mantra.

EVOCA EL PODER DE LAS DECISIONES PARA AYUDARTE A PERMANECER EN LA 5D

Casi todas las personas están en la situación de hacer un acto de equilibrio entre las dimensiones tercera, cuarta y quinta. Es posible estar en la 5D y después salir de ahí. Es posible que el cuerpo emocional pase a vibrar en la 5D y que el cuerpo físico se quede atrás, en la 3D. A veces basta una sola decisión, como activar una de las siguientes posibilidades, para que ello nos ayude a dar con la solución. Dichas decisiones incrementarán enormemente tu capacidad de permanecer cada vez más en la 5D.

---

* Encontrarás instrucciones adicionales sobre este canto asombroso en la pista 2 del CD *Mantras for Ascension* (consulta el apartado «Recursos» de este libro).

Lleva tu energía divina a todo

Cuando era niña, siempre bendecíamos nuestra comida. Aunque esta práctica parece olvidada desde hace mucho tiempo en algunos hogares, tiene el poder de cambiar los elementos del plato. Es una forma de anclar la energía divina en los alimentos. De hecho, mi padre, católico devoto y cultivador de invernaderos, le pedía al sacerdote que viniera a bendecir los cultivos en cada plantación. Se puede bendecir cualquier acto: la lectura de correos electrónicos, la compra de alimentos, las tareas diarias... Decide bendecir la acción pidiendo su máxima expresión vibratoria. Hazlo con una oración simple, como esta: «Dios mío, por favor, bendíceme mientras abro los correos electrónicos».

Conecta con el reino de los elementales

Una de las maneras más fáciles de encontrar la forma de expresarse en la quinta dimensión es dar un paseo por la naturaleza. Busca razones para encontrar la belleza. Tal vez sea el amanecer o el atardecer, tal vez sea una hermosa flor o un árbol. Sea lo que sea, entrégate a ese momento de admiración; eso te permitirá tener una experiencia trascendente de aprecio y belleza. A medida que vayas reconociendo la importancia de la naturaleza, tu corazón se irá abriendo.

Subraya esta actitud adondequiera que vayas. Cuando veas algo hermoso en la naturaleza, coméntalo en voz alta para ti mismo o tus acompañantes: «Me encanta ese árbol», «¡Es tan hermoso!»... A medida que cultives el reconocimiento empezarás a ver que formas parte de algo mucho más grande que tú mismo y que puedes desplazarte fácilmente a la quinta dimensión. La naturaleza puede comunicarse contigo, como veremos a continuación.

Los espíritus de la naturaleza te oyen. Cuando vibres más en la quinta dimensión, percibirás que los elementos de la naturaleza se comunican contigo y te escuchan. Durante la magnífica edad de oro, los seres humanos se comunicaban con todos los seres vivos del planeta. Desarrollarás una relación con la naturaleza que te permitirá hacerle peticiones en el futuro. Esto es importante. Los espíritus de la naturaleza prosperan con los comentarios de los humanos. Si dispones de una zona ajardinada al aire libre, considera la posibilidad de crear un *rincón del agradecimiento*. Con esta finalidad, coloca una pequeña taza de golosinas para el reino elemental (gnomos, hadas y elfos) fuera, escondida debajo de un arbusto o una planta. Debe contener frutos secos crudos y enteros, chocolate de calidad (envuelto) o frutas secas como higos, dátiles o albaricoques. La encontrarán y recibirán el mensaje que les estás enviando: «Estoy agradecido por vuestro servicio».

Invítalos a que te ayuden. Pídeles siempre su ayuda y dales las gracias en voz alta siempre que percibas la belleza de la naturaleza a tu alrededor. Aprendí esto a las malas cuando me estuve quejando, mentalmente, del estado en el que se encontraba mi jardín; les recordé a los elementales que se suponía que debían ayudarme. Ese día me corrigieron con estas palabras:

—¡Nunca nos lo has pedido!

Tras asumir la lección de humildad, pregunté:

—Si os lo pido, ¿me ayudaréis?

Respondieron:

—Si te ayudamos, ¿seguirás saliendo al jardín a menudo?

A partir de ese momento, tomé la decisión de comer siempre en el exterior. En Wisconsin, eso significaba desde marzo hasta finales de octubre. Un poco de frío nunca me detuvo. En los lugares en los que vivo ahora, sigo teniendo esta prioridad.

El canto de los *hathor* te volverá más receptivo en esta área. Hay muchos cursos y libros sobre el tema de la comunicación con los elementos de la naturaleza que no hablan. Si esto ensancha tus creencias acerca de lo que es posible, te animo a que explores este tema más a fondo.

Trabaja con tus sueños

Trabajar con los sueños te ayudará en tu transformación. Muchas personas no recuerdan sus sueños. A algunas les ocurre esto porque penetran tanto en su conciencia que no sueñan. Sin embargo, si tú lo haces, lleva un diario de sueños y escríbelos. Escribe preguntas relativas a ellos, para ver si acude a ti más información de forma espontánea. Por ejemplo: «Soñé con una mariposa y luego me di cuenta de que tenía alas de mariposa. ¿Significa esto que me he transformado?».

Medita

La meditación es otra forma de rejuvenecer el cuerpo. Para pasar a la 5D debes encontrar tiempo y energía para meditar; también debes encontrar el grado de concentración suficiente. Si no puedes hacer tus propias meditaciones, sigue los consejos que se ofrecen en las numerosas meditaciones guiadas de muchos expertos para que te ayuden a descubrir la experiencia y la dicha que resultan de esta práctica. Hay más información sobre la meditación a lo largo del libro, muy especialmente en el capítulo diez.

Una meditación que puede hacer cualquier persona es la de mirar el sol. Te proporcionará una gran cantidad de «aliento vital», te ayudará a alcanzar tu peso ideal y regulará increíblemente tu energía.

Mirar al sol

Muchas culturas indígenas han llevado a cabo la práctica de mirar al sol para incrementar la vitalidad y la espiritualidad. Puedes dañarte los ojos, así que debes ir muy despacio. Lo ideal es que encuentres un instructor que pueda guiarte a través del proceso.* La primera vez, solo debes mirarlo durante un lapso de cinco a diez segundos. Lo ideal es tener los pies apoyados en el suelo sin llevar zapatos. Mira fijamente al sol justo cuando salga o justo antes de que se ponga. Ten pensamientos amorosos sobre ti, la vida, el planeta y el sol. Mejor aún, siéntete agradecido en tu corazón. Cada día puedes aumentar entre cinco y diez segundos. Si te duelen los ojos o si sientes que el sol te quema, míralo durante menos tiempo y vuelve a aumentarlo progresivamente desde ahí. Si realizas esta práctica a diario, aumentando el tiempo en no más de diez segundos cada día, tardarás unos nueve meses en alcanzar los cuarenta y cuatro minutos. Cuando llegues a este tiempo, habrás terminado. No te apresures; tampoco te dejes llevar por el estrés o la impaciencia. Lo apropiado es avanzar de forma lenta y constante. Relájate, céntrate y fluye. Disfruta el momento de no pensar en nada más que en el amor puro.

No tienes que mirarlo por la mañana y por la tarde. De hecho, es preferible que solo lo mires una vez al día. Algunos instructores creen que el sol es más intenso en el amanecer que en el ocaso. Pero si no puedes mirar el sol en la puesta, elige la opción que te vaya mejor. En caso de que no puedas sujetarte a un plan de tantos días, puedes utilizar el conocimiento que aquí se expone

---

* Quien es seguramente el mayor experto del mundo en esta técnica, Hira Ratan Manek, recomienda ciertas precauciones para las personas que tienen determinadas enfermedades oculares y de la sangre, y ciertos tumores. Visita www.libroesoterico.com/biblioteca/Sol/SOL%20Hira-Ratan-Manek-El-Mensajero-Del-Sol.pdf, página 4. (N. del T.)

para cuando tengas la oportunidad de ver puestas de sol. Nunca mires directamente el sol en momentos distintos del amanecer y el ocaso; tus ojos podrían sufrir daños.

También puedes utilizar las meditaciones guiadas gratuitas asociadas a este libro; en el apartado «Recursos» se ofrece el enlace de Internet donde puedes encontrarlas. Estas meditaciones invitarán a las energías cósmicas, que están actualmente disponibles, a desplazarte a un nuevo espacio. Te ayudarán a activar los cambios en tu ADN y acelerarán tu evolución. Estas energías cósmicas están cambiando lo que eres y te permiten pasar a frecuencias más altas.

Diviértete

A medida que nos desplazamos hacia la 5D, debemos recordar que no estamos haciendo las cosas «mejor». Si fuera así, significaría que nuestro comportamiento anterior no era lo bastante bueno. Es el momento de encontrar y usar palabras no polarizadoras y no peyorativas para describir opciones y experiencias nuevas y diferentes. El cambio más profundo afectará a tu forma de pensar y operar. Descubrirás que no necesitas «trabajar», sino tener un espíritu lúdico. Tómate un descanso cuando estés sobrecargado de ideas. Si no te diviertes, no podrás permanecer en la 5D, ya que se trata de un lugar alegre. Permítete soltar los apegos, las expectativas y los juicios para poder quedarte en ese espacio.

REJUVENECIMIENTO DEL CUERPO, LA MENTE Y EL ALMA

Hay muchas formas de aprovechar los rayos de rejuvenecimiento que están acudiendo para ayudar a la humanidad. Una forma consiste, sencillamente, en reclamarlos. Formula esta declaración:

Rayos de rejuvenecimiento, rayos de amor, rayos de energía de la quinta dimensión están girando en mí, a través de mí y alrededor de mí. Saturadme y saturad la Tierra con estos rayos, para que toda la vida pueda beneficiarse de ello.

Concibe más modalidades de curación

Por ejemplo, hace unos veinte años, mientras viajaba en bicicleta con un grupo de personas, mi hijo entre ellas, mi bicicleta entró en un paso a nivel inclinado y quedó atrapada en los rieles. Mi cuerpo dio tres vueltas antes de detenerse. Mi hijo de diez años se acercó donde acabé acurrucada y me preguntó si estaba bien. Luego me preguntó si tenía *Arnica montana* (un remedio homeopático de uso habitual para las contusiones y caídas). Aunque normalmente lo llevo conmigo a todas partes, en esa ocasión no fue así. «¡Qué lástima!», dijo, mientras me recuperaba y volvía a montar en mi bicicleta. Y escuché este mensaje en mi mente: «Imagina que te lo tomas». Y eso hice; visualicé que tomaba una dosis de esas pequeñas píldoras. ¡No me salió ni un solo cardenal!

Desconecta del envejecimiento

En este momento nos hallamos frente a una «programación» de la conciencia colectiva que hace que se produzca el envejecimiento. Puedes revertir las causas e ideas favorables al envejecimiento desconectándote de las creencias de la conciencia colectiva relativas a él. Hazte un favor y haz todo lo que puedas para reclamar tu maestría divina en todas las áreas. ¡Puedes hacer que tus células adopten la programación de una versión de ti más saludable! De hecho, puedes trabajar con tu patrón divino y establecer tu edad ideal, desconectar del envejecimiento pero conservar la sabiduría que te han dado los años.

Puedes activar todo el espectro de tu ADN. La autora Jean Adrienne ha creado imágenes físicas destinadas a activar las ciento cuarenta y dos hebras del ADN. Su baraja de cartas *Reconnecting Soul: 142 DNA Activation Cards* [Reconectar el alma: 142 cartas para activar el ADN] os elevará sin esfuerzo a ti y a tu conciencia. Es posible que no notes nada diferente, a menos que lleves un diario o cuentes con algún otro punto de referencia.

Además, deja de referirte a cosas que ocurrieron; remítete a ellas cuando necesites hacerlo, exclusivamente. Cuando usas fechas, te estás anclando a ti mismo en la programación de la conciencia colectiva relativa al envejecimiento. Cuando alguien te diga que está envejeciendo, puedes desvincularte fácilmente de esta información diciendo: «¡Habla por ti!».

Todo resentimiento es un tipo de resistencia a lo que nos mantiene jóvenes. Cuando preservas tu derecho a retener el amor, tu ego marca su terreno validando el pasado. Esto es lo que te hace envejecer y retrasa tu avance hacia la quinta dimensión.

¿Cómo puedes mantenerte joven? Empieza por generar este deseo. No lo adornes; mantenlo puro y simple. Aplica tu intención de que esto es lo que quieres realmente. Luego comienza a comprender que ya está en ti y que no debes hacer otra cosa que alinearte con otra versión de ti, una persona mucho más joven y menos decepcionada de la vida. Dentro de esta finalidad, puedes acceder a tu nuevo ADN cristalino (una herramienta para lograrlo es el CD *Meditation to the Crystal Elohim* [Meditación hacia los *elohim* cristal]). A continuación adopta el patrón, la decisión, de ser siempre coherente. Mantener la coherencia entre tus pensamientos, tus palabras y tus obras es un tipo de constancia que te permite crear cualquier cosa que desees. Después, contempla tu deseo en tu imaginación. Practica, practica y practica.

Ve más allá de las sustancias que alteran la mente

Las drogas por sí mismas te harán ser consciente de las dimensiones más altas, pero tu cuerpo, tu mente y tu espíritu no estarán en sintonía entre ellos y tus patrones de respuesta habituales seguirán estando ahí. Esto significa que si no meditas y te limitas a emplear drogas para alterar tu estado mental, sabrás acerca de otros mundos, pero no serás realmente capaz de usar el conocimiento o la comprensión que recibas sobre estados de conciencia superiores. La meditación es necesaria para lograr que los cuatro cuerpos inferiores (físico, mental, emocional y etéreo) queden alineados de tal manera que ello permita que se abran los cauces de la información y la experiencia. Los cuatro cuerpos inferiores están dispuestos en capas uno alrededor del otro; cuando encajan bien y están conectados y comunicándose entre sí, la persona permanece alineada.

Cada uno de los cuatro cuerpos inferiores tiene un propósito específico. El cuerpo físico se puede tocar y sentir, y el cuerpo etéreo reside justo fuera del físico, como una energía que tiene la misma forma que este. Cuando una persona tiene una experiencia extracorporal y observa su cuerpo físico, se está desplazando en el cuerpo etéreo. Este último aloja los chakras y constituye nuestro enlace con nuestro yo superior. A continuación, siguiendo hacia el exterior, está el cuerpo emocional, que es el receptor de todas nuestras emociones, pasadas y presentes. Las emociones son energía que contiene un propósito o sentimiento, y deben expresarse para ser liberadas del propósito. El cuerpo mental contiene la energía de la mente y todos los procesos de pensamiento; también es la fuente del poder creativo y la manifestación.

La actividad meditativa que se lleva a cabo para alinear estos cuerpos hace que la iluminación de la conciencia sea un estado del ser permanente, no una mera experiencia transitoria, como la que inducen las drogas. La meditación es un proceso continuo; no basta con meditar una sola vez u ocasionalmente.

Las sincronías

Las sincronías son una herramienta valiosa con la que cuentas para comprender mejor la realidad. Según Carl Jung, la sincronía hace referencia al hecho de que dos causas que no guardan relación entre sí parecen concurrir simultáneamente y expresar un significado. Depende de ti, el observador, ver esto. Por ejemplo, si ves una valla publicitaria, una placa de matrícula o un letrero impreso que te da la respuesta a algo en lo que has estado pensando, es una sincronía. Cuando oyes una canción en tu cabeza que no parece desaparecer y coincide con los sentimientos que tienes o con un evento que ocurre poco después de que aparezca la canción, he aquí otra sincronía.

Por ejemplo, una conocida mía no dejaba de oír la letra de la canción *Hands*, de Jewel. Se pasó toda la mañana cantando mentalmente el fragmento que dice «al final, solo importa la bondad». Pues bien, ¡la despidieron justo después del almuerzo! Eligió conservar la calma, la dulzura y la amabilidad tras recibir la noticia.

Las sincronías abundan cada vez más. Creo que esto se debe a que el universo quiere que sepamos lo que necesitamos saber, y que el hecho de prestar atención a ello da lugar a este resultado: ¡llegamos a saberlo!

¡DECLARA QUE SE ACABÓ EL KARMA!

Han quedado atrás los días en los que necesitabas otra oportunidad para aprender a hacer algo. Ahora puedes declarar, con certeza, que se acabó el karma. De hecho, cuanto antes lo hagas, mejor, porque *los que quieren retenerte* esperan que no te des cuenta de esta realidad. De hecho, si esta es la primera vez que oyes este mensaje, plantéate decidir si también te afecta. Si decides que sí, todo cambiará para ti en un instante. Decláralo: «El karma ha terminado para mí». Ello forma parte del nuevo paradigma en el que pasamos a vibrar en la quinta dimensión. Esto significa que si estás enojado con alguien porque te ha robado o lastimado, debes decidir que no te importa. No decidas perdonar, porque perdonar significa que aún tienes a esa persona en el banquillo de los acusados. En este nuevo paradigma ya no puedes mantener energía contra otra persona, porque si lo haces eres *tú* quien mantiene el karma en su lugar, no ella. ¡Vaya plan!, ¿no?

Puesto que el karma ha terminado, podrás ver más allá del velo una vez que declares este hecho. Si te aferras al juicio del otro, no verás más allá del velo de la ilusión. Esto hará que permanezcas encerrado en el sistema de creencias según el cual no existe nada más que la experiencia física. Esto alimenta a *los que quieren retenerte*. Cuando hayas proclamado el fin del karma, estarás «fuera de la matriz» de la ilusión, y nadie podrá volver a engañarte.

Una de las maneras en las que puedes asegurarte el éxito en este ámbito es practicar la meditación de los *elohim* cristal.* Te recomiendo que uses esta herramienta energética empoderadora. Ampliará enormemente tus capacidades, tu conciencia y tu expresión en la quinta dimensión. Los *elohim* son energías cósmicas que apoyarán el trabajo que lleves a cabo en favor de la Ascensión. Canalizaron esta meditación guiada para el CD, a través de mí, en 1994. En ese momento insistieron en que lo dejara todo y creara la meditación guiada. La meditación de los *elohim* cristal te llevará a muchos ámbitos de la realidad, tanto pasados como presentes, e incluso a los comienzos de la creación. Te permitirá conectarte con los códigos fuente de la creación y generar nuevas matrices para ti.

Una persona que practicó esta meditación dijo: «Enseguida empecé a sentir que mi cuerpo vibraba a una frecuencia más alta en el nivel molecular. Como resultado, adquirí mayor ligereza y experimenté una expansión increíble». Esta meditación anclará en tu campo (tus cuatro cuerpos inferiores) las rejillas cristalinas de las dimensiones superiores. La humanidad está pasando del ADN basado en el carbono al ADN cristalino. Hay rejillas alrededor del planeta para cada ser viviente. Además, hay rejillas en proceso de disolución que expresan la vieja matriz de la polaridad junto con rejillas que programaron a la humanidad para que se continuase manifestando disfuncional. Estas rejillas contienen muchos aspectos que nadie entiende totalmente. Las asociadas a la creación original eran del tipo más puro. Muchos han visto la rejilla de la conciencia crística, cuyo propósito es ayudar

---

* Consulta el apartado «Recursos» para obtener más información sobre la meditación de los *elohim* cristal. Esta meditación contiene momentos de silencio para que el practicante repita y participe. Es una herramienta extremadamente potente para potenciar el ADN y conectar a la persona con su ADN cristalino.

a los integrantes de la humanidad a convertirse en seres humanos perfectos o crísticos.

Las rejillas de cristal

Las rejillas de cristal están reemplazando todas las antiguas rejillas disfuncionales del planeta. Durante los últimos cinco años, muchos maestros ascendidos, los extraterrestres de la luz y algunos trabajadores de la luz, como yo misma, hemos creado muchas redes nuevas con el propósito de que la humanidad recupere lo que le pertenece por derecho de nacimiento. Muchas personas se encuentran ahora entre las rejillas de las dimensiones tercera y cuarta y no están realmente conectadas al magnetismo de las dimensiones quinta y superiores. Esta es la razón por la que puede ser que te sientas cansado y desorientado mientras estés pasando de las rejillas que te retenían a las que te ayudan a avanzar.

Estas nuevas rejillas han reemplazado los patrones viejos y perversos que estaban instaurados para contener a la humanidad. Todas las enfermedades, disfunciones mentales y similares contaban con rejillas que se proyectaban a los humanos. Las nuevas rejillas forman parte de las plantillas originales y son los códigos y patrones auténticos correspondientes a nuestra expresión en la quinta dimensión. Te permitirán desvincularte de las rejillas que sostenían la conciencia de masas propia de la 3D, que te habían encerrado en comportamientos que ya no te sirven. Al igual que puedes usar muchos recursos para encontrar un médico o un carpintero, usar las rejillas de cristal te permite obtener una maestría y una sabiduría que están más allá de tus conocimientos actuales.

Para descubrir las rejillas y utilizarlas, puedes pedir encontrar soluciones a problemas específicos. Para empezar, piensa en cómo cualquier plan maestro ayuda a producir, contiene los procesos y los avances, y define los resultados. La rejilla o plan maestro correspondiente a lo que estás intentando producir en ti mismo ya existe en dimensiones más altas y se activará para ti. Ocurre algo semejante a cuando tu teléfono móvil se conecta a una torre de telefonía: sabes que tienes conexión porque puedes hacer y recibir llamadas. Basta con que sepas que la respuesta ya existe en un patrón de la creación y pidas conectarte a esa rejilla.

Lo ideal es que utilices estas rejillas para activar tu conocimiento superior, para inspirar tu creatividad, para avivar tus relaciones y para evolucionar internamente. Sintoniza con ellas. Ten la voluntad de que contribuyan a tus experiencias y a la expansión de tu conciencia. Es fácil conectarse con estas rejillas en un contexto meditativo.

Conectar con una rejilla para resolver un problema o asunto

En primer lugar, adopta una postura de meditación, en un lugar en el que puedas estar tranquilo durante treinta minutos al menos. Puedes estar sentado, de pie o tumbado.

Permítete expandir tu conciencia para que llene el espacio que hay alrededor de tu corazón. Después, expándela más, al campo de energía que rodea tu cuerpo. Permítete reconocer tus cuerpos energéticos y expande esta conciencia a medida que exploras cada uno de ellos.

Desplaza la atención a los límites del cuerpo físico.

A continuación imagina el siguiente cuerpo, el etéreo. Se extiende unos pocos centímetros más allá del cuerpo físico. Imagina que es una hermosa nube de color azul eléctrico que sigue la forma de tu cuerpo físico.

Seguidamente, imagina el cuerpo emocional como un hermoso campo rosado que está alrededor del cuerpo, más grande que el anterior.

Finalmente, imagina que tu cuerpo mental rodea los anteriores. Tiene una cualidad iridiscente. Puede ser de cualquier color, aunque es blanquecino sobre todo.

Ahora estás preparado para expandir tu energía hasta que alcance el tamaño de la rejilla que hay alrededor de la Tierra. Imagina que tu tema o problema ya cuenta con una rejilla preparada para resolverlo. (Esto es posible porque una versión superior de ti sabe lo que estás buscando y lo crea antes de que puedas pedirlo). Ten la intención de que la rejilla te encuentre y se conecte contigo.

Observa cómo tu cuerpo etéreo se conecta a la rejilla. Inmediatamente, pasa a recibir información y actualiza los cuatro cuerpos inferiores. Tú también puedes contribuir a estas rejillas de la misma manera, con la intención de que tu dominio del asunto sea intercambiado o transferido a la vez que recibes cualquier información nueva que puedas necesitar.

Es muy importante que mantengas la intención más pura cuando trabajes a propósito con las rejillas. Ten en cuenta que tus pensamientos oscuros y desequilibrios emocionales podrían desalinearte o podrían desencajar un segmento de la rejilla. Pídeles a los ángeles que purifiquen tus actos cuando trabajes con una rejilla, para que estés alineado con Dios en todo momento. La pureza de corazón es el elemento más importante de las rejillas.

Estas plantillas de cristal y los *elohim* cristal crearán un nivel de expresión mucho más alto para ti.* Cuando la marea sube, todos los barcos del puerto se elevan. De manera similar, estas nuevas rejillas facilitan tu evolución máxima en conciencia. Te ayudarás a ti mismo y ayudarás a la humanidad al acceder a esta información y expresarla. Y tu vibración amplificará la información que contienen las rejillas, para que a los demás les resulte más fácil adoptar estas vibraciones y expresiones más altas. Así es como los seres humanos se ayudarán unos a otros a pasar a la quinta dimensión.

Es importante tener en cuenta que este proceso tiene lugar en todo el planeta. No solo está evolucionando la humanidad, sino que también lo está haciendo la Tierra. Además, estas dos evoluciones son codependientes. Esto significa que tus esfuerzos aumentan exponencialmente, porque influyen en toda la humanidad y el cosmos.

La geometría sagrada y la estrella de Metatrón

Comprender la geometría sagrada contribuirá en gran medida a tu capacidad de pasar a tu yo de la quinta dimensión y ajustarte a él. La geometría sagrada (el estudio de las relaciones matemáticas, los armónicos y las proporciones), se puede encontrar en todo el cosmos, en la música, la luz y el diseño. Descubrir las expresiones divinas de la proporción sagrada en la naturaleza desbloquea y activa códigos en nosotros que nos permiten acceder a nuestra sabiduría divina.

La denominación *geometría sagrada* fue acuñada por Robert Lawler. Escribió la «biblia» de esta materia, en la que identifica las proporciones y la geometría que se encuentran en toda la

---

* Los *elohim* cristal surgieron de los siete grandes *elohim* cuando la humanidad empezaba a entrar en la gran edad de oro.

naturaleza, el cuerpo humano y los cuerpos celestes. La más significativa de estas proporciones es el número áureo o *phi*. Esta relación se encuentra en la espiral del ADN, los huesos, las plantas y los cuerpos celestes. Durante siglos, los artistas han usado estas relaciones para crear arte y estructuras agradables. Es un hecho conocido e investigado que los humanos prefieren la proporción áurea a cualquier otra.

La geometría sagrada es una de las herramientas increíblemente potentes que ayudan a la humanidad a descubrir los códigos del universo. Se ha convertido en el tema de cientos de libros porque está asociada a muchos tipos diferentes de información, desde la relativa a la naturaleza hasta la relativa al arte y la física. Acceder a esta información te ayudará a habitar en la quinta dimensión. Contemplar el arte de los mandalas, aprender sobre la geometría sagrada o usarla en contextos meditativos son solo algunas de las maravillosas formas en que uno puede servirse de esta disciplina mágica. Es un aspecto esencial de la meditación MerKaBa clásica.

Un ejemplo concreto del arte de los mandalas se puede ver en el símbolo de la flor de la vida o la estrella de Metatrón.[*] La estrella de Metatrón, más conocida como *cubo de Metatrón*, es el círculo de círculos basado en el círculo del mismo tamaño que se coloca alrededor de un círculo central. Esto es fácil de imaginar partiendo de trece monedas del mismo tamaño. Coloca una en el centro, rodéala de seis monedas y después añade una moneda más junto a cada una de esas seis para crear una estrella

---

[*] Metatrón se autodescribió de esta manera en una canalización que efectué: «Soy un ser cósmico, sentado a la diestra de Dios. Superviso a los arcángeles que están evolucionando, así como a todo el reino angelical. Mi misión es mantener la integridad de toda forma material. El *cubo de Metatrón* recibió mi nombre porque contiene el código fuente exacto de todo lo manifestado. Es la fuente de luz perfecta».

de seis puntas. Esta forma genera todos los sólidos platónicos: el tetraedro, el cubo, el octaedro, el icosaedro y el dodecaedro. Los sólidos platónicos se consideran geometría sagrada porque los humanos han adquirido la comprensión científica de que toda la geometría, toda la química y toda la naturaleza se basan en estas cinco formas sagradas. Cada una de ellas puede crearse conectando los centros de las trece esferas en la formación de la estrella de Metatrón.

Figura 4.2. La flor de la vida.

Aunque la estrella de Metatrón no es lo mismo que el símbolo de la flor de la vida (ver la figura 4.2), es el código fuente de dicho símbolo. La estrella de Metatrón contiene los círculos adicionales completos que a menudo faltan en el símbolo de la flor de la vida. Esos círculos que faltan están implícitos, por lo que el símbolo de la flor de la vida implica la matriz completa. Contiene la semilla de toda la vida que hay en el cosmos. Ver el símbolo, usarlo o visualizarlo afirma el compromiso del individuo con toda la vida, cuyo código fuente es este. Esta es tu plantilla divina.

Las abejas están conectadas con este modelo divino en virtud de la matriz donde construyen su colmena. Llevan esta huella a todo lo que tocan, incluido el polen, lo que permite que el modelo divino se vuelva a activar en todos los seres vivos que las abejas polinizan. Cada vez que veas una abeja trabajando, ofrécele tus bendiciones y tu gratitud, y además pídeles a Metatrón y al arcángel Miguel* que protejan a estos elementales (las abejas) tan importantes para el conjunto de la vida de este planeta.

Puedes usar el símbolo de la flor de la vida o la estrella (el cubo) de Metatrón para curarte. Puedes llevar encima bisutería de la flor de la vida, colocar el símbolo sobre la zona del cuerpo afectada o ponerlo debajo de tus plantas o de tu plato de comida. Si es todo tu cuerpo el que necesita curación, coloca el símbolo de la flor de la vida sobre una fotografía de tu cuerpo entero. Dibújalo y coloréalo, una y otra vez. Utiliza un buen compás, o, mejor aún, usa un disco compacto viejo, que te permitirá trazar el círculo y marcar el centro con facilidad.

LA CONFIRMACIÓN DE TU CONEXIÓN

A medida que te vayas sintonizando cada vez más con tu cuerpo, percibirás sensaciones que confirmarán tu conexión constante con la quinta dimensión. También experimentarás dolores y molestias mientras tu cuerpo trate de eliminar cualquier cosa que pueda detenerte. Si has consultado con un médico y no ha

---

* Como supervisor de los arcángeles, Metatrón trabaja en estrecha colaboración con el arcángel Miguel. Miguel es el protector y defensor de la vida y la voluntad de Dios en el planeta Tierra. Está identificado en siete de las religiones del mundo, incluidas las tres principales (el cristianismo, el islam y el judaísmo). En la tradición islámica, se lo considera el ángel de la naturaleza que proporciona alimento y conocimiento.

encontrado una causa médica a tus síntomas, lo más probable es que estos estén relacionados con tu Ascensión.

Confirmaciones corporales

La primera comunicación que recibas por parte del yo superior podría ser lo que llamo *confirmaciones corporales*, que le permiten a tu cuerpo decirte que estás en resonancia con tu versión divina.

La tradicional que recibe casi todo el mundo es la piel de gallina: las pequeñas protuberancias que aparecen en la piel, generalmente en los brazos y las piernas, justo en el folículo piloso, y que duran solamente unos segundos. La confirmación corporal es una «señal» potente pero simple de que el cuerpo está en resonancia con las propias palabras (o con las palabras de otra persona).

Es una experiencia emocionante cuando dices lo que estás pensando o «captando» en el momento y se te pone la piel de gallina o le ocurre a alguien que está cerca de ti. El universo te está diciendo que prosigas con tu buen trabajo, que estás a punto de llegar a algo. Presta atención a lo que acabas de decir cuando ocurra esto. Debbie Ford, autora estadounidense de libros de autoayuda como *El secreto de la sombra*, llamó a este fenómeno «sacudidas de Dios».

Todo el mundo experimenta estos síntomas de manera diferente. En una clase, una de mis alumnas sintió una picazón en la oreja cuando llegó el yo superior, pero a ella no le gustó, así que no hizo caso. Después le picó el pie. «Esto tampoco puede ser», pensó, ¡y entonces le picó todo el cuerpo! Decidió tomar como su símbolo del «sí» la picazón en la oreja. Más significativo aún fue el hecho de que era de raza negra y que una mujer blanca sentada frente a ella en clase tuvo la misma experiencia. Compararon sus apuntes y pudieron determinar que pertenecían a la misma familia energética y se comprometieron a mantenerse en contacto. ¿No es una maravillosa sinergia que una hermana del alma se revele de esta manera?

Algunos otros síntomas

Aquí tienes una breve lista de otros síntomas que puedes experimentar y algunos consejos para lidiar con ellos:

Sudores nocturnos: no hay mucho que puedas hacer al respecto, aparte de determinar que nada está mal y tratar de estar lo más a gusto posible.

Despertarte tres horas después de haberte acostado: haz algo productivo, medita, lee y escribe. Vuelve a acostarte después de haber estado levantado entre treinta y cincuenta minutos.

Extraños antojos alimentarios: hazles caso; pueden sorprenderte. Por otro lado, puede ser que desarrolles antipatía hacia ciertos alimentos (que puede ser que contengan aditivos o productos que no estén en sintonía con tu vibración).

Irritabilidad: por lo general, proviene de una entidad que ha establecido su residencia en la persona. Haz un trabajo de limpieza, un proceso de expulsión de energías no deseadas o espíritus incorpóreos que no pertenecen a tu cuerpo.

Siguen apareciendo los mismos patrones: ¡esto significa que es hora de hacer algo al respecto! Busca herramientas de aprendizaje que te ayuden a desprenderte de los impedimentos surgidos de problemas de vidas pasadas y de bloqueos emocionales y energías externas.[*]

---

[*] En su rompedor libro *Remarkable Healings* [Sanaciones extraordinarias], la psicoterapeuta Shakuntala Modi descubrió que había enfermedades mentales y físicas que tenían unas raíces insospechadas, así como un método para expulsar esas energías. El libro contiene historias detalladas de estas sanaciones especiales. Otro método bien elaborado de sanación de emociones y problemas familiares, además de problemas que tienen que ver con los ancestros, son las constelaciones familiares, trabajo desarrollado por el terapeuta alemán Bert Hellinger. Se

Sentirte desorientado o alejado de ti mismo: primero, asegúrate de que no haya problemas; consulta a un médico o ve a urgencias si no te sientes bien. Es posible que necesites realizar un trabajo de enraizamiento (como describí anteriormente en este libro; consulta la página 22). O puede ser que estés trabajando en niveles más altos y solo necesites tomarte un descanso, una siesta o relajarte.

Dolor físico: este es un síntoma que no debes desatender. Acude al médico para que te examine o ve a urgencias si es el caso. Presta atención a los aspectos físicos de tu vida y determina las causas cuando sea posible.

Si tu guía interno te dice que no hay nada que esté mal, no hace falta que hagas nada. Sin embargo, si no estás seguro, debes someterte a un examen médico. Mis clientes han tenido dolores corporales de todo tipo que no estaban relacionados con ninguna enfermedad física. Tenían que ver solamente con «actualizaciones», lo que significa que se estaban adaptando a frecuencias más altas que se movían a través de su cuerpo a medida que se iban afinando con la quinta dimensión. Esta es otra razón por la que debes hacer lo que te corresponde y aprender a conectar con tu yo superior, es decir, para poder verificar la información que estés obteniendo.

En el trabajo con los registros akáshicos, empecé a advertir que aparecían ciertas señales para confirmar la conexión de la persona con ellos. Algunos guías akáshicos (individuos que se han

---

basa en el concepto de que la culpa y la falta de aceptación hacen que el individuo busque pertenecer. Además, el doctor Bradley Nelson desarrolló el método de sanación energética denominado código de la emoción y código del cuerpo para resolver una gran cantidad de problemas físicos y sus causas subyacentes, que pueden incluir vivencias de vidas pasadas y emociones atrapadas. Hay muchos profesionales formados en cada una de estas modalidades. Estoy familiarizada con sus tremendas capacidades de curación y las recomiendo en general.

capacitado para abrir los registros akáshicos de un cliente) experimentan una presión en el pecho (en el chakra del corazón), un pulso muy sutil o un sonido sin sonido (como el ruido blanco; no son acúfenos). Cuando una persona se ha capacitado para reconocerlas, estas herramientas le sirven como indicios de que se ha anclado en la energía conocida como registros akáshicos. Estas sensaciones confirman que su conexión es clara y segura. Además, a veces siento en mi cuerpo físico algo que tiene relación con lo que le está sucediendo al cliente. No me considero una médica intuitiva,[*] pero en los registros akáshicos he recibido a menudo sensaciones físicas que reflejaban los problemas del cliente.

Una señal visual de la 5D

En una ocasión en la que iba a proceder a realizar una lectura de registros akáshicos para un cliente de otro país con la ayuda de una traductora, pedí unos minutos para conectarme con ella antes de hacer entrar al cliente en la sesión. Les pedí a mis guías de los registros akáshicos que estuvieran simultáneamente presentes con la traductora, para que ella «supiera» al instante la traducción correcta de los contenidos que apareciesen. ¡Lo que sucedió a continuación fue increíble! Vi cómo un hermoso rayo de luz púrpura se proyectaba sobre la traductora (¡aunque estábamos en Skype!). No pude averiguar cómo tomar una foto por Skype, así que agarré mi teléfono e hice la foto (que estuvo disponible en el apartado de recursos de mi sitio web).

---

[*] Se denomina médico intuitivo (o médico clarividente o médico psíquico) a cierto tipo de practicantes de la medicina alternativa que utilizan sus habilidades intuitivas para encontrar la causa de una dolencia física o emocional.

Orbes

Se han escrito varios libros y se ha hablado mucho sobre los orbes u *orbs*. Es muy posible que se hayan mostrado en tus fotos y te hayas preguntado por qué aparecen ahora. Los orbes son esas pequeñas esferas blancas o de colores que a veces se ven en las fotos. La verdad es que siempre han estado ahí, pero ahora nuestra vibración se está expandiendo para incluir una conciencia dimensional superior. Es por esto por lo que nuestras cámaras nos muestran imágenes que la mayoría no ve a simple vista. Estas energías son fotografiadas por personas que vibran en sintonía con la cuarta dimensión o una dimensión superior. Los orbes se muestran cuando la persona de la quinta dimensión está en la foto o es el fotógrafo. Este es otro indicio de que estamos expandiendo nuestra conciencia para vibrar en el nivel de las dimensiones superiores.

Experimentar síntomas incómodos

Al pasar a dimensiones más altas, puede ser que experimentes ciertos problemas de salud relacionados con cambios físicos en el cuerpo. Estos cambios pueden tomar la forma de incrementos repentinos de los síntomas. Si te está ocurriendo esto, ten en cuenta que el factor más importante es el *descanso*.

Puede ser que tengas viejas heridas emocionales o estés sanando vidas pasadas, o incluso podrías estar sanando el planeta. Por supuesto, esto no te está sucediendo a ti solamente. Muchas personas que están atravesando estos cambios experimentan presión arterial alta, dolores en las articulaciones, dolores de cabeza y otros síntomas. Muchos trabajadores de la luz, como tú, o cualquiera que esté interesado en salvar la Tierra o a quienes viven en ella, aceptan un «doble deber» y asumen traumas relacionados para ayudar a limpiar el planeta. Si te sientes incómodo, especialmente si experimentas dolor, puede ser que tengas la tentación de intentar «escabullirte» del proceso de Ascensión. Es posible que te hayas dicho que lo que estás afrontando es demasiado para ti y no puedes continuar o que no quieres estar aquí. Es por eso por lo que resulta tan útil pedir ayuda. Si no quieres pedirla, tu proceso puede ser mucho más lento.

Debes hacer caso a tu guía interior en estas situaciones, así como obtener ayuda por parte de los profesionales que puedan servirte. Hay muchos nuevos tipos de terapia que son apropiados. Puedes plantearte acudir a alguien que te ayude a curar traumas pasados del cuerpo físico que tengan su origen en otras vidas. Si lo estás pasando mal y no sabes lo que está ocurriendo (y los médicos no han podido ayudarte), consulta la lista de modalidades de sanación que se sugieren en este mismo capítulo (página 119).

Si experimentas dolor físico, recita el mantra «¿tiene que doler?» una y otra vez, hasta que el dolor disminuya. Tal vez te parezca incomprensible que tus ángeles y guías desconozcan cuánto estás sufriendo, pero ¡la verdad es que no lo saben! No están en un cuerpo. Experimentan la dicha de la conexión con Dios de manera tan continua que sentir tu dolor les resultaría insoportable. Tu mantra «¿tiene que doler?» los ayuda a sintonizar contigo para que tus síntomas puedan mitigarse hasta el grado de la tolerancia.

TAL VEZ PAREZCA INCOMPRENSIBLE QUE TUS ÁNGELES Y GUÍAS NO SEPAN CUÁNTO ESTÁS SUFRIENDO, PERO ¡LA VERDAD ES QUE NO LO SABEN! NO ESTÁN EN UN CUERPO. EXPERIMENTAN LA DICHA DE LA CONEXIÓN CON DIOS DE MANERA TAN CONTINUA QUE SENTIR TU DOLOR LES RESULTARÍA INSOPORTABLE.

Es posible que estés llamado a ser un sanador o que primero aprendas ciertas herramientas para curarte a ti mismo y luego descubras que tu vertiente de sanador o persona intuitiva se ha activado, de modo que desarrolles tu versión personal del trabajo de sanación para tus clientes. Si ya te hallas en este ámbito, puedes recibir un impulso; incluso hay quienes se encuentran con que tienen información que no han pedido sobre la otra persona.

ELEGIR SEGÚN DIOS

En la 5D no hay libre albedrío. ¿Qué significa esto? En la 3D puedes elegir según Dios o hacer lo contrario. Lo segundo es el equivalente a cometer errores o pecados. Piensa en un niño pequeño que está a tu cuidado que sale contigo después de una gran tormenta. ¿Qué hará? ¡Encontrar un charco y saltar en él! Lo dejas jugar, y cuando todo haya acabado, lo bañarás y lavarás su ropa. No habrá ningún problema. Esto es lo que ocurre con nosotros en la 3D: nos ensuciamos, y luego regresamos a Dios y volvemos a estar limpios.

La zona del libre albedrío ya no es necesaria en la 5D porque ahí solo queremos elegir según Dios. Hay un punto de madurez debido al hecho de que elegir según Dios es una opción tan atractiva que no necesitamos los diez mandamientos; no se nos ocurriría robar, mentir o codiciar. El amor de Dios es tan penetrante que nos complace enormemente tomar decisiones afines a la divinidad. Cuando nos enfrentamos a una disyuntiva que la sociedad podría calificar de éticamente difícil, descartamos intuitivamente cualquier elección que no esté de acuerdo con Dios. Pongamos como ejemplo que conoces a alguien por quien sientes verdadera atracción y luego descubres que esa persona está casada; la idea de tener un romance con ella no surgirá, simplemente. (Esto, por supuesto, suponiendo que no estés disponible como pareja romántica para las personas casadas, lo cual es una elección consciente). Como no estás disponible para las personas casadas, no tienes la tentación de cruzar la línea; y eres capaz de comunicarlo con absoluta sinceridad, amabilidad y paciencia. Sale de ti con mucha suavidad y es una experiencia muy potente.

En la 5D las cosas funcionan más bien de la manera siguiente. Piensa en una persona a quien admires, tal vez el dalái lama. Imagina que te llamo por teléfono y te digo que necesita un lugar donde alojarse y que no quiere ir a un hotel. He revisado mi base de datos y tu ubicación es perfecta. ¿Qué dirás? ¡Que sí, por supuesto! No se te ocurriría perder la oportunidad de estar en presencia de alguien tan especial. Sería una ocasión fabulosa. Podría preguntarte si hay algo que necesitases saber, y tus preguntas podrían estar relacionadas con el tipo de comida que le gusta, si vendrá solo y las fechas de su estancia. Todas estas preguntas tendrían que ver con tu aceptación; ni te plantearías rechazar el ofrecimiento. Estarías tan conectado a Dios que solo desearías elegir en armonía con ello; únicamente sería posible una expresión de amor.

Pues bien, todo el mundo está pasando a la quinta dimensión. Han efectuado la transición suficientes personas como para que no haya vuelta atrás. También contamos con todo el apoyo de los maestros ascendidos, la totalidad del reino angélico, la Gran Hermandad Blanca[*] y Dios. La presencia de Dios se ha

---

[*] H. P. Blavatsky, en *Isis sin velo*, y Nicholas y Helena Roerich, en *Jerarquía*, describen la Gran Hermandad Blanca como un grupo de inmortales que vigilan activamente el mundo desde un lugar elevado como maestros ascendidos. Este grupo también es conocido como Gran Hermandad de la Luz o la Jerarquía Espiritual de la Tierra.

trasladado directamente a esta región de la realidad, en efecto. Es una presencia impresionante, que hará que te sea mucho más fácil ser quien realmente eres. El amor y el cuidado de Dios te ayudarán a sentirte seguro y te capacitarán para ser la mejor versión de ti mismo.

5

TUS EMOCIONES
TIENEN LA LLAVE

T us emociones son lo que te hace inequívocamente humano. En este planeta, las emociones constituyen una parte
importante de la experiencia de la vida. Son *chi* (energía)
que ha sido impregnada con un propósito. Aunque es tu des-
treza mental lo que puede hacer que te sientas superior, el uso
de tus emociones puede ayudarte a obtener más que tu mente.
Tus emociones son la llave con la que accedes al mundo que te
rodea; «leen» el campo por ti, de forma más rápida y precisa
que la mente. Tu cuerpo emocional lee los cuerpos emocionales de quienes te rodean y te indica cuándo no estás seguro o
cuándo eres amado, apreciado, temido, etc. Impresiones como
los malos presentimientos o la alegría repentina del corazón
son claves por las que te guías para detenerte o seguir adelante. Puedes darte cuenta de lo precisas que son tus emociones y
de lo útiles que pueden resultarte para comprender la realidad
que te rodea.

Contrariamente a lo que suele creer la gente, las dimensiones están anidadas una dentro de la otra.* Desde cualquier punto ubicado dentro de una dimensión dada pueden verse las más bajas. En cada grado de discernimiento adquirido existe la capacidad de observar los discernimientos que tienen una vibración inferior. Esta es también la razón por la que no necesariamente te das cuenta de que estás en la cuarta dimensión: la tercera es tan cercana y real que experimentas las dos a la vez. Ten en cuenta que las dimensiones inferiores no lo son en el sentido de que son «menos» que las superiores, como cuando decimos que tenemos menos dólares, sino en el sentido vibratorio, de forma análoga a la existencia de tonos más altos y más bajos en el ámbito de la música. ¿Qué tono es mejor? Ninguno, evidentemente. Todos son importantes. Cada uno tiene su función.

Por lo tanto, a medida que vas entrando más en la quinta dimensión, vas viendo y comprendiendo la polaridad que hay tanto en la cuarta como en la tercera sin experimentar una carga emocional. Observas sin juzgar. Puedes limitarte a percibir tus emociones a medida que vas dominando el «arte» de experimentarlas y te vas distanciando de ellas como observador. Desde esta posición puedes elegir acercarte a las experiencias de polaridad con compasión, lo que te permitirá entrar en la quinta dimensión al instante. A medida que vayas integrando las expresiones de las dimensiones tercera y quinta irás adquiriendo un gran dominio sobre tus emociones.

Esto significa que cuando alguien hace algo para lastimarte, primero sientes el dolor. A continuación percibes los actos de esa persona y tus sentimientos al respecto. Puede ser que reacciones o que no lo hagas. Haces todo esto sin emitir juicios.

---

* He obtenido esta información de los registros akáshicos, de mis guías y de mi yo superior.

Incluso puede ser que experimentes una «puñalada en el corazón» cuando alguien cercano a ti ha hecho algo impactante e hiriente; sientes dolor porque tenías unas expectativas que no se han visto satisfechas. Estas expectativas pueden ser honestas, reales o justas, o no serlo. Las expectativas constituyen una parte normal de la relación que hay entre dos personas muy próximas. Es conveniente que comprendas tus propias expectativas, en cuanto son una parte tuya con la que contribuyes a la situación dramática. Esta comprensión te permitirá pasar rápidamente a través de la decepción y el dolor cuando alguien te decepcione. Un golpe emocional en el corazón es un combustible formidable para el trabajo de la Ascensión; es una de las llaves que nos permiten acceder a la 5D.

Cuando incorporas tu yo de la quinta dimensión en la persona que eres, tus emociones son tan importantes como eran antes. ¡De hecho, lo son más! La diferencia es que no tienes la necesidad de volver a trabajarlas o de trabajarlas demasiado. En lugar de ello, puedes considerar las emociones como un vehículo para la expansión de tu conciencia de la expresión, la experiencia y los sentimientos. Tus emociones te proporcionan una conexión total con tu corazón, si lo permites. Pueden amplificar tanto tus estados elevados como tus estados bajos, lo cual te brinda la mejor de las oportunidades para unificar tu yo de la 5D con tu yo de la 3D.

EL MAL USO Y EL CONTROL DE LAS EMOCIONES

Tus emociones solo pueden reaccionar una vez, pero tu mente puede recrear una determinada emoción y reproducir un escenario vinculado a ella, lo cual revitaliza dicha emoción y te lleva a experimentar cierto dolor y sufrimiento una y otra vez. Es como rascarse una herida que intenta curarse. Pero ¿por qué no usar tus emociones felices para hacer magia? ¿Y si no pudieras reproducir las experiencias difíciles? ¿Y si tu memoria pudiera producir datos pero no recrear emociones?

Los que quieren retenernos saben muy bien que las emociones de la humanidad son herramientas potentes de creación de la realidad. Todos los sentimientos de ira, rabia, decepción y miedo pueden usarse para manipularte. Pero cuando mantienes tu estado de compasión no puedes ser manipulado; no puedes ser utilizado como combustible de formas que tal vez no entiendas todavía.

TUS EMOCIONES SOLO PUEDEN REACCIONAR UNA VEZ, PERO TU MENTE PUEDE RECREAR UNA DETERMINADA EMOCIÓN Y REPRODUCIR UN ESCENARIO VINCULADO A ELLA, LO CUAL REVITALIZA DICHA EMOCIÓN Y TE LLEVA A EXPERIMENTAR CIERTO DOLOR Y SUFRIMIENTO UNA Y OTRA VEZ. PERO ¿Y SI NO PUDIERAS REPRODUCIR LAS EXPERIENCIAS DIFÍCILES? ¿Y SI TU MEMORIA PUDIERA PRODUCIR DATOS PERO NO RECREAR EMOCIONES? ¿SUFRIRÍAS MENOS?

Por otro lado, el deseo de usar la mente para controlar las emociones ya no te sirve. En lugar de ello, deja que tus emociones tengan voz. Deja de reprimirlas. Valida el yo. Suelta la necesidad de que los demás te aprueben. Respeta tu sufrimiento y sigue adelante. Luego haz pasar tu dolor por el tamiz del corazón; inúndalo de amor incondicional para ti y los demás. Tu tarea no consiste en eliminar la mente, sino en integrar las emociones y el intelecto y hacer que todo ello pase a través de tu corazón. Esta es la triple llama del amor, la sabiduría y el poder, representada como la flor de lis, la cual se ve a menudo como un símbolo de Francia y es también el símbolo de los merovingios –la familia descendiente de María Magdalena–.

Debes saber que tu estado de alegría es la mejor munición con la que cuentas para responder a lo que sea que te ocurra que no sea de tu agrado. En el estado correspondiente a la 3D, la respuesta podría ser: «No te enojes; desquítate». Ahora que estamos despertando en la 5D, podemos decir: «No te enojes; sé feliz». La felicidad sincera, verdadera, es empoderadora. Cuando no logres ser feliz, no lo consideres un fracaso; tómatelo como que aún eres inexperto en el tema. Sé feliz a pesar de cualquier dificultad; atraerás más felicidad de esta manera. Los velos se están volviendo finos y cada día eres más poderoso. Usa esta realidad a tu favor.

LAS EMOCIONES QUE TE RETIENEN

¿Qué tipo de emociones te frenan? Echa un vistazo a la lista que sigue:

- El **resentimiento** (la energía de la culpa).
- El **miedo** (la energía de la incongruencia).
- La **queja** (la energía de la autovalidación).
- La **intransigencia** (la energía de la amargura y de querer tener la razón).
- La **negación** (la energía de la separación, en contraste con la de la unidad).

El papel del juicio

Muchas personas no se dan cuenta de que llevan el juicio incorporado en casi todos sus pensamientos. Los juicios sobre lo bueno o malo de una situación, o sobre un determinado comportamiento o resultado, infectan los propios pensamientos y hacen que uno conciba esas situaciones de forma unilateral. La mente ofrece enseguida sus consideraciones respecto a lo que sería lo apropiado. Pues bien, decide que vas a ser consciente del inicio de este diálogo interno y que vas a animar a los demás a que hagan lo que les plazca. Cuando te pregunten qué deberían hacer, puedes responderles: «¿A ti qué te gustaría?».

Se trata de que percibas que tu mente está empezando a formarse un juicio y te des cuenta, a continuación, de que albergas unas expectativas que no se están cumpliendo. De ese modo podrás reírte de ti mismo, soltar las expectativas en cuestión y dejar de juzgar.

El papel de la culpa

La culpa tiene una utilidad: guiarnos a elegir de manera diferente la próxima vez. *Los que quieren retenernos* la han aprovechado para mantenernos atrapados en la creencia de que no somos lo bastante buenos o inteligentes.

La culpa encierra a muchas personas en un sistema de creencias que les «demuestra» que otros individuos están en lo cierto mientras que sus propios comportamientos o elecciones están equivocados. No hay necesidad de sentirse culpable en la 5D, porque en el momento en que uno descubre otra forma de hacer las cosas, elige de manera diferente. La energía cambia al instante sin necesidad de juzgar como buenos o malos los actos anteriores. De hecho, en esta dimensión nos trae sin cuidado cuáles fueron las últimas elecciones que efectuamos.

La culpa es un tipo de juicio; el peor que hay, porque no hay otro observador aparte de uno mismo, y es insidiosa en el ámbito del pensamiento. Todo el propósito de la culpa es inspirarnos a ser diferentes. La culpa no resuelta se convierte en autojuicio. Pero en general no nos gusta vivir juzgándonos a nosotros mismos, por lo que proyectamos ese juicio en los demás.

Si te sientes culpable, este sentimiento puede estar basado en viejas creencias sobre cómo debes actuar o cómo deben comportarse los demás. Cuando proyectas afuera las emociones de autojuicio, estas se convierten en el perchero en el que cuelgas la culpa de todos los demás. Este es un enfoque erróneo basado en una herida, que se puede curar. Por lo general, el perpetrador mantiene la herida abierta, lo cual le sirve para seguir justificando su dolor. Y ¿por qué necesitas continuar validando tu dolor? ¿Porque no te valoras? Decide percibir la culpa que sientes en relación contigo mismo o los demás y observar cuáles son tus heridas. A veces necesitamos que alguien active una herida para darnos cuenta de que estábamos reteniendo energía en esa zona; es entonces, también, cuando podemos hacer algo al respecto.

El papel de la culpabilización y la queja

La culpabilización y la queja son otros mecanismos de justificación, que nos permiten mantener el dolor y alientan el victimismo. Buscan el reconocimiento para aprobar el *statu quo* y sostenerlo, lo cual provoca que permanezcamos estancados en lugar de tomar medidas para abandonar nuestro sufrimiento.

Tienes el deber personal de aprobarte. No busques que sea otra persona la que lo haga. Está bien que cuentes tu historia, pero hazlo sin culpar a nadie. Varias versiones del «me hizo daño» te permiten justificar tus experiencias. Con ello puedes lograr que otros empaticen con tu herida y obtener cierta compensación por tu pérdida, pero ¿a qué coste? ¡Esta actitud te mantiene donde estás en lugar de ayudarte a evolucionar! Es por eso por lo que solo necesitas hacerlo una vez.

La naturaleza humana suele incitarnos a contar una y otra vez las historias en las que nos hemos visto «perjudicados», en consonancia con la mentalidad de víctima. Esto nos mantiene encerrados en la tercera dimensión —en la conciencia de la polaridad—. Los programas de telerrealidad alientan esta actitud precisamente; hacen negocio con el drama. Pero no te estás haciendo ningún favor al contar tu historia repetidamente. En lugar de ello, decide contarla hasta tres veces, ni una más. Lleva la cuenta. Al imponerte este límite, es posible que regreses a la tercera dimensión, pero no te quedarás ahí.

¿Por qué ofrecerle un «espacio de alquiler gratuito» en tu mente a alguien con quien ni siquiera querrías pasar un rato? La ira y el odio le dan energía a la otra persona y al comportamiento que no nos ha gustado y atraen más de lo mismo.

La ira desemboca en la culpabilización a causa de la pereza. Lo más fácil es dejarse llevar por esta dinámica. La culpabilización nos mantiene encerrados en la polaridad perpetua de la tercera dimensión, y lo hace manteniéndonos en el victimismo. Cuando empezamos a ver esto y perdonamos de veras, olvidamos. Así, no tenemos ninguna razón para culpar a nadie de nada. (Más adelante trataremos el tema del olvido: todo el mundo está olvidando; es bastante asombroso).

Tu yo superior (el de la quinta dimensión) no juzga a la otra parte, pues no necesita hacerlo. Y en la 5D no recordamos las heridas del pasado, porque el yo no necesita aprobación. Cuando el yo está totalmente conectado con Dios, ya *sabe* que es amado incondicionalmente. No es necesario recordar las heridas del pasado porque el recuerdo emocional de la herida no es tan

TUS EMOCIONES TIENEN LA LLAVE

agradable como el sentimiento de amor incondicional procedente de la conexión permanente con Dios. Esto nos sitúa en el importantísimo ahora; vivir en este espacio pasa a ser lo normal.

Cuando sanamos la parte interior que es crítica y proyecta esta crítica en los demás, ya no es un botón que nadie pueda pulsar, ni nosotros mismos ni otras personas. En lugar de ello, encontramos entretenidos o divertidos los comportamientos que antes nos habrían molestado. Esta es la manera de resolver este cubo de Rubik.

¿Por qué la energía de la quinta dimensión no necesita juzgar? Porque no necesita ser compensada por la pérdida o el dolor, sino que responde a la pérdida con aceptación, sabiendo que la pérdida y la ganancia son dos lados de una experiencia de limitación. El yo de la 5D reconoce que la vida es un baile de experiencias y deja que la felicidad reine. En la 5D, la aceptación de la existencia es constante, como resultado de la conexión con Dios. Esta unión permanente a la autoconciencia de la totalidad, a la autoconciencia de Dios, es tan satisfactoria que al principio estarás contento solo con experimentar esto; aunque muy pronto querrás volver a crear. Es posible que esto te sorprenda ahora, pero podrás reconocerlo una vez que lo hayas experimentado.

El papel de la amargura

El papel de la amargura es hacer que no dejes de evaluar las situaciones o las circunstancias que justifican tu ira, tu odio o tu dolor. Pero nada de esto te sirve ni es real. En todos los casos, estás transmutando tu propio dolor o el del mundo. Decide soltarlo y amar de todos modos. Es una elección. Elegir sabiamente te ayuda a anclar tu energía de la quinta dimensión. La amargura es fomentada por los celos; quieres lo que tiene otro. Experimenté un momento evolutivo cuando observé un mal comportamiento en una buena amiga y le dije a otra persona: «Se cree que todo gira alrededor de ella». Tan pronto como estas palabras salieron de mi boca, me encontré diciendo: «Me pregunto en qué situaciones yo también me comporto como si todo girase a mi alrededor». ¡Obtuve la respuesta de inmediato y actué enseguida!

El papel del miedo

El miedo también se muestra en la zona de transición entre la 3D y la 5D, porque su dominio es la cuarta dimensión. Es un mensajero; un sentimiento creado por el cuerpo emocional para hacernos cambiar. El miedo nos invita a modificar nuestras creencias o nuestros comportamientos.

El miedo

- El miedo es usado para manipularte.
- El miedo te mantiene encerrado en más miedo.
- El miedo es un combustible para los que quieren que fracases.
- El miedo es un mensajero, es *chi* cargado con un propósito, destinado a mantenerte a salvo.
- Tu cuerpo emocional crea miedo.
- El miedo te advierte de que debes cambiar algo: un comportamiento o una creencia.
- El miedo se creó como un sistema de alarma para decirte que «hay algo que no está bien». Depende de ti atenderlo.
- Los seres ascendidos disfrazados de humanos son aquellos entre nosotros que no tienen miedo y están aquí con el propósito de ayudarnos a despertar a nuestra divinidad. Si no tienes miedo, es probable que seas uno de los maestros ascendidos encarnados.

El miedo transmite el mensaje de que no todos los sistemas, en todas las dimensiones, están alineados. Cuando estés alineado contigo mismo en todas tus expresiones, podrás cocrear como se supone que debes hacerlo. La falta de coherencia no es un problema grave; todo lo que ocurre es que te impide avanzar en la Ascensión. Si estás construyendo una casa, no tiras piedras a las ventanas por la noche para entretenerte. Elegir la coherencia impulsa tu progreso.

Una de las maneras más rápidas de disolver el miedo es decirle directamente: «Puedo sentir el miedo; ¿cuál es el mensaje?». Cuando tengas esta información, podrás cambiar tu creencia o tu comportamiento.

SI LOS MIEDOS TE AGOBIAN TODO EL RATO, TÓMATE TIEMPO PARA CONOCERLOS. TE SORPRENDERÁ DESCUBRIR QUE EN GENERAL SON UNA ENERGÍA «ÚTIL» QUE INTENTA AYUDARTE A ALCANZAR TUS METAS Y DESEOS. CUANDO APAREZCA EL MIEDO, PREGÚNTALE CUÁL ES SU MENSAJE, Y LUEGO CAMBIA TU CREENCIA O TU COMPORTAMIENTO.

Este es un paso importante hacia la quinta dimensión. Cuando abres la mente, te vuelves creativo. Cuando abres el corazón, te vuelves compasivo. Cuando el corazón y la mente están sincronizados, abren el portal de acceso a la 5D. La ausencia de miedo es una expresión de esta alineación. El miedo deja de estar presente cuando las creencias, los pensamientos y los actos están alineados, dando lugar a la coherencia. Cuando sepas (no basta con creerlo, hay que saberlo) que eres responsable de tu realidad, dejarás de tener miedo.

Hablar con el miedo en cuanto mensajero

Te propongo una pequeña meditación para abordar tus miedos. Háblales como si fueran mensajeros:

1. Tómate un momento ahora mismo y cierra los ojos. Piensa en algo que te haya hecho sentir miedo. Reconoce ese temor.
2. A continuación, pregúntale al miedo: «¿Cuál es tu mensaje?».
3. Permanece abierto a recibirlo, y la información te inundará de pronto. Esta contundencia se deberá a que, por fin, la emoción del miedo habrá cumplido su verdadero propósito: hacer de mensajero en cuanto a la falta de congruencia o alineación entre tus pensamientos, tus palabras y tus actos.

Cuando tengas la habilidad de meditar sobre tus miedos y conocer sus mensajes, podrás elegir entre cambiar tus creencias o tus comportamientos.

EL MIEDO Y LA AUSENCIA DE MIEDO

Los que quieren retenerte deben su éxito, en parte, al miedo que te hace pensar que tienen poder sobre ti. No lo tienen. Los intrusos son ellos. Acostúmbrate a decirles: «No pertenecéis a este lugar». Te recomiendo que lo digas en voz alta en cualquier momento en el que ocurra algo que te haga sentir aunque sea un ligero temor. «No tenéis poder aquí; no pertenecéis a este lugar. Marchaos. ¡Ahora!». Dilo con firmeza y convicción. Es un recurso especialmente útil cuando hay fuerzas invisibles perturbándote.

Puedes elegir. No tienes por qué soportar una vida que no te gusta; no tienes por qué vivir con miedo. Debes decidir que tu vida es tuya y que vas a hacerte cargo de ella.

Invocando la «cláusula de mamá»

Una clienta me contó la historia de una entidad que se había apoderado de su hijo y lo había llevado a abusar de las drogas. Lo ingresaron en el hospital con lo que parecía ser un brote psicótico. Una amiga psíquica le había dicho, ese mismo día, que su hijo «tenía un contrato con la entidad» que estaba en su interior. La energía que salía de él era fuerte y desafiante. La madre mandó a su marido a casa y esperó hasta que las enfermeras se hubieron ido. Entonces miró a su hijo a los ojos y dijo: «Todo contrato tiene una cláusula de rescisión. Acabas de encontrarte con la cláusula de mamá. ¡Sal ahora!». Ella hizo un ruido fuerte. Más tarde, el doctor, que no sabía lo que había hecho la madre, le dijo que todo había cambiado.

Algunas personas nacen sin miedo. Son siempre congruentes. Siempre ven el «nosotros» en las situaciones en lugar de ver el «yo». Estos individuos nacen conectados al conjunto de la vida y saben qué hacer en los momentos de peligro, pero no necesitan exhibirse. Aman mucho a la humanidad y se ven a sí mismos como parte del todo, no desde la mente, sino desde la conciencia. Como resultado, a veces tienen problemas para entender a aquellos que no ven la realidad desde la visión abarcadora del «nosotros», que es la que revela la verdadera naturaleza de la conciencia y la expresión. Por ejemplo, en la infancia pueden dar verdaderos problemas a sus padres y a su familia, ya que no entienden por qué todos los juguetes no pertenecen a todos los niños.

Estos individuos que no tienen miedo son los maestros ascendidos que están encarnados en este momento. Si estás leyendo esto y te reconoces en la descripción, toma nota. Tienes una responsabilidad mucho mayor hacia la humanidad y el planeta, porque no viniste aquí para aprender lecciones ni para cumplir un objetivo personal, sino para favorecer la transformación planetaria. ¿Cómo lo harás? Si acabas de tomar conciencia de ello, limítate a estar disponible. Atiende tus sentimientos y sabrás qué hacer.

Sin miedo en Atlanta

En la década de 1990, antes de que todo el mundo tuviera su propio teléfono móvil, llegué a Atlanta y llamé a mi anfitriona desde un teléfono del aeropuerto. Me preguntó si podía ir en metro hasta la estación próxima a su casa, ya que estaba en mitad de una reunión y no le sería fácil venir al aeropuerto. Estuve de acuerdo. Me dijo: «Asegúrate de llamarme cuando subas al metro». En ese momento no tenía teléfono móvil, pero supuse que podría llamarla desde el andén. Hace años, cuando vivía en Nueva York, siempre había teléfonos públicos en los andenes del metro.

El caso es que no había teléfonos en el andén, de manera que decidí tomar el metro hacia mi destino, sin hacer la llamada que me había pedido para ponerla sobre aviso. Se subieron al vagón dos mujeres y un hombre muy alto y corpulento. Las dos mujeres se apearon, y ese hombre y yo pasamos a ser los únicos pasajeros del vagón. No pensé nada al respecto. El hombre se levantó de su asiento, se acercó, se detuvo frente a mí y me exigió que le diera algo de dinero.

—No; no voy a hacerlo —le contesté.

Él insistió:

—¡Solo dame algo de dinero!

—No —le dije. En ese instante recordé que debería haber llamado a mi anfitriona y pensé que le pagaría si pudiera prestarme su teléfono móvil en caso de que tuviera uno. Así que se lo pregunté—: ¿Tiene un teléfono móvil?

—¡No! —respondió enojado.

—Bien, entonces no voy a darle dinero.

—¡Solo dame un poco de dinero! —siguió exigiendo.

—No. —Señalé mis maletas y luego mis orejas—. No quiero faltarle el respeto, pero acabo de bajarme de un avión y tengo problemas para escucharle. ¿Me está pidiendo algo diferente de lo que me ha pedido hace un par de minutos? –Mi exasperación iba en aumento.

—¡Solo dame algo de dinero!

En ese momento nos detuvimos en la siguiente estación. Se dirigió hacia la puerta, lo miré y le dije:

—Podría probar con las ventas; ¡es bastante persistente!

No tuve miedo de él; de hecho, no me suscitó ningún tipo de reacción emocional. Esta es una reacción propia de la quinta dimensión. No tuve miedo porque aunque era un pendenciero, mi cuerpo emocional pudo leer que no iba a hacerme daño. No lo pensé; no necesitaba hacerlo. Fue solo desde una perspectiva tridimensional desde donde pude ver las implicaciones de lo que habría ocurrido. No di ninguna excusa; no le dije: «No tengo [dinero]». En la quinta dimensión las mentiras no son necesarias; ni siquiera las pequeñas.

RECONOCER Y TRANSMUTAR EMOCIONES

La capacidad que tenemos los humanos de dotar de sentimiento o propósito al *chi* o energía es única en la creación. Este propósito puede ser apasionado o determinado. Puede ser expresar alegría o dolor, felicidad o tristeza, y más cosas. Todo esto es posible en la 5D. La diferencia con la 3D es que ya no es necesario detenerse en las emociones dolorosas; basta con percibirlas. No hay por qué seguir sufriendo a causa del fracaso, el dolor o la pérdida. Advertimos las emociones y, si no nos gustan, decidimos abandonarlas. A medida que vamos aprendiendo a observar y soltar las emociones dolorosas, vamos experimentando alegría y podemos permanecer en ella durante más tiempo. La alegría es el fruto del fin de la resistencia y de que la mente está presente en el momento (en lugar de encontrarse fuera del momento).

Te invito a mirar tus experiencias como miras los colores. ¿Es un color mejor que otro? En principio no. ¿Prefieres ciertos colores? Por supuesto que sí. ¿Esto los convierte en mejores? ¡No! Tener una preferencia por algo es solamente eso, una preferencia.

Realiza un cambio emocional

Elige amarte. Prescinde de las viejas creencias obsoletas y practica este mantra:

Querido Dios, por favor, muéstrame cuánto soy amado.

Entiende que todo son elecciones. Efectúa la tuya.

Sustituye la oscuridad, la ira y la frustración por esta determinación:

Reclamo un día del cielo en la Tierra para mí y para todas las personas con las que entre en contacto.

Decide que todo está bien, incluso cuando no te guste. Sin poner excusas.

¡Decide que todo está bien! No hay excusas.

Ofrece tu opinión diciendo: «Esta es mi experiencia».

Flexibilidad

Echa un vistazo a la tabla 5.1, que describe emociones típicas desde la perspectiva de la 3D y sus contrapartes en la 5D. Trata de elegir activamente los sentimientos 5D una vez que hayas percibido la emoción.

Tabla 5.1. Emociones típicas en la 3D y la 5D

3D	5D
Paciencia	Desapego compasivo.
Preocupación	Compasión.
Juicio	Observación cortés.
Ira	Determinación y firmeza.
Decepción	Conexión fácil a otras opciones y posibilidades.
Terror	Determinación pasiva, valor.
Indefensión	Empoderamiento.
Resentimiento Frustración	Aceptación (a menudo, de limpiar la conciencia de masas).
Desesperación	Abundancia y plenitud.

3D	5D
Pérdida	Adquisición de poder (soltar creencias limitantes puede incluir soltar las creencias que tiene la sociedad en general sobre la vida).
Sentirse atrapado	Libertad.
Desesperación	Alegría y espíritu lúdico.
Abatimiento	Abrirse a expresiones del amor «más altas» (de alcance planetario).
Vergüenza	Autoestima y aceptación (sanar la vergüenza kármica en relación con uno mismo, la propia familia, el propio grupo étnico y el planeta).
Anhelo	Todo anhelo es «echar de menos a Dios» y reconocer qué significa estar en un planeta y participar en un cambio de conciencia, lo cual requiere nuevas conexiones con el Creador.
Sentirse abrumado	Nuevas posibilidades (liberarse de formas de pensamiento que controlan la propia vida).
Sentirse violentado	Expresión de la intención original y comprender que todas las experiencias son buenas para el viaje de la vida.

Lo que estamos dejando atrás

¡La tercera dimensión es una proyección de otras dimensiones! La primera vez que mis guías me dijeron esto, recuerdo que pensé: «¿En serio?». Y añadieron: «Es una proyección de otro lugar». Piensa en un proyector y una pantalla. La tercera dimensión es la pantalla. El origen de lo que se ve no es la pantalla.

Si todo lo que vemos es lo que está en la pantalla, podemos concluir erróneamente que esta es la fuente de la realidad. No lo es. Nos hemos centrado en la tercera dimensión durante miles de años. Es el plano de la existencia desde nuestro punto de vista actual, pero así como el Sol no es el centro del universo, la 3D tampoco lo es.

Si te parece confuso, la buena noticia es que la confusión es la «nueva normalidad», temporalmente. En este estado, muchas personas están separadas de la tercera dimensión pero no se encuentran totalmente bajo el magnetismo de las dimensiones superiores, con el resultado de que se sienten cansadas en todo momento. Esto también explica los extremos que tal vez estés experimentando en el ámbito emocional. Encontrarás que estás creando situaciones que revelarán todo lo que no es amoroso y amable dentro de ti. Por otra parte, puede haber alguien que se beneficie de tu ejemplo y te busque para pedirte consejo. Haz lo que puedas para permitir que estas situaciones se presenten.

Por más avanzado que estés, es posible que descubras que algunos sucesos menores te molestan; si es así, suéltalos rápidamente. Debes saber que el regalo que supone pasar a la quinta dimensión te da la ventaja de crear al instante. Ahora bien, tu campo ha de estar claro, no porque tengas que limpiarte para merecer o ganarte el acceso a dicha dimensión, sino porque cualquier pensamiento nocivo podría manifestarse con la misma rapidez, y debes tener la costumbre de ver solamente el lado alegre de cualquier circunstancia.

En la quinta dimensión ves la vida como un espacio de creación, como el entorno en el que puedes elegir lo que quieres. De hecho, reconocer que estás eligiendo te coloca en la quinta dimensión. Al principio, tus elecciones pueden estar regidas por lo que no deseas, lo cual constituye tal declaración de polaridad que volverás a la tercera dimensión. No es un problema, pero asegúrate de que vas pasando de centrarte en lo que no quieres a hacerlo en lo que quieres.

Puede ocurrir que no sepas qué significa «lo que no quieres» o que no sepas cómo superarlo. En ese caso, debes preguntar por el «antídoto» a tu «lista de cosas no deseadas». Para ello, haz dicha lista, y luego reescribe cada elemento apuntado en forma afirmativa. Deja en manos del universo la manera en que eso va a manifestarse.

LA LIMPIEZA DEL CUERPO EMOCIONAL

La emoción es energía en movimiento. Es *chi* o energía dotada de memoria. Sin embargo, es la energía lo que queda atrapado en la red del tiempo. Nuestro cuerpo emocional representa el pasado para nosotros. Almacena los sentimientos de sucesos acontecidos. Recuerda heridas y vínculos a heridas pasadas. Dice: «Esto ha ocurrido antes», y tiene lugar el reconocimiento. Ello nos da la opción de explorar estas experiencias después. El problema es que el «cuaderno de bitácora» de las emociones se convierte en un miasma de sentimientos al que algunas personas pueden acceder con demasiada facilidad, de tal manera que sustituyen el presente con su contraparte del pasado.

Hay que sentir las emociones para poder deshacerlas. Es por eso por lo que las emociones no expresadas son tan peligrosas. Nuestro proceso de Ascensión estará limitado mientras no nos desprendamos de las heridas emocionales. El canto cabalístico «Kadosh, Kadosh», incluido en mi CD *Mantras for Ascension*, y la meditación MerKaBa del capítulo diez (consulta el apartado «Recursos», en la parte final del libro) son ideales para drenar emociones; pueden ayudarte a sanar el cuerpo emocional.

El mismísimo Krishna,[*] «estrella» del *Bhagavad Gita*, ha prometido liberarnos de nuestras cicatrices y heridas emocionales. Se ha comprometido a ayudarnos con cualquier experiencia de la infancia u otra que sea dolorosa y difícil para nosotros. Es fácil mostrarle devoción cantándole mantras y *bajans*. Según manifiestan Mark L. Prophet y Elizabeth Clare Prophet en su libro *Los maestros y sus retiros*, Krishna nos pide que lo visualicemos de

---

[*] Conocido como un ser divino y encarnación del único Dios verdadero, Krishna participa en una de las historias épicas más famosas, el *Mahabharata*, escrito entre los siglos V y II a. C.

pie sobre cualquier trauma o herida del pasado, en esta vida o en cualquier otra, mientras proyectamos amor hacia él por medio de los cantos devocionales. Tomará nuestro amor, lo multiplicará y nos lo devolverá; hará que pase a través de nosotros y que transmute esas escenas y registros.[1]

SI YA ERES UN TRABAJADOR DE LA LUZ

Si has llegado a ser un buen transmutador de la energía para ti mismo o como sanador, es posible que se te hayan asignado cargas adicionales, porque puedes hacer que pasen a través de ti con rapidez. Como trabajador de la luz, es probable que hayas desarrollado algunos de tus dones, pero que no te des cuenta de que tienes incluso más poder y más dones para ofrecer a la humanidad. No te desanimes. En lugar de ello, sé como el levantador de pesas a quien no le cuesta ayudar a alguien con un paquete pesado. Necesitas verte a ti mismo como los demás te ven, como alguien que sabe cómo ayudar. Estás ayudando a la Tierra y a la humanidad a sanar y tienes la oportunidad de expresar tu pericia a la hora de transmutar las energías difíciles.

Si te reconoces en la descripción y sientes que tu carga es pesada, puede ser que estés llevando el peso de muchos individuos sobre tus hombros. No lo conviertas en el camino de menor resistencia; hazlo con el corazón alegre. Decídelo ahora. Si no parece haber ninguna razón por la que estés cargando este peso, puedes aceptar que estás llevando la carga de otra persona porque puedes hacerlo. No eres «tú con una carga»; eres «tú con la oportunidad de elegir».

Si la carga es demasiado pesada, se espera que solicites ayuda a tus ángeles y guías. Así se hacen las cosas en la zona del libre albedrío: pides ayuda, y se te da. ¡Imagina a tus millones de ayudantes preguntándose por qué no pides su ayuda! Están cerca de ti, y saben el gran trabajo que estás realizando. Su tarea consiste en ayudarte cuando lo solicites. Hazlo a menudo.

Permite que este nuevo sistema de creencias te impregne. Te abrirá; no solo expandirá tu corazón, tu maestría y tu expresión dimensional, sino que también hará lo mismo con la energía disponible para el planeta. Así te convertirás, de lleno, en alguien que muestra el camino.

Muchas de las personas que están leyendo estas líneas tienen tanta luz que solo deben *estar*. No tienen que *hacer* nada. Si te cuesta imaginar esto, lee acerca de la vida de Ramana Maharshi. Es posible que debas lidiar con pensamientos difíciles pero que nunca tengas que experimentar circunstancias difíciles. Tal vez cuentes con el respaldo de otras personas, de la familia, de una herencia o un fondo fiduciario. Todos los implicados lo saben y están de acuerdo con esto en algún nivel. Genial. ¡Puedes dejar de sentirte culpable por el hecho de que alguien esté costeando tus necesidades económicas! Muchos buscadores que han preguntado en los registros akáshicos qué han venido a hacer a este planeta han recibido esta respuesta: «Has venido aquí a estar».

. . . .

MUCHAS PERSONAS TIENEN TANTA LUZ QUE SOLO DEBEN *ESTAR* AQUÍ. NO TIENEN QUE *HACER* NADA.

. . . .

La gestión de los nuevos «dones»

Es posible que te encuentres con que puedes sentir las emociones de los demás. Al principio, podrá parecerte alucinante. Te preguntarás por qué tienes tantos sentimientos variados...

Probablemente se deberá a que estarás transmutando las emociones del mundo o sintiendo las emociones de alguien a quien amas, sin que ninguno de los dos os deis cuenta de que el otro te las está enviando.

Un joven ingeniero me llamó para preguntarme sobre las extrañas emociones que estaba sintiendo. Unos días después de una ruptura amorosa, mientras estaba haciendo la colada, fue capaz de discernir que las emociones que había experimentado unas noches antes no eran suyas. Hasta ese momento había creído que sí lo eran... Le sorprendió enormemente darse cuenta de que emociones que no le pertenecían pudiesen aparecer en su interior de manera espontánea e inesperada.

Cuando exploró sus sentimientos, empezó a ver que había estado experimentando las emociones de su antiguo amor. También comenzó a advertir que él, por su parte, estaba colocando su «antena» para atraer esas emociones. Una vez que comprendió que eso era posible y pudo explicarlo, eligió de manera diferente. Tú también puedes.

En otro caso, una mujer estaba lidiando con algunos problemas graves en su relación, claramente relacionados con los fracasos de su pareja. ¡Sin embargo, eligió trabajar en el autoperdón! Mientras estudiaba un *symbala* (una forma de geometría sagrada desarrollada por la artista visionaria Lahrinda Eileen), este se transformó delante de ella. Además, la sensación que transmitía la habitación pasó de ser gris y opaca a estar llena de belleza y color. Me llamó para preguntarme si estaba loca. Le respondí, riendo: «No; el autoperdón te ha llevado a la quinta dimensión». ¡Menudo concepto!

Circunstancias especiales: el servicio al mundo

Estoy bastante segura de que la mayoría de los que estáis leyendo esto no queréis haceros daño. Sin embargo, algunos os habéis encontrado albergando pensamientos oscuros y sintiéndoos tristes, cansados, agotados. Creedme cuando os digo que no sois los únicos que sentís esto y que estáis transmutando para el planeta.

Muchos de vosotros estáis llamados a servir al mundo a través de vuestras emociones. Miles de seres de luz están teniendo pensamientos difíciles. Ninguno de ellos pensó que esto incluiría la fatiga, el fracaso y la pérdida. Sin embargo, a medida que asumas estas cargas y te levantes de nuevo, descubrirás que cada vez estás más lleno de fuerza. No estás solo. Debes llamar a tus ángeles, guías y dragones,[*] y a los maestros ascendidos, para que te ayuden. Basta con que lo digas:

Queridos Dios, maestros, instructores y todos los seres que sois luz divina al cien por cien, necesito ayuda, ¡y la necesito ahora!

Dilo una y otra vez, como un mantra, hasta que se produzcan mejoras. Se está drenando tanta oscuridad que cuando un portador de la luz es capaz de superar un pensamiento oscuro que albergaba, se borran eones de energía mal utilizada; esto supone una limpieza energética para la humanidad durante generaciones, lo cual despeja el camino hacia la Ascensión.

---

[*] Es posible que los dragones sean algo nuevo para ti; consulta el capítulo once.

6

EL LENGUAJE DE LA QUINTA DIMENSIÓN

L ouise L. Hay* hizo que el mundo conociera el concepto de que nuestros pensamientos crean nuestra realidad. Ese fue un cambio profundo hacia el inicio de la comprensión de la forma en que nuestros pensamientos dan lugar a lo que experimentamos. Louise nos enseñó a ser conscientes de que nuestros pensamientos pueden crear enfermedades. Después nos mostró que podíamos hacer algo respecto a nuestras enfermedades cambiando nuestros pensamientos. Nos ofreció afirmaciones positivas y encabezó, a escala mundial, la toma de conciencia de que la mente tiene poder sobre la materia. Considero que fue la

---

* Definida como «lo más cercano a una santa viva» por los medios de comunicación australianos, Louise L. Hay (1926-2017) también es conocida por ser una de las fundadoras del movimiento de autoayuda. Su primer libro, *Sana tu cuerpo*, se publicó por primera vez en 1976, mucho antes de que estuviera de moda hablar de la conexión entre la mente y el cuerpo. Revisado y ampliado en 1988, este éxito de ventas presentó los conceptos de Louise a personas de treinta y tres países y se ha traducido a veinticinco idiomas.

líder del movimiento de las afirmaciones positivas. ¡Hace más de cuarenta años que publicó su primera obra!

Ahora estamos listos para pasar al siguiente nivel. Cuando empecé a formular las ideas de este libro, fui reconociendo que la quinta dimensión tiene un lenguaje característico: por una parte, comencé a percibir que estaba eligiendo, de forma natural, determinadas palabras al hablar que no pertenecían al ámbito de la polaridad. Por otro lado, me di cuenta de que me estremecía cuando oía a otras personas hablar de maneras que las polarizaban.

El lenguaje de la 4D tiene que ver con las emociones, las cuales añaden una carga a la comunicación. A veces, esta carga está muy basada en la polaridad, como cuando, por ejemplo, nos concentramos en «aquello tan terrible que ocurrió» o en recordar todas las heridas que hemos recibido. Para descubrir tus propios hábitos al respecto, todo lo que tienes que hacer es aplicar la intención de percibir la forma en que hablas de tus experiencias y cómo eso colorea tu situación actual. Cuando descubras tu propio «código fuente», podrás cambiarlo. Al igual que los programadores se pasan horas buscando un error en un programa, puedes encontrar los «fallos» de tus propias acciones conscientes o subconscientes y luego hacer algo al respecto. Este libro te ayudará. También hay sanadores especializados que trabajan en la eliminación de las emociones atrapadas, que hacen que una persona esté enferma o permanezca estancada en una situación de mala salud.*

---

* Recientemente he descubierto el trabajo del doctor Bradley Nelson. Recomiendo encarecidamente a sus sanadores titulados, que pueden ayudarte con tu propia sanación (puedes establecer contacto con ellos a través de www.ClearingEnergy.org).

EL LENGUAJE ES UNA CLAVE IMPORTANTE Y SÓLIDA PARA ADQUIRIR UN MAYOR DOMINIO EN TODOS LOS NIVELES. DEJA QUE EL TUYO SEA ABIERTO, QUE NO MUESTRE PREFERENCIAS NI PREJUICIOS, PARA PODER HABLAR EL DE LA QUINTA DIMENSIÓN.

POR QUÉ APRENDER EL LENGUAJE DE LA QUINTA DIMENSIÓN

Es posible que no seas consciente del gran impacto que tiene tu forma de hablar en lo que está sucediendo en tu vida. Cuando hablas contigo mismo y con los demás, ¿qué historias estás contando? ¿Qué patrones estás reforzando? Muchas personas no saben que a través de la repetición potenciamos las historias que pensamos y las que contamos. Por eso es tan importante para ti aprender cómo puedes crear y habitar la quinta dimensión eligiendo tus palabras a conciencia.

Seamos claros: aquello en lo que nos enfocamos fortalece el deseo de nuestro corazón y crea más de lo mismo (de lo que verdaderamente deseamos). El lenguaje es una clave importante y sólida para adquirir un mayor dominio en todos los niveles. Deja que el tuyo sea abierto, que no muestre preferencias ni prejuicios, para poder hablar con facilidad y soltura el de la quinta dimensión.

Algunos consejos

Para empezar, toma nota de cuáles son los verbos y los tiempos verbales que más utilizas. A continuación, te invito a que dejes de usar términos y expresiones como *extraño*, *con suerte* o *muy curioso*, que implican resultados inesperados (y no normales).

La palabra *raro* también tiene connotaciones negativas, que suenan destructivas o dañinas. Considera la posibilidad de abandonar estas palabras tan habituales y sustituirlas por otras que no contengan ninguna carga. Las oraciones y formulaciones siguientes te serán útiles:

- «Afortunadamente, estamos avanzando».
- «Eso fue muy interesante».
- «Con alegría, estamos pasando a...».
- «Estoy agradecido de experimentar...».
- «Es un placer para mí...».
- «Me alegro de que...».

APRENDE A AYUDAR A TU MENTE A PASAR A LA EXPRESIÓN DE LA NO POLARIDAD, LO CUAL FACILITARÁ TU ACCESO A LA QUINTA DIMENSIÓN. ELEGIR CAMBIAR TU FORMA DE HABLAR ES UN PASO IMPORTANTE Y NECESARIO.

Evita el lenguaje que te mantiene atrapado

El *tengo que...* es, probablemente, el hábito lingüístico que más te mantendrá atascado en la 3D. Nunca *tienes que* hacer nada. Siempre dispones de otra opción. Tal vez no te gusten las consecuencias; es posible que la presión cultural o familiar te incite a presentar determinados comportamientos, pero ¡siempre hay opciones! Decide desterrar el *tengo que* de tu expresión oral y tus pensamientos; esto te ayudará a mantener la quinta dimensión.

Cuando usas el *tengo que*, empoderas a cualquiera que pueda tener poder sobre ti. Decidir que ya no necesitas decir estas palabras te libera. No «tienes que» recoger a tu hija a las cuatro de la tarde; eliges hacerlo. Una vez que te apropias de tu mundo, creas un límite infranqueable a tu alrededor. Esto significa que nadie puede lastimarte a menos que «permitas» que lo haga. Y ¿cómo dejas que alguien te lastime? Creas una relación, unas expectativas... ¡y después esa persona te decepciona!

¿Qué te conviene hacer cuando ocurra esto? La respuesta es simple: siente el dolor. Reconoce la herida. Apruébate detectando tu expectativa (que ha creado el dolor) y tu decepción (la emoción correspondiente a las expectativas fallidas). Responsabilízate de *ambas*. A continuación, ama a la otra persona de todos modos o decide que vuestra relación ha terminado. En cualquiera de los casos, estás al mando. Tú eres quien decide.

Frases igualmente debilitantes son las del tipo *prefiero morirme [o comer m*****] antes que limpiar baños*. Ello implica que prefieres que ocurra algo horrible (como que te mueras) o hacer algo desagradable (como comer algo asqueroso) antes que llevar a cabo una determinada acción. Limítate a decir que «prefieres no» hacer eso y prescinde de la metáfora.

Evitar frases y formulaciones como las mencionadas te conducirá a amarte y aceptarte más y a amar y aceptar más al prójimo. No niegues tus emociones; en lugar de eso, reconócelas expresándolas con palabras (tres veces, ni una más) y, luego, elige otras palabras. Decide que la dualidad *no es mala*; solo es una elección. Estamos eligiendo pasar a la quinta dimensión, no porque la polaridad sea mala o incorrecta, sino porque hemos logrado todo lo que nos propusimos en el experimento de la polaridad y ya no queremos vivir en los extremos.

Usar el lenguaje de la 5D te abrirá a cambiar la percepción de lo que es posible.

Más sobre las palabras empoderadoras

Se ha demostrado que el ADN de los tejidos vivos reacciona frente al lenguaje, especialmente cuando se combina con determinadas frecuencias.[1] El lenguaje limitador tiene tanto efecto en tu ADN como el lenguaje que te empodera. Escucha atentamente las palabras que usan los demás y tu propio diálogo interno (esa vocecita que hay en tu cabeza) y verás con qué frecuencia utilizan y utilizas el lenguaje limitante para determinar lo que se puede y no se puede hacer. La tabla 6.1 ilustra las opciones en cuanto al uso del lenguaje que pueden limitarte o conducirte al empoderamiento.

Tabla 6.1. Palabras de poder para reemplazar el lenguaje habitual

Lenguaje habitual	Palabras de poder
No puedo.	No lo haré (sí, esa es tu elección. ¡Asúmelo!).
Debería.	Elijo.
Es demasiado difícil.	Elijo que sea fácil y divertido.
No es culpa mía.	Pienso que soy responsable; ¿cómo puedo contribuir a arreglarlo?
Dificultades.	Oportunidades.
¿Por qué a mí?	Dios debe de saber algo que yo no sé, porque sé que solo recibo aquello que puedo gestionar.
Es un problema.	Es una oportunidad.
Es demasiado doloroso.	Estoy aprendiendo a lidiar con ello.
La vida es una lucha.	La vida es una aventura.
Si no hubiera sido por...	La próxima vez efectuaré otra elección.
¿Qué voy a hacer?	¡Aquí estoy, dispuesto!

Sobre las ofensas

Nadie puede insultarte si no recibes su insulto como tal. A veces querrá ofenderte tu ser amado, a quien amas y respetas.

Quieres que sea perfecto, pero no lo es. Otras veces será un familiar o conocido. ¿No sería maravilloso que tus familiares hablaran siempre según lo que sienten realmente? Es posible que desees que sean perfectos; sin embargo, la aceptación es la respuesta ideal. Si es tu pareja quien te ha hablado mal, debes expresarte. En todos los casos, ama a tus ofensores de todos modos.

Una vez que te apropias de tu mundo, creas un límite infranqueable a tu alrededor.

EFECTUAR EL CAMBIO FRASE POR FRASE

Puedes usar la tabla 6.2 para identificar tus formas «típicas» de hablar, las palabras que usas más a menudo. Si normalmente utilizas las palabras que se muestran a la izquierda, tómate tu tiempo para buscar otras nuevas que las sustituyan o prueba con las sugerencias que se muestran a la derecha. Esto ayudará a que tu mente se desplace hacia la expresión de la no polaridad, lo cual hará que te sea más fácil estar en la quinta dimensión. La elección de cambiar la forma de hablar es un paso importante y necesario; significa que estás escogiendo conscientemente pensamientos ajenos al juicio y alejados de la polarización (¡incluso las afirmaciones como «elegiré lo correcto la próxima vez» implican polaridad!).

Ten en cuenta que cuando decides decir *elijo* o *prefiero* en lugar de *no puedo*, *no lo haré* o *debería*, estás invitándote a ti mismo, e invitando a tu interlocutor, a reconocer vuestro auténtico poder. De esta manera estás anunciando oficialmente que tienes elección y te responsabilizas de ello. Esta es la forma «oficial» de expresarse en la quinta dimensión.

Tabla 6.2. Aprende el lenguaje de la quinta dimensión

Abandona estas expresiones de la tercera dimensión	Usa estas expresiones para permanecer en la quinta dimensión
Tengo que (estoy forzado a).	Elijo, prefiero, me complace.
No voy a..., no puedo, debo.	Elijo, descubro, me gusta.
Traicionado.	Experimento la pérdida; ahora tengo la oportunidad de comprender.
Derecho a...	Defiendo tu derecho a creer eso, siempre que te plazca (está implícito que proclamo mi derecho a hacer lo mismo).
Correcto frente a incorrecto.	Lo veo como una elección.
Equivocado.	Esto no me agrada en este momento.
Me gusta, no me gusta, lo odio.	Decido que me gusta eso en el momento presente, aunque se trate de una idea nueva, sea compatible conmigo o no.
La verdad es... (¿¿la verdad de quién??).	Lo que está bien para mí.
Bueno.	Genial, asombroso, sensacional, fabuloso.
Mal momento.	Aún no, sincronización divina.
Mala experiencia.	Experiencia interesante.
Mejor.	Fascinante, interesante, tentador.
¿Por qué? (una sola posibilidad), ¿quién ha hecho esto?, ¿cómo ha ocurrido?, ¿cuándo ha ocurrido?	Me pregunto... (posibilidades abiertas), ¿qué está ocurriendo? (posibilidades abiertas).
No lo sé.	Es útil saber, elijo saber, elijo averiguar, puedo investigarlo, creo.
Extraño.	Curioso, fascinante, interesante, complejo, maravilloso.
Así son las cosas.	He visto que...
Raro.	Interesante, inusual, asombroso.
No lo entiendo.	Elijo entender, lo averiguaré.
Mejor/bueno.	Excitante, atractivo, destacable.
Lecciones.	Oportunidades.

Esta es otra manera de ver la cuestión del fin del karma. Estamos saliendo de la rueda de la oscuridad y la luz y entrando en un modo de existir en el que ya no es necesaria la oscuridad para ver la luz. La expansión del drama terrenal ha terminado, y somos libres de crear desde cero el escenario de nuestra elección.

LAS MALAS PALABRAS

Hace poco me encontré con una mujer bastante espiritual que usaba palabras malsonantes. Insistía en que estaba ejerciendo su libre albedrío y en que únicamente usaba los mismos vocablos que empleaba todo el mundo. Creía que solo eran palabras y no significaban más que cualesquiera otras. Desde una perspectiva lógica, el uso de ese argumento permite que el otro lado de la discusión salga a la superficie. Muchas personas utilizan malas palabras potentes para dar mayor intensidad a su mensaje y su emoción. Pero ocurre que el empleo de dichas palabras enfatiza su naturaleza cíclica.

Por ejemplo, si rezas el rosario, te estás beneficiando del hecho de que miles de personas lo han rezado anteriormente. Es decir, al ir repitiendo las mismas oraciones, recibes el impacto de una energía mayor, la del conjunto de individuos que han rezado el rosario. Del mismo modo, el uso de palabras que tradicionalmente han tenido significados duros y agresivos atraerá esa energía. Conviene que escojamos ser conscientes de nuestras elecciones, sabiendo que si empleamos un lenguaje soez, estaremos atrayendo la vileza.

¿CÓMO FORMULAS TUS PREGUNTAS?

¡Adquiere el hábito de ser consciente de tus preguntas y examinarlas! Puedes aprender mucho si escribes las preguntas más profundas de tu corazón en un diario. ¿Preguntas para poder evaluar una situación o clasificarla (como buena o mala)? Esto es usar solo la mente (el cuerpo mental). Descifrar si algo es bueno o malo es una labor de categorización que nos mantiene en la tercera dimensión.

En la quinta dimensión, nada es bueno o malo. Etiquetar a las personas, los eventos y los pensamientos como tales los limita. Los confina y los coloca en una caja que nos permite limitarlos y clasificarlos. ¿Puedes examinar alguno sin juzgarlo? Para ejercitarte en ello, empieza por pensar en algo neutro, como los colores del arcoíris. ¿Es uno mejor que otro? No. Sencillamente, algunos colores combinan mejor con unos determinados; otros pueden combinar con todos en cualquier circunstancia.

La elección es la clave para entender la quinta dimensión. La elección es la versión de la realidad que dice que ya no eres una víctima. Llegas a este punto cuando decides que no «tienes que» hacer nada. Esta comprensión te conduce a hacer cierto tipo de preguntas de maneras que no reflejan la polaridad. Por ejemplo, en lugar de preguntar «¿por qué sucedió esto?», «¿quién hizo esto?» o «¿cuándo sucedió esto?», puedes preguntar «¿qué está sucediendo?». Las preguntas basadas en el quién, el cuándo, el dónde y el por qué te mantendrán en la polaridad, sin lugar a dudas, porque te inducen a recopilar un tipo de información que te permite compartimentar la respuesta y resolverla con tu ego. Solo las preguntas basadas en el *qué* o formuladas como «me pregunto...» son lo bastante abiertas como para que se pueda obtener toda la información. Sorprendentemente, al prestar atención a cómo preguntas ¡puedes descubrir mucha más información que estaba esperando para entrar en tu conciencia!

Cuando usas el corazón para decidir, estás respetando tanto tu mente como tus emociones. Esto te permite confirmar tus observaciones y elegir con sabiduría. Cuando te colocas entre las polaridades al elegir entre lo «bueno» y lo «malo», te obligas a permanecer en la tercera dimensión. En la quinta dimensión puedes observar que la información es útil o no útil en lugar de buena o mala.

Date cuenta de cómo describes las cosas. ¿Dices: «Estamos arreglando un error»? ¿Qué tal esta alternativa: «Estamos cambiando la forma en que hacemos esto»? En una versión, estás resaltando el error y, por tanto, enfocando la energía en él. En la otra, eres totalmente proactivo; le estás ofreciendo una intención clara al universo.

Y... ¡olvídate de «morirte por» hacer cualquier cosa! («Me muero por...»). Empieza a *vivir* para hacer algo. Cambia tus palabras, o al menos cambia esta. ¡Ten *ganas de* hacer lo que sea!

EL CONTACTO CON EL YO SUPERIOR

Cuando decidas preguntar qué está ocurriendo para conseguir información, verás cómo tu yo de la quinta dimensión se revela con facilidad. Tus ángeles y guías quieren que acudas a tu yo superior y no pueden hacerlo por ti. Lo creas o no, ¡no siempre tienen las respuestas! Esta es la razón por la cual tu yo superior, de la quinta dimensión, es tan importante para este proceso.

Cuando aprendas a usar las herramientas que deben ayudarte a *saber* lo que necesitas saber, habitarás en la quinta dimensión de forma permanente. La herramienta más importante es tu corazón; él se nutre de tu yo superior con facilidad y soltura.

Herramientas de adivinación

En general, las herramientas de adivinación como los péndulos o los test musculares son útiles porque nos ayudan a salir del ego. Pero ¡el péndulo puede equivocarse!, y, francamente, no es tan útil como la conexión con el yo superior. Cuando tengas la habilidad de conectar con él, podrás discernir si estás actuando o reaccionando conforme a la tercera dimensión o la quinta. Pregunta siempre, todos y cada uno de los días. No supongas que sabes las respuestas. Cuando crees que tienes la respuesta a algo, ¡estás en el ego! Compruébala siempre con tu yo superior. Es un acto de humildad, que refleja en cada momento que eres nuevo, único y diferente. Por esta razón, no preguntes por acciones para realizar mañana que puedes decidir mañana mismo.

¿La razón o el yo superior? ¿Por qué no ambos?

Te voy a contar una historia personal para ilustrar cómo funciona este proceso. Cuando mi marido me estaba cortejando después de conocerme en un evento, me ofreció unas vacaciones de ensueño en Hawái. Según mis planes, regresaría de Japón justo antes de la fecha del viaje, por lo que los tiempos encajaban a la perfección. Sin embargo, solo llevabas unas cuantas semanas hablando con él, por teléfono, y no lo conocía muy bien. ¡Ni siquiera habíamos tenido una cita! Su plan era realizar el viaje tres meses más adelante. Pensé que no debía ir, aunque la oferta era muy tentadora. Le dije: «¡No te conozco lo suficiente como para aceptar un ofrecimiento de este tipo!». Pero lo consulté con mi yo superior, que me dijo: «Ve». Me quedé muy sorprendida.

En este ejemplo, primero escuché la voz de la razón, y después me dirigí a mi yo superior antes de tomar la decisión. Si no hubiese expresado mis objeciones primero, podría haber cuestionado la precisión de mi yo superior o podría haber pensado que me estaba viendo arrastrada por el entusiasmo del proponente.

Cuando aprendemos a acudir al yo superior, nos volvemos como niños en el sentido de que estamos dispuestos a considerar todas las posibilidades, ¡incluso las frívolas y descabelladas! También significa que pasamos por el proceso de sopesar lógicamente las opciones, para que la mente esté satisfecha por el hecho de que hemos efectuado las «diligencias oportunas».

¿Por qué conviene que pases por el proceso del razonamiento si vas a hacer lo que te diga tu yo superior? No tienes que escuchar la voz de la razón; sin embargo, es muy beneficioso hacerlo. Si te tomas tiempo para examinar las posibilidades, o para investigar, es posible que descubras que el hecho de hacerlo te permite obtener una información que no tenías. Tu investigación incrementa el conocimiento de tu ego y te ayuda, como humano, a asumir tu poder. Reconocer los datos humanos favorece que estemos muy centrados. Incluso si eliges una acción sin basarte en la razón sino en la orientación de tu yo superior, estás ejerciendo la voluntad de estar en la quinta dimensión.

· ·

Cuando aprendemos a acudir al Yo Superior, nos volvemos como niños en el sentido de que estamos dispuestos a considerar todas las posibilidades, ¡incluso las frívolas y descabelladas! También significa que pasamos por el proceso de sopesar lógicamente las opciones, para que la mente esté satisfecha por el hecho de que hemos efectuado las «diligencias oportunas».

· ·

Después de escuchar a la razón, estás listo para tomar una decisión, porque tienes unas buenas opciones ante ti. Has satisfecho la mente. Cuando le preguntas a tu yo superior en esta coyuntura, estás respetando el matrimonio que une el ego, la mente y el corazón. La mente del ego te ha llevado hasta el punto en el que te encuentras actualmente en la vida y en tu viaje espiritual, y ahora es casi imposible ignorarla. Si la utilizas para explorar las posibilidades y después le preguntas a tu yo superior, no deberás afrontar una lucha interna. Tu ego será escuchado, como un niño que insiste en hacer preguntas. Una vez que le hayas preguntado al yo superior, el debate habrá terminado; no necesitarás una segunda opción o dudar de ti mismo una vez más. Podrás elegir proceder según lo que te haya indicado.

La integración

Unir tu ego con tu yo superior te permite desarrollar la voluntad de Dios dentro de ti. Este trabajo no se ha hecho nunca antes, y tienes el encargo de llevar a cabo esta misión. ¿Estás preparado para ello? Si te tomas el tiempo para alcanzar esta meta, ¡nadie podrá engañarte nunca más! (ningún instructor, ningún amigo, etc.). Podrás decidir tus acciones basándote en la información que sea válida en el momento. Date cuenta de que no he escrito «basándote en la verdad». El motivo es que la «verdad» no existe como tal; siempre es circunstancial y tiene que ver con el momento. En un momento dado puedes conocer la verdad de una situación, lo cual es valioso, sin duda. Pero recuerda que en la quinta dimensión no hay ninguna verdad «oficial». Esto se debe a que la verdad implica su opuesto, que no existe en la 5D.

Incluso puedes hacer un experimento «doble ciego»: pídele a un amigo que marque una respuesta como A y la otra como B.

Tú no sabrás a qué letra corresponde la respuesta cuando le preguntes a tu yo superior: «¿Es lo mejor para mí, y para mi mayor bien, hacer A? ¿Es lo mejor para mí, y para mi mayor bien, hacer B?». Cuando trabajes con tu yo superior, acuérdate de preguntarle siempre: «Yo superior, ¿es lo mejor para mí, y para mi mayor bien, hacer _____?». Hazlo porque no te interesa que ninguna energía distinta de tu yo superior responda a esta pregunta.

7

EL CONTINUO ESPACIO-TIEMPO

Su coche iba demasiado rápido, perdió el control y se salió de la carretera. Mi hermano mayor se despertó con un sudor frío antes de la colisión. No lo sabía en ese momento, pero estaba conectado en tiempo real con mi hermana, Kathy, quien murió en el accidente automovilístico descrito. Vengo de una familia numerosa. Yo era la hija mediana de un conjunto de seis hijos, y mi hermano menor, el gemelo de Kathy, tuvo un sueño similar y un despertar abrupto. No es posible imaginar cómo se debieron de haber sentido cuando supieron que habían compartido la experiencia de su muerte.

Ocurrió algo parecido en relación con una experiencia mía. La mañana en que llamé a mi madre para compartir la devastadora noticia de que mi matrimonio de veinticinco años estaba llegando a su fin, me dijo que la noche anterior había soñado que mi padre había tenido una aventura amorosa. Entonces pude decirle: «Madre, trasládalo a mi generación». Me entendió. He tenido muchas experiencias compartidas con ella a lo largo de mi vida; tenemos una relación muy buena.

El tiempo no es lo que piensas que es. Es un concepto, y puedes aprender a trabajar con él de la misma manera en que puedes trabajar con cualquier idea. El tiempo solo funciona como un aspecto de la conciencia en el que todo el mundo está de acuerdo. La realidad se expande y se contrae millones de veces por segundo. El cambio se produce en milisegundos; sin embargo, solo vemos una pequeña parte de él, porque es como un abanico de papel plegado. El tiempo es una matriz. Y así como solo vemos los bordes de los pliegues cuando el papel está doblado en zigzag en el abanico, solamente experimentamos una franja muy estrecha de la creación. El tiempo es fluido. Está anidado, dispuesto en espirales y enredado de muchas maneras. El pasado, el presente y el futuro están ocurriendo e interactuando a la vez.

El tiempo está vinculado a eventos, ubicaciones y más cosas. No es visible porque hemos sido programados para ver solamente la proyección 3D. Nuestra posición de «encendido» (*on*) es lo que estamos programados para ver, mientras que nuestra posición de «apagado» (*off*) es donde mora nuestro yo superior. Cada expansión y contracción nos permite cambiar la realidad del momento siguiente. Invítate a expandir lo que experimentas, cambia tu creencia de lo que es posible. ¡Cambia tu percepción para expandirte a todo lo que mantiene tu realidad en su lugar! Aunque es posible que aún no lo entiendas, tus actos presentes pueden alterar los eventos pasados y futuros. Asimismo, lo que hagas en el futuro puede alterar el presente, y así sucesivamente.

El acuerdo de la conciencia colectiva propio de la tercera dimensión se sirve del tiempo como un concepto que permite ordenar eventos y ayuda a la mente a organizarlo y secuenciarlo. En la tercera dimensión, solemos experimentar el tiempo como inflexible. Esta rigidez nos fue útil para adquirir ciertas habilidades y conocimientos. En la quinta dimensión, el tiempo es uno de los muchos elementos con los que trabajar. Esto significa que podemos ajustar el tiempo; podemos retroceder en él para sanar y cambiar decisiones con el fin de que esto nos permita manejarnos mejor en el presente. Esto es diferente de tratar de averiguar si nuestras acciones pasadas tuvieron lugar en la tercera dimensión o en la quinta, porque la indagación es una acción basada en el ego que le permite a la mente etiquetar y compartimentar.

Decidir actuar en el momento en que sabes que tus elecciones anteriores fueron menos que ideales es un acto de humildad. Ahora estás listo para cambiar la realidad, y ello se convierte en una elección del corazón, porque ahora gozas de mayor conocimiento. Considera que el pasado, el presente y el futuro están cambiando y sucediendo al mismo tiempo, de tal manera que los actos que llevas a cabo en el presente pueden alterar acontecimientos pasados y futuros. ¡Piensa en las posibilidades!

ESTIRAR EL TIEMPO

Es muy importante que desconectemos conscientemente de la matriz del tiempo, porque esta es una de las formas en que la conciencia colectiva nos hace comulgar con su programación. Si no estamos encerrados en el tiempo, no podemos ser arrastrados junto con las masas. Es solo cuando se acepta el tiempo establecido cuando se marcha al ritmo del tambor de otros.

De todos modos, ceñirse a la matriz del tiempo es útil en ocasiones; por ejemplo, cuando en el contexto de unas vacaciones familiares todo el mundo se pone de acuerdo en reunirse en un momento determinado para celebrar un gran evento. Por otro lado, las escuelas, las fábricas y otros entornos similares se crearon para incitarnos a ser esclavos del tiempo y para crear una mentalidad colectiva que no nos permitiese singularizarnos. Se provoca que muchas personas se sientan inferiores por el hecho de no participar en el continuo espacio-tiempo.

A tiempo, y con tiempo suficiente

Mi primera experiencia real con el estiramiento del tiempo se remonta a 1995. Había estado probando con meditaciones centradas en el tiempo y el espacio y comprendí que podía alterar el tiempo, aunque no lo había comprobado por mí misma. Estaba conduciendo, acompañando a mi hijo para que tomase un autobús que lo llevase al aeropuerto de O'Hare. La jornada de orientación universitaria iba a tener lugar el día después de su graduación del instituto. Mi hijo me dijo que no tenía intención de no salir de fiesta la noche de la graduación y estuve de acuerdo; le dije que era su elección.

¡Justo esa mañana, ambos nos quedamos dormidos! Me desperté exactamente a la hora en que el autobús de la empresa Van Galder debía partir con destino a O'Hare desde una parada que se encontraba a unos cincuenta kilómetros de nuestra casa. Fui enseguida a la habitación de mi hijo, y pocos minutos después estábamos en la camioneta. Le pedí que me ayudase a mantener la frecuencia de lo que estaba a punto de hacer, y me dijo: «Mamá, me has llevado hasta aquí; entrego completamente mi energía a tu manifestación».

Invoqué el colapso del tiempo y el espacio que nos rodeaba y pedí que reapareciéramos a tiempo, y con tiempo suficiente, para que mi hijo tomara el autobús. Llegamos a la salida de la autopista justo cuando el autobús del aeropuerto salía de la parada para entrar en la autopista y dirigirse a la parada siguiente.

Era el momento de tomar una decisión. ¿Debíamos conducir hasta Chicago desde donde veníamos (Madison, en Wisconsin)? ¿O debíamos tratar de seguir al autobús hasta la próxima
parada? A pesar de que en ningún caso había planeado hacer el
viaje de doscientos diecisiete kilómetros hasta O'Hare, el día
anterior había llenado de gasolina la camioneta, haciendo caso a
mi guía interior. De todos modos, no quería dedicar la mañana
a hacer ese viaje de ida y vuelta, y les pregunté a mis guías si podíamos alcanzar el autobús. Me confirmaron que sí.

A pesar de que el autobús nos llevaba solamente unos minutos de ventaja, no lo veíamos en la autopista. Volví a consultar
y pregunté: «¿Dónde se detendrá el autobús a continuación?». Y
recibí la respuesta: Janesville. ¡Increíble! No podría haber enu-
merado todas las ciudades que se encuentran entre Madison y
Chicago si hubiera querido, pero no importó, porque mi yo superior proporcionó la respuesta.

Las personas que han viajado conmigo saben que no soy muy
buena con las direcciones. Cuando nos acercamos a Janesville, mi
corazón se encogió, porque había tres salidas posibles. ¡No había
contado con eso! Volví a consultar con mi yo superior y le pregunté: «¿Cuál?». Me respondió: «La primera». Le dije a mi hijo:

—Debemos tomar la primera salida. —Cuando tomamos la
vía de salida, que era excepcionalmente larga y sinuosa, añadí—:
Si vamos bien, deberías poder ver el autobús.

—Tienes razón. ¡Puedo verlo! —respondió emocionado.

No lo perdimos de vista cuando giró a la izquierda y luego
a la derecha, y cuando después recorrió más de un kilómetro
y medio a lo largo de una carretera llena de curvas. Se detuvo
en una estación de autobuses que no tenía nada que ver con las
típicas paradas junto a las autopistas. Mi hijo tomó el autobús
hasta O'Hare, y allí cambió de medio de transporte para llegar a

Chicago. No tuve energía disponible para estar ansiosa, preocupada, temerosa o enfadada; estaba enfocada y tenía un propósito.

 ## Puedes estirar el tiempo

Haz lo siguiente la próxima vez que tengas prisa y empieces a preocuparte por la posibilidad de llegar tarde:

1. Cuando te des cuenta de que te estás enfocando en la posibilidad negativa, en lo que no quieres, pasa a pensar que puedes llegar a tiempo.
2. Usa tu imaginación; no mires el reloj. En lugar de ello, visualiza que el tiempo se comprime, se expande y se dobla para satisfacer tu propósito.
3. Cuando llegues a tu destino, percibe en tu imaginación que todo se ha sincronizado perfectamente. ¡Y tampoco mires el reloj después! En lugar de ello, sé consciente de que has creado una sincronización divina.

LO QUE TE MANTIENE DENTRO DEL TIEMPO

Me dijeron que hay cinco cuestiones colectivas que nos anclan en el continuo espacio-tiempo de la 3D. Las cuatro primeras son el café de la mañana, las noticias de la mañana de las que nos enteramos por medio de un periódico o la televisión, la información sobre el tiempo atmosférico e ir a trabajar a la misma hora. La quinta incluye grandes eventos deportivos y otros grandes acontecimientos televisados, como los debates presidenciales y

EL CONTINUO ESPACIO-TIEMPO

las elecciones generales. Es probable que se te ocurran otras cosas en las que participa todo el mundo.

No te das cuenta de que cuando te implicas en estos rituales estás dando permiso para que se descargue en ti un determinado «plan empresarial». Es decir, te estás adhiriendo, inconscientemente, a la programación de la conciencia colectiva. Por ejemplo, en muchas ciudades dejan un periódico semanal en el portal de las viviendas. La gente no lo ha solicitado, pero debe elegir cancelar la suscripción para no recibirlo. Se supone que los ciudadanos lo desean, a menos que llamen al editor para manifestar lo contrario.

¡Cuidado con la televisión!

Considera la posibilidad de prescindir del televisor en casa, o, por lo menos, de quitarlo de los dormitorios. ¡Una de mis primeras instructoras espirituales vio que una entidad saltaba directamente del televisor hacia ella! Conozco otros casos de personas que se han visto «arrastradas» energéticamente hacia este aparato, sin ninguna razón aparente. El televisor debe utilizarse con precaución y no debe considerarse como una necesidad.

Tres maneras de desconectar

Aquí tienes tres comportamientos que puedes cambiar para desconectarte de la conciencia colectiva a fin de evitar quedar atrapado en el seguimiento de la multitud sin practicar el discernimiento. Debes hacer lo mismo para que tu energía no pueda verse arrastrada, sin que te des cuenta o por inercia, hacia la conciencia de masas.

En primer lugar, si bebes café por la mañana, plantéate empezar el día de otra manera. Si puedes, prescinde del café por completo. Si debes tomarlo, cambia el hábito y toma solo uno de vez en cuando por la tarde o elige tomarlo a última hora de la mañana. Y abstente de hacer declaraciones como «no sirvo para nada hasta que tomo mi café de la mañana».

A continuación, acaba con el hábito de ver, escuchar o leer las noticias o la información sobre el tiempo y de ver la televisión, leer el periódico o entrar en Internet siempre a la misma hora. ¡No seas uno más dentro de las masas!

Finalmente, deja de ver los eventos que retransmiten los medios de comunicación, ya sean deportes o acontecimientos especiales. Están ocurriendo muchas cosas mientras permaneces atado a la conciencia de masas viendo un partido de fútbol, por ejemplo.

Cada vez que participamos en la cultura de la conciencia de masas, damos nuestro permiso para que se lleve a cabo todo lo que se está haciendo para retenernos. ¿No es hora de que decidas qué hacer con tu participación al respecto? Todo tiene asociados unos niveles de energía, y cuando pones tu atención en algo, estás accediendo energéticamente a que tu energía emocional (en cualquier nivel, suave o apasionado) se implique con el pensamiento de la conciencia de masas.

Cuando tienes comportamientos «esperables», puedes estar perdiéndote muchas cosas. En cambio, cuando te sales de «lo que se espera» de ti, estás labrando un camino evolutivo diferente. Al desconectar de los comportamientos típicos de la conciencia de masas, puedes comenzar a pensar por ti mismo con una percepción mayor. Esto es maravilloso: te permite modificar las líneas temporales; cambias la realidad y todo lo que ha ocurrido en las realidades alternativas.

El poder positivo de la mente grupal

Hay muchas acciones positivas vinculadas a una conciencia grupal que se pueden realizar colectivamente. Únete a grupos que rezan por el agua. Quienes se unen para llevar a cabo una sanación potente y muy específica para la Tierra y sus habitantes cambian la realidad. Esto es especialmente cierto respecto a los *días de oración* y otros eventos de conciencia colectiva promovidos para ayudar a la humanidad y al planeta.

En 1998 se puso en marcha el Proyecto Conciencia Global, en el que empezaron por participar, de entrada, más de setenta investigadores de todo el mundo. Al estudiar la respuesta humana colectiva ya están reconociendo la posibilidad, muy real, de que se hayan registrado determinadas respuestas intensas en momentos concretos. Este es, en parte, el objetivo de la iniciativa, según se declara en el sitio web que la aloja:

El Proyecto Conciencia Global constituye un esfuerzo internacional en el que están implicados investigadores de varias instituciones y países, diseñado para explorar si el concepto de que la conciencia está interconectada puede comprobarse científicamente a través de mediciones objetivas.[1]

La mente grupal se puede usar de otras maneras. Durante la Super Bowl, muchas personas están inmersas en la acción, el juego y los anuncios. ¿Qué tipo de enfoque crees que fomenta esto?

También es cierto que los individuos que participan en ceremonias, en grupos o solos, para cambiar y ajustar las rejillas que hay en el planeta y alrededor de él usan los eventos que implican la conciencia de masas para efectuar cambios y alterar el tiempo. Por ejemplo, es un hecho conocido que cuando la princesa Diana murió, se incrementó enormemente la energía empática centrada en ella y en su fallecimiento, hasta el punto de que los simpatizantes que estaban tristes por esta pérdida crearon lo que podría llamarse la *matriz de la princesa Diana*, o matriz humanitaria. Esta energía sigue presente en el planeta.

Hay matrices para todo lo que vive y para cada patrón de energía; constituyen el modelo energético de todos los seres vivientes. Algunas matrices se utilizan para mantener la realidad en su lugar. Es posible desconectar de una determinada matriz a voluntad si se cuenta con el debido dominio espiritual; no se puede dar ninguna instrucción a este nivel. Esta realidad se está proyectando desde la sexta dimensión, a la cual accedemos durante el sueño. Quienes están sometidos a la conciencia de masas necesitan desconectarse de la programación que se les ha impuesto como esclavos del Estado. El tiempo se ha empleado para controlar a las personas: se obliga a la gente a pertenecer al *statu quo*; deben satisfacer las exigencias de corporaciones que requieren cooperación en torno al tiempo y los tiempos, que ya no son útiles para nadie. Este plan se ve impulsado por la idea de que «tenemos que ir a trabajar». Hay una conciencia interior sutil que puede sacarte de la matriz del tiempo y darte libertad para estirarlo, comprimirlo y moldearlo en función de tus necesidades en lugar de que siga limitándote.

Energía colectiva para la paz

James Twyman, el popular «trovador de la paz», viajó a Siria en febrero de 2016, donde dirigió una vigilia de oración por el pueblo sirio a la que se unieron, a la misma hora, personas de todo el mundo. Escribió lo siguiente sobre este evento:

El arcoíris

Mientras nos dirigíamos hacia el mirador en autobús, alguien dijo: «¡Mirad el cielo!». Miramos por la ventana y vimos un arcoíris brillante que rodeaba completamente el sol. Lo percibimos como una señal de lo que estaba por venir. Al cabo de una hora, millones de personas se unirían energéticamente a nosotros y enviarían su luz a la situación de Siria, sin emitir juicios. El arcoíris significaba que no estábamos solos.

La batalla

Horas antes de nuestra llegada, empezó a librarse una batalla justo debajo de donde íbamos a estar. Estallaron bombas y se dispararon armas al pie de la colina, justo detrás de la valla de seguridad. Parecía que nos enfrentábamos a más de lo que habíamos previsto, pero entonces sucedió algo increíble. Fue como si la guerra se detuviera mientras nos uníamos como uno solo. La batalla cesó, sin más, y no se reanudó durante toda la meditación.

Los lobos

Más de cien personas de muchos caminos espirituales se sentaron en silencio mientras muchas otras se unieron a nosotros. Mantuvimos ese espacio durante quince minutos, y cuando miré el reloj para finalizarlo, el aullido de un lobo resonó justo debajo de nosotros antes de que dijese la primera palabra. Se sumaron más lobos, hasta que fueron docenas. Los aullidos se prolongaron durante un minuto exactamente, y después cesaron. Fue una de las cosas más increíbles que hemos oído nunca.[2]

SALIR DEL TIEMPO

La conciencia se está reinventando en estos momentos, y debe estar fuera del tiempo para lograr resultados desprovistos de un sesgo. Por ejemplo, cuando era adolescente y quería cocinar en la cocina de mi madre, esperaba a que ella se marchara de casa para que no estuviera controlándome y diciéndome qué hacer o cómo hacerlo. Sentía con mucha fuerza que quería manejarme por mí misma, con la ayuda del libro de cocina. La reinvención no es tan importante como el resultado. Esta es una de las formas en que podemos eliminar por completo el karma o transformar una serie de eventos en un abrir y cerrar de ojos.

La reinvención implica un «suceso ajeno al tiempo» en el que plegamos este y originamos una nueva sucesión de acontecimientos. A continuación, nos enfocamos en el presente correspondiente a esta nueva sucesión, sabiendo que las circunstancias difíciles no son más que un vago recuerdo y no nos gobiernan. Esto nos permite mirar el pasado y separar de él partes que ya no nos sirven para que no puedan retenernos. También podemos llevarnos las lecciones asociadas a las circunstancias difíciles en lugar de que estas últimas determinen o condicionen todo lo que ocurra después de ellas.

Asimismo, esta reinvención nos permite alejarnos de emociones intensas con las que ya no comulgamos, como cuando hemos dejado las luces encendidas en una habitación que no estamos usando. El concepto de salir del tiempo puede ser difícil de aprehender, pero el caso es que es posible desconectar de la experiencia del tiempo propia de la conciencia pública generalizada.

Entrenamiento para trabajar con el tiempo

Lo primero es que tengas la intención de liberarte del yugo del tiempo. Seguidamente, intensifica tu creencia y profundiza en tu comprensión de que el tiempo está plegado, de forma análoga a un abanico de papel doblado. Una vez que hayas aceptado esto en el ámbito mental, podrás comenzar a salir del tiempo. Sigue los consejos que se ofrecen a continuación para reforzar tu intención. Este conocimiento tiene incorporada la capacidad de plegar el tiempo e ir más allá de él. Y ya no estamos hablando del tiempo en sentido literal, sino que se trata de elegir sabiamente: salir temprano, llegar tarde y cambiar el horario. ¡No participes del drama de la conciencia de masas!

Salir del tiempo requiere práctica y es una tarea agradable y lúdica. No necesitarás hacerlo muy a menudo, pero saber cómo proceder te permite manejarte en una situación en la que pueda ser conveniente. Practica esta habilidad tan a menudo como puedas y entra en un nuevo patrón de existencia que no esté basado en el tiempo lineal. Decide que esto es algo que quieres aprender y deja de llevar reloj o de consultar a menudo la hora en tu teléfono. Debes comprometerte a ello para salirte de los acuerdos de la conciencia de masas relativos al tiempo.

Si trabajas por cuenta propia, tienes mucho más control sobre el «tiempo» que alguien que ha de presentarse a una determinada hora. Si es tu caso, plantéate practicar sintonizando con el momento de levantarte, el momento de almorzar, etc., de una manera que siga la energía en lugar del reloj. Si trabajas cuando quieres, deja de ponerte el despertador. Y tanto si eres autónomo como si no, puedes dejar de contar la cantidad de horas que duermes. Esto incluye abstenerte de decir que la noche pasada solo dormiste seis horas. ¿A quién le importa? ¿Y si tus seis horas de anoche las dormiste enteramente? ¿Y si esa cantidad de sueño era toda la que necesitabas esa noche?

Acciones propias de la quinta dimensión para acelerar tu capacidad de entrar y salir del continuo espacio-tiempo

Elige abandonar la costumbre de mirar el reloj o el teléfono para comprobar la hora.

¡Elige no llevar reloj!

Haz un plan para el día o para tu próximo viaje, pero después sé completamente flexible al respecto.

No pongas la radio, porque puede ser que el locutor te diga la hora que es. En lugar de ello, establece listas de reproducción en tu dispositivo de escucha para que el paso del tiempo no esté relacionado con la duración de un determinado álbum.

Deja de usar un despertador para levantarte por la mañana. (Si necesitas despertarte a cierta hora, pídeles al arcángel Miguel o a tus guías que se aseguren de que esto suceda).

He estado trabajando con el tiempo casi toda mi vida adulta. Pero antes *no* sabía que la gente no estaba haciendo lo mismo. El caso es que nunca me resultó útil llevar un reloj con regularidad o programar un despertador. Fue a principios de la década de 1990 cuando decidí prescindir del despertador. Era un período de mi vida en el que viajaba al menos a cuarenta y cinco ciudades distintas al año para dirigir talleres o viajes sagrados. Y nunca perdí un vuelo. En una ocasión, terminé mi jornada laboral, preparé el equipaje para el fin de semana y me puse a trabajar en mi «manual», feliz como un niño con zapatos nuevos. De pronto levanté la mirada y vi que eran casi las dos de la madrugada. Pensé: «¡Caramba, tengo que tomar el vuelo a las seis!». Me apresuré a guardarlo todo y le pedí al arcángel Miguel que me despertara «a tiempo, y con tiempo suficiente».

A las seis de la mañana me senté en la cama, miré el reloj y me abstuve de decir lo obvio para mis adentros. En lugar de ello, me pregunté qué estaba ocurriendo. Unos treinta minutos más tarde, estaba en el aeropuerto. Cuando llegué al mostrador, la empleada me dijo que mi vuelo había sido cancelado y que me tenían que cambiar la reserva. Le pregunté cuándo se había producido la cancelación y me dijo: «Anoche; el avión no llegó desde Chicago, por lo que no estaba aquí esta mañana». Me di cuenta de que si hubiese puesto el despertador, habría dormido muy pocas horas ¡para encontrarme con que habían cancelado el vuelo! De hecho, esa noche dormí el doble de lo que habría sido posible si hubiese programado una alarma.

¿No es hora de que juegues con el tiempo?

¿QUÉ ES EL TIEMPO?

El tiempo es un concepto que puedes manipular. El primer paso es que te lo creas y el segundo paso es que tengas una actitud lúdica con este tema. Una de las maneras en que cambia la experiencia que tienes con el tiempo es la idea de que cuando vas temprano necesitas «menos tiempo» para hacer algo y cuando vas tarde necesitas más tiempo. Pero ¿por qué debe ser esto así? La respuesta está en los pensamientos que probablemente proyectas. Cuando vas tarde, piensas que no vas a llegar a la hora; tu mente se sitúa en el futuro, donde efectivamente llegas tarde, inventas excusas, tratas de apaciguar a las personas que han podido verse afectadas por tu retraso, etc. Pero ¿qué tal si imaginases que puedes «abrir temporalmente la cortina» de la noción que es el tiempo, salir de él y luego entrar en él a la hora señalada? Esto es completamente factible.

Por supuesto, siempre debes consultar primero con tu yo superior, para que te confirme que proceder de esta manera es lo mejor para ti y para todos los que puedan verse afectados por tus actos. Así permaneces en la coherencia. Efectuar esta consulta es necesario porque estás en la tercera dimensión cuando se te presenta la necesidad de cambiar la matriz del tiempo y es posible que no seas consciente de todos los factores implicados.

Busca ocasiones que parezcan oportunas y tengan que ver con lo que estés haciendo. En este ámbito, mi mantra es *a tiempo, y con tiempo suficiente*. Añado esta declaración en cualquier momento en que siento ansiedad por terminar un proyecto en el plazo asignado; y el arcángel Miguel me la recuerda cuando estoy nerviosa por una fecha límite que me he impuesto a mí misma.

EL TIEMPO EN LA 5D

En la 5D te observas a ti mismo antes de emprender la acción en la 3D. No se puede decir que se trate de una predicción, porque eso ya se encuentra en la realidad que hemos observado unos segundos antes de que nuestro yo tridimensional pueda observarlo. Este fenómeno se ha constatado en experimentos científicos en los que los sujetos registraron la reacción antes de que la acción tuviese lugar. (En estos experimentos, de tipo visual, la «reacción» se registró y se midió antes de que los sujetos viesen las imágenes que se les mostraron). En la quinta dimensión estamos tan conectados a nuestro yo superior que es posible que no advirtamos que nuestro yo físico, de la tercera dimensión, va un poco por detrás de él en el tiempo lineal.

¿Alguna vez has tenido la experiencia de estar en un accidente de tráfico y ver cómo todo se ralentizó, de tal manera que pudiste observar con claridad lo que ocurría en cada milisegundo? ¿Cómo es eso posible, si el tiempo es completamente lineal? ¿Cómo es posible percibir «como si» el tiempo avanzara a cámara lenta? Volvamos a ese abanico de papel doblado, a las imágenes en zigzag: cuando ocurren estas cosas, nos deslizamos dentro del pliegue. El incremento de la conciencia que tiene lugar frente a un accidente de este tipo nos da la oportunidad de cambiar y observar nuestras reacciones. Si nunca has tenido esta experiencia, es posible que conozcas a alguien a quien le haya ocurrido y lo haya contado.

El caso es que puedes practicar la experiencia del avance en «cámara lenta». Es como si pudieras encenderla y apagarla; pronto verás que puedes hacerlo. Utiliza con sensatez este recurso. El tiempo, el espacio y la percepción están entrelazados. Cuando te tomas tiempo para ver que tienes mucho, lo estás estirando. (Si lo prefieres, puedes considerar que no estás estirando el tiempo propiamente, sino tu experiencia de él). Pongamos por caso que estás trabajando en un proyecto con alguien que te dice que le preocupa que no tengáis tiempo suficiente para terminarlo. Puedes proponerle a tu colega que visualicéis, los dos, que de alguna manera lográis hacerlo todo a tiempo y con tiempo suficiente.

MENSAJES DE LOS SEÑORES DEL TIEMPO

Debido a que mi conocimiento sobre este tema ha sido celosamente guardado, no he estado dispuesta a hablar sobre estos asuntos, por la posibilidad de que alguien pudiese hacer un mal uso. Sin embargo, hace poco he recibido la indicación de que compartiese los mensajes de los maestros ascendidos que hablan a través de mí. En el siguiente mensaje canalizado, los señores del tiempo, unos seres cósmicos inmensos que rodean la expresión del continuo espacio-tiempo, ofrecen información aclaratoria.

Mensaje canalizado procedente de los señores del tiempo, octubre de 2015

Somos los señores del tiempo, listos para ayudaros a ampliar vuestra comprensión de la matriz energética del espacio-tiempo. La matriz espacio-temporal es un plano llano. Sin embargo, es fluido; sigue la «orografía» de las situaciones y circunstancias y puede doblarse y moldearse.

Además, vosotros podéis sacar de la conciencia vuestros desechos u otras experiencias no deseadas por medio de doblar el tiempo. [Imaginad que hay arena en un pedazo de papel y que dobláis dos bordes hasta hacer que se toquen, inclináis el papel y vaciáis la arena en un cubo de basura]. Este es vuestro primer ejercicio. Ahora estamos listos para responder a preguntas e inquietudes.

¿Qué es la matriz del tiempo?

Es una red que contiene puntos de unión y que conecta estos puntos intersecados con oportunidades y portales. La matriz del tiempo está entretejida en vuestro ADN y, por lo tanto, desengancharse es una forma de estar más que una opción de estar. Esto significa que podéis elegir salir de los patrones que refuerzan el tiempo que se os está imponiendo y desconectar de vuestra necesidad de saber siempre qué hora es, de cuánto tiempo disponéis, etc. *En lugar de ello, podéis permitir que la atemporalidad se mueva a través de vosotros, para que podáis percibir oportunidades e instrucciones procedentes de vuestra sabiduría interior que no escucharíais de otro modo, porque las ignoraríais en vuestro presunto conocimiento del tiempo.*

¿Qué es la matriz energética?

Es el campo que permite capturar y dirigir el flujo del chi. *Vosotros los humanos usáis la matriz energética de muchas maneras. Cuando os manejáis con coherencia, estáis alineados con ella. Cuando cuidáis bien el propio cuerpo y os ajustáis a los ritmos circadianos, creáis una conexión con ella. ¡El tiempo no es el culpable! Dejad de considerar que las experiencias históricas son la razón de cualquier incomodidad (por ejemplo, «no he tomado mis pastillas esta mañana; por lo tanto, no estoy bien» o «Los pies siempre se me hinchan cuando camino por el campo»). También es posible dirigir la matriz energética o dirigir energía a través de ella para el propósito de ejercitarse en el manejo de la energía.*

Mensaje de Sanat Kumara y los señores del tiempo

Este mensaje del maestro ascendido Sanat Kumara y los señores del tiempo (canalizado a través de Maureen) apareció en el número de Predicciones de 2016 del *Sedona Journal of Emergence.*

Sanat Kumara y los señores del tiempo dijeron lo siguiente:

Deseamos abordar conjuntamente algunas cuestiones sobre las que la gente se está preguntando bastante y que tienen que ver con otras versiones de vosotros y otras versiones de vosotros en otras líneas temporales.

Si bien es cierto que existen varias versiones de vosotros y múltiples líneas de tiempo y múltiples expresiones, deseamos arrojar luz sobre este tema. […]
Decimos que debéis comprender que existen muchas versiones múltiples de vosotros según vuestras elecciones. Cuando tomáis una decisión, cuando

os enfrentáis al arrepentimiento o al remordimiento y lo contempláis (os enfocáis en ello) con vuestra emoción, estáis creando el hilo de otra versión de la realidad que permite que se ejecute la decisión alternativa.

Hay cinco opciones posibles para cada decisión: dos de perfil inferior, dos de perfil superior y una que llamaremos la elección divina o del yo superior. Las dos elecciones de perfil superior y la divina son las más elevadas y constituyen las mejores opciones posibles. Cuando os sentís arrepentidos de una decisión, quizá tomasteis la mejor elección en su momento, pero no por ello dejáis de experimentar arrepentimiento. Este puede ser el caso de una mujer que se ha divorciado y está preocupada por sus hijos; le inquieta el hecho de que estén lejos de su padre, etc., por lo que crea con su emoción otra versión de la realidad en la que permanecen juntos.

Ahora bien, lo que es importante entender es que [la versión alternativa de sí misma] está alentada por su emoción y su compromiso con ese escenario. También está alentada por su pareja [a través de] su vergüenza, su pesar y sus remordimientos; todas [estas emociones] contribuyen a la existencia de la versión alternativa de la realidad, la cual seguirá vigente mientras se mantengan esas emociones. A medida que los implicados trabajen con esos aspectos emocionales y se sientan en paz con las decisiones que han tomado, irán dejando de alentar esa versión alternativa progresivamente, hasta que se disolverá, al faltarle la energía que la sostenía. También es cierto que se generan múltiples versiones de cada decisión de esta manera. Lo que no es cierto es que existen infinitas realidades alternativas. Las posibilidades probables y las posibilidades posibles son la norma.

Ahora podéis revisar las circunstancias y situaciones con vistas al discernimiento y a la disolución. Las líneas temporales están colapsando. A medida que vais resolviendo las emociones de arrepentimiento y otras, justo antes de soltarlas, tenéis un momento de lucidez en el que vuestra mente se plantea claramente qué habría pasado si se hubiera optado por esa vía, e incluso podéis tener un atisbo de cómo habrían ido las cosas. En ese momento se produce un escalofrío, o un retroceso asociado a una gran determinación, que os desengancha y disuelve vuestro apego y vuestro apoyo energético a esa versión.

Ahora, debido a que las líneas temporales se están sanando, es posible que ni siquiera recordéis una situación o un escenario que esté a punto de fusionarse completamente con vuestra propia línea de tiempo, como un hilo que es devuelto a su lugar adecuado, y que tengáis un recuerdo fugaz y estéis muy contentos con vuestra decisión consciente de no haber estado ahí o no haberos encontrado en esa situación. Entonces, el hecho de liberar esa energía hace que se vuelva a alinear con cómo sois hoy.

Olvidos

Esta es también la razón por la cual las personas olvidan, y olvidan que olvidaron. A veces se dan cuenta de que olvidaron, a veces recuerdan, y no se dan cuenta de que habían olvidado. Lo que es útil empezar a entender es que las personas que despiertan en el momento tal vez no recuerden que ayer tenían rencor y hoy no tienen en absoluto. Cada individuo está efectuando su propio reinicio. Hay capas de programación de reinicio disponibles, de modo que los individuos pueden conectar con esas rejillas en sueños y obtener reinicios que les posibiliten filtrar experiencias de una manera que les permita desengancharse de los traumas y los dramas. Se está haciendo todo lo posible para liberar a las personas de los traumas y los dramas, y para minimizar el impacto que puedan sentir cuando este conocimiento empiece a ser visible a gran escala.

· ·

SE ESTÁ HACIENDO TODO LO POSIBLE PARA LIBERAR A LAS PERSO-
NAS DE LOS TRAUMAS Y LOS DRAMAS, Y PARA MINIMIZAR EL IMPACTO
QUE PUEDAN SENTIR CUANDO ESTE CONOCIMIENTO EMPIECE A SER
VISIBLE A GRAN ESCALA.

· ·

No estamos sugiriendo que las personas se vuelvan insensibles sino que su humanidad cambie de manera que les permita no tener que insensibilizarse sino que puedan permanecer abiertas y conscientes, y aceptar sin necesidad de insensibilizarse. Por este motivo, necesitan unas «actualizaciones» que eviten que se queden bloqueadas en la conciencia del miedo.

Hay quienes buscan respuestas para el futuro. A estas personas les decimos, con absoluta certeza, que el futuro es incierto, no en el sentido de que deban temerlo, sino en el sentido de que deben decidirlo por sí mismas. Les pedimos que lo hagan. Les solicitamos que participen en la reconfiguración de esta zona de libre albedrío, ya que se encuentran en el centro de la zona de libre albedrío mientras la reconfiguración tiene lugar. Esto significa que cuando se encuentren con dificultades, traumas o dramas, deben comenzar a utilizar frases divertidas y liberarse de los enganches.

Muchos de vosotros habéis oído en alguna ocasión «oh, no sé por qué no lo recordé; debí de tener un lapsus senil», y nosotros decimos que no, que fue un momento multidimensional. Cuando formuláis esta segunda declaración en lugar de la primera, estáis afirmando vuestra multidimensionalidad; desconectáis de la conciencia de masas y reclamáis vuestra propia autoridad para crear vuestra realidad. Cuando encontréis un obstáculo que os aterrorice, ya sea una factura que no podéis pagar o una situación que os resulte difícil de resolver, distanciaos ligeramente y decid «esto tiene una solución y espero descubrirla de inmediato», o «me pregunto qué solución tiene esto». De esta manera, estáis abriendo la puerta a soluciones en las que no habéis pensado. Cuando os encontréis con estas dificultades, es necesario que las miréis de frente y les digáis: «No tienes poder. No tienes poder. No tienes poder. Hay una solución para esto y exijo que se manifieste. Amén».

Decid el resultado que deseáis y el universo proporcionará la solución. El universo ha sido creado de tal manera que responde a lo humano. La razón de ello es que el ser humano lleva el ADN de Dios, y ese ADN es la energía del Creador. Entonces, tanto si se dan cuenta como si no, las personas tienen una autoridad que no posee ningún otro ser. Es por eso por lo que tantas razas del cosmos buscan trabajar e interactuar con vosotros, observaros, etc.

El hecho de saber que disponéis de autoridad absoluta para estar al mando es extraordinariamente empoderador. Cuando las cosas vayan mal o se produzcan sucesos que os resulten incómodos o desagradables, sabed que podéis tener esa experiencia y luego permitíos decir «pero hay una solución para esto y solo tengo que descubrirla», o «hay una solución para esto y espero saber la respuesta rápidamente». Esto no significa que no toméis medidas para protegeros y demás, pero al mismo tiempo queremos que entendáis que ya no hay necesidad de sufrir. Este es el fin del sufrimiento.

· ·

AL BUSCAR OPORTUNIDADES, CAMBIOS EVOLUTIVOS, TRANSFOR-MACIONES, ETC., EL PRÓXIMO AÑO, ALGO CON LO QUE PODÉIS CONTAR ES CON EL FIN DEL SUFRIMIENTO.

· ·

Al buscar oportunidades, cambios evolutivos, transformaciones, etc., el próximo año, algo con lo que podéis contar es con el fin del sufrimiento. La humanidad ya no podrá generar sufrimiento a los demás. Además, la autoridad está menguando. Aquellos que tienen claridad y coherencia estarán ubicados en todo el mundo para seguir cuestionando la autoridad y las actividades que tienen un impacto sobre la humanidad.

Ya no se podrá seguir utilizando mal el poder. El derrocamiento de Mubarak, que fue presidente de Egipto durante muchos años, es un magnífico ejemplo de ello. Les dijo a los militares que detuvieran los disturbios y dispararan contra la población, y ellos se negaron a hacerlo: no usarían la fuerza para matar a su propia gente. En cada nivel se produjo lo que se conoce como desobediencia civil. De modo que uno de los fenómenos que irán proliferando cada vez más será la disposición de los individuos a unirse con otros para defender sus derechos como seres humanos y ciudadanos.

Finalmente, veréis un cambio aún mayor, podríamos decir, porque ya está madurando, consistente en que la gente ya no confiará en las noticias de los medios de comunicación de masas. Llegaréis a la conclusión de que las mejores noticias son las que os proporcionen vuestros amigos y las que podáis encontrar en blogs y en todo tipo de recursos alternativos. Estamos listos para las preguntas.

Preguntas y respuestas

En este apartado verás preguntas que formulé y las respuestas que me dieron los señores del tiempo.

Los humanos están muy acostumbrados a sus experiencias o identidades traumáticas; algunos son adictos a la experiencia de victimización u otras consecuencias del trauma, y se quedan un poco desconcertados cuando eso deja de estar presente. ¿Cómo o con qué llenamos los recuerdos liberados o las líneas temporales resueltas para no reinventar, a partir de la adicción o el hábito, nuevas experiencias traumáticas y malos sentimientos?

Bueno, ocurren dos cosas: en primer lugar, hay un residuo energético. Esto es lo primero. Y lo segundo es que es este residuo energético lo que hace que regreséis a él. Y hay situaciones en las que, en niveles más altos de conciencia, el olvido no se ha activado y el subconsciente está tratando de repetir el evento para que se produzca un mejor resultado. Así que creáis una experiencia con la idea de que obtendréis un resultado diferente. La creáis con distintas personas y situaciones, pero es la misma, con el objetivo de aseguraros de que no tomasteis una mala decisión al principio.

Lo relevante no es si tomasteis una decisión buena o mala; lo significativo es que se trata solamente de una experiencia y que podéis decidir en cualquier momento que ya no la necesitáis, que no tenéis por qué volver a pasar por eso, y así mismo podéis anunciárselo al universo. Pongamos como ejemplo el caso de una mujer que se casa con alguien que la golpea. Después conoce a otro individuo, se casa con él y también la golpea. Sigue tratando de estar felizmente casada con alguien que, habiéndola golpeado, deje de hacerlo; alguien que la haya conocido y esté tan enamorado de ella que decida cambiar. Es decir, inconscientemente, está buscando crear la experiencia para que, por fin, acabe bien. Pero nosotros decimos que es posible y preferible, en este momento de la historia, soltar la necesidad de reproducir una experiencia dada con el fin de obtener un mejor resultado. Estas oportunidades se están desvaneciendo. Por eso el olvido es tan importante y puede ser tan potente.

Volvamos ahora a la necesidad o el deseo de crear un mejor resultado con el mismo escenario. Considerad si no sería maravilloso entrar en un espacio en el que el ser humano, frente a una experiencia difícil, decidiese no volver a pasar por eso, y así lo declarase, lo cual, literalmente, lo liberaría de volver a pasar por eso.

Nos queda por responder una pregunta más que nos habéis planteado, que tiene que ver con el vacío asociado a no saber qué hacer a continuación. Cuando os deis cuenta de que os halláis en una situación en la que estáis a punto de repetir o reproducir un viejo drama con una nueva persona, pensad lo siguiente: «Ni siquiera sé por qué pienso eso, por qué tengo esa conciencia, pero elijo desengancharme aquí y ahora».

De hecho, podéis decir lo siguiente como una oración todos los días, durante un momento, cuando sepáis que estáis olvidando y optéis por desvincularos: «Elijo desengancharme del patrón de cualquier trauma o drama que haya disfrutado, con el que me haya enfrentado, que haya explorado. En lugar de ello, elijo formar parte de la nueva Tierra y las nuevas experiencias de creatividad, maestría, amor incondicional y humanidad».

Os decimos que la Tierra es un magnífico campo de pruebas. No hay nada que no podáis hacer. Esto no significa que podáis hacerlo todo hoy. Significa que cualquier cosa que persigáis con pasión, la llevaréis a cabo. Os lo decimos con absoluta certeza, absoluta pasión y absoluta claridad: bus-cad aquello que os haga felices. Encontrad todo lo que os haga felices, de manera que cuando os enfrentéis a esos vacíos los llenéis más a partir de un hábito que de una elección, y decidáis que es apropiado contar con un nuevo hábito. Este puede ser algo tan simple como mirar flores, aprender los nombres de las flores o mirar una puesta de sol, para que podáis reemplazar esas emociones con la alegría. Cuando encontréis la alegría donde-quiera que estéis, la alegría seguirá encontrándoos. ¿Qué más?

Os decimos que la Tierra es un magnífico campo de pruebas. No hay nada que ustedes no podáis hacer. Esto no significa que podáis hacerlo todo hoy. Significa que cualquier cosa que persigáis con pasión, la llevaréis a cabo.

Las líneas temporales están colapsando y convergiendo ¿dónde?

De lo que estamos hablando es de la creación de múltiples versiones de la realidad. Las personas que experimentan mucho arrepentimiento están creando versiones alternativas de la realidad.

Pongamos un ejemplo. Entras en una heladería porque quieres un cono de helado; miras todos los sabores y el que realmente te apetece es el de chocolate. Después recuerdas que llevas puesto tu vestido blanco favorito y que si se derrama una gota en él lucirá un poco sucio. Por lo tanto, optas por la menta, porque crees que no es tan probable que dejes caer alguna gota, e incluso si ocurriese esto deberías poder limpiarla; o tal vez te deci-das por la vainilla, porque quieres ir sobre seguro. Todas esas versiones de la realidad pasan a existir: una en la que eliges la menta, otra en la que eliges el chocolate y la que experimentas en el momento en que escoges la vainilla. Has iniciado estas realidades al plantearte las distintas posibilidades en el momento. Son bastante inofensivas, pero lo que sucede es que hay una versión de ti que obtiene el chocolate, este se derrama sobre el vestido, intenta limpiarlo sin éxito y finalmente entra en una tienda y se compra un vestido maravilloso, y está encantada, porque ahora tiene un vestido estupendo que no habría encontrado de otra manera. Por otra parte, hay otra versión de ti a la que se le vierte la menta y la limpia sin demasiado esfuerzo. Y está la tercera versión, en que la vainilla ni siquiera se derrama, de manera que no llega a aparecer ningún problema. Todas esas versiones existen hasta que dejan de ser necesarias.

Cuando rompéis con un ser querido, creáis una versión alternativa en que la separación no tuvo lugar. Esta versión está sustentada, tal vez, por la parte que no quiso romper, pero ambos la respaldáis energéticamente mientras estáis lidiando con la culpa, el arrepentimiento, etc. Las versiones alternativas son hilos de la persona que colapsarán y regresarán a la corriente principal.

Veamos ejemplos de resolución en el caso del helado. La resolución es que tu vestido se mancha de chocolate, compras otro y piensas que es fantástico haber encontrado ese vestido de oferta, el cual nunca pensaste encontrar en ese barrio. Esta es una resolución feliz, en la que el episodio se soluciona y reintegra en ti.

En la segunda versión, te enfrentas a las manchas.

Y la otra versión es aquella en la que no consigues exactamente lo que quieres, pero no lidias con ningún problema.

Cada una de ellas se integra de nuevo en el presente. Por lo tanto, tomas más de un camino. Los tomas todos. Frost diría «¿el camino menos transitado o el que no se ha tomado?», y nosotros diríamos que los has tomado todos.

Durante un tiempo...
Durante un ciclo.

8

ENCONTRAR EL CAMINO HACIA LA QUINTA DIMENSIÓN

Pasar a vibrar en la quinta dimensión es diferente de todo aquello que hayas hecho antes. En este caso, tu intención es primordial. No puedes entrar en este ámbito si no es por medio de un acto de voluntad. Por supuesto, cuando hayas empezado a investigar y explorar, tendrás suficiente información para utilizar la voluntad para solicitar ayuda con el fin de ingresar en la quinta dimensión. Te recomiendo que la pidas todos los días.

Tienes la responsabilidad de ser completamente honesto contigo mismo. Esto es duro. Muchos se refieren a ello como al *trabajo con la sombra*. Implica pedirles a tus amigos que te digan la verdad. Implica aceptar todas las críticas dando las gracias y con la firme determinación de llegar al fondo del asunto. Implica amarte a ti mismo de todos modos, con todas tus imperfecciones. Implica estar dispuesto a cambiar. Implica que no tienes necesidad de defenderte. En lugar de ello, decides aprender de quienes te critiquen, no volver a mentir y acabar con todas tus «sombras de Grey». Esta forma de proceder también refuerza tu compromiso de amarte incondicionalmente.

ÉTICA MÁS COMPRENSIÓN

No es posible estar en la quinta dimensión si no se tiene un comportamiento ético. Al mismo tiempo, la ética no es necesaria en la 5D, porque en ella no hay ninguna motivación para comportarse de formas inapropiadas. Esto se debe a que en la quinta dimensión no es posible no elegir según Dios. ¿Qué es la ética al fin y al cabo? Es la voluntad de que las palabras, los pensamientos y los actos sean coherentes entre sí, de que transmitan el mismo mensaje. Mientras estés vacilando entre las dimensiones, la ética es un concepto práctico que debes adoptar para que te ayude a asentar tu verdadero ser.

Si decides hacer «lo correcto» para que no te quedes atrapado, te estás moviendo en la dirección de la quinta dimensión, pero esta actitud *no* te está llevando a la quinta dimensión. La práctica ética que te conduce a ella es la que decides adoptar como la forma normal de proceder y no por miedo a que te atrapen. Entrarás, así, en la 5D, y permanecerás ahí cuando tus pensamientos, palabras y actos estén en armonía. Asegúrate de que esto sea así. La elección afín al gozo es la de decidir hacer las cosas sin estar guiado por una motivación externa.

En la quinta dimensión, nos preocupamos por el prójimo tanto como lo hacemos por nosotros mismos. Cuando creamos relaciones, asociaciones o amistades, nos situamos en un lugar de profunda compasión que es irreprochable. Estamos explicando esto en términos tridimensionales, pero en realidad la idea de obtener una ventaja o sacar partido no forma parte del proceso de pensamiento propio de la quinta dimensión, ya que estas finalidades no constituyen ninguna motivación. Lo que nos alienta es el sentido de la cooperación, la imparcialidad y la amistad.

Es posible que te estés preguntando quién cuidará de ti si no lo haces tú mismo y cómo podrás hacer lo que has venido a hacer si no te aseguras de contar con la debida seguridad. Estas reflexiones indican la incursión de la forma de pensar propia del viejo paradigma. En realidad, la elección de velar por el otro de la misma manera que velas por ti mismo asegura que solo atraerás personas de ideas afines y que solo te asociarás con este tipo de personas. Ciertamente, esto puede requerir confianza al principio. Pero confía en mí (he intentado hacer un juego de palabras) si te digo que *sabes* que te estás asociando con personas de ideas afines; esto deja de ser un problema. No estoy sugiriendo que evites cuidar de ti mismo mientras cuidas del otro, porque el «cuidado» es simultáneo y mutuo.

Una de las principales señales de la quinta dimensión es esta maravillosa energía de preocuparse tanto por los demás como por uno mismo. Esto también lo puedes aprender y adoptar; ¿por qué no? Mejorará tu vida y como mínimo garantizará que ayudes a otra persona. Piensa en los cambios que tendrían lugar en nuestro mundo si todo tipo de intercambio implicara que ambas partes velaran por el bienestar mutuo.

Esto no te convierte en un rey benévolo que decide lo que necesita la otra persona. En lugar de eso, pregúntale si está satisfecha, si consiguió lo que quería. Esta forma de proceder conduce a unos resultados impresionantes. ¿Con quién puedes llevar a cabo este tipo de intercambio ahora? ¿Puedes practicar con esa persona? ¿Puedes tratar de hacerlo con alguien?

El hombre moderno se ha inclinado a competir con quien percibe como su rival. Sin embargo, si todos contribuimos a elevar el patrón habitual, todos nos beneficiaremos de ello. Y hay que empezar de alguna manera. No hace falta que te diga que actúes como si todo el mundo te estuviera observando, pero esa es la clave. Comportarte como si todos te estuvieran mirando te ayudará a incrementar tu sensibilidad respecto a la integridad. Lo que antes pensabas que estaba bien o que era aceptable cambiará y mejorará con el tiempo.

COMPORTARTE COMO SI TODOS TE ESTUVIERAN MIRANDO TE AYUDARÁ A INCREMENTAR TU SENSIBILIDAD RESPECTO A LA INTEGRIDAD. LO QUE ANTES PENSABAS QUE ESTABA BIEN O QUE ERA ACEPTABLE CAMBIARÁ Y MEJORARÁ CON EL TIEMPO.

PRACTICA EL RECHAZO EN CASO DE INCOMPATIBILIDAD

No tengas reparos en rechazar todo aquello que no sea afín a ti o a lo que eres. No tienes por qué considerar que esa persona o situación sea mala o incorrecta; basta con que reconozcas que no es compatible contigo. No culpes a la otra parte; limítate a decirle que defiendes su derecho a hacer o pensar eso, pero que no coincide con tu opción.

Empecemos por examinar la forma en que te manejas normalmente. Por lo general, estás pendiente de lo que está sucediendo y participas alternativamente en el control de las situaciones y circunstancias. Pues bien, te invito a desplazarte conscientemente a un lugar en el que solo percibas, sin actuar ni reaccionar. Si puedes hacer esto, te darás espacio para saber si lo que está sucediendo encaja contigo. Es posible que te sientas tentado a juzgar una situación o a clasificar escenarios o personas de una determinada manera, pero el hecho de percibir sin reaccionar ni controlar en absoluto te permitirá decidir si algo es compatible contigo.

La diferencia puede parecer sutil, pero es importante entender la distinción. Evaluar la compatibilidad o la ausencia de compatibilidad es una forma no peyorativa, carente de prejuicios, de experimentar versiones de la realidad sin implicarse. Esto es muy potente: te permite pasar de la 3D a la 5D mientras sigues manejándote en la tercera dimensión. Te vuelves multidimensional.

La autoobservación funciona de la siguiente manera. Cuando te des cuenta de que estás prestando atención a algo, distánciate un poco y observa los sentimientos que tienes en relación con ello. Mientras estés ocupado en hacer el seguimiento de eso, lo estás controlando. Con un poco de autoconciencia, puedes empezar a deponer dicho control y a percibir lo que sea que esté ocurriendo, sin más. Cuando lo logres, estarás listo para observar si eso es compatible contigo. Si empiezas a implicarte con sentimientos o pensamientos reactivos, habrás regresado al «modo controlador». Pero si eres capaz de percibir tus sentimientos y pensamientos y luego te permites decidir si te convienen, tendrás la posibilidad de permanecer en la 5D sin caer en reacciones propias de la 3D. Esta es una modalidad de existencia muy potente.

Cuando llegas a la fase de la decisión y examinas la situación desde el punto de vista de si es compatible contigo o no, la elección no requiere ningún esfuerzo por tu parte y te ancla en la 5D.

Acciones paso por paso

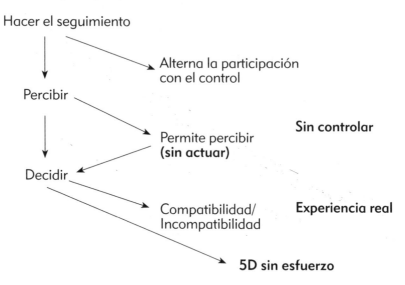

Figura 8.1. Diagrama del seguimiento. Aquello que estás supervisando, lo estás controlando.

Motivos y juicios

Examina tus motivos. Cuando te pregunten acerca de tu comportamiento, no procedas a dar explicaciones enseguida; en lugar de ello, busca entenderte a ti mismo y comprender tus motivos. Tal vez descubras que no estás donde creías que estabas.

Aprende a practicar el discernimiento, no el juicio, para no clasificar las cosas como buenas o malas, sino según si son compatibles contigo o no.

LOS QUE MUESTRAN EL CAMINO

Los que muestran el camino son líderes o sabios, y están a tu alrededor. Esta denominación llamó mi atención por primera vez hace casi veinte años cuando, en el transcurso de una lectura para una clienta, los guías de los registros akáshicos le dijeron que era una de las personas que muestran el camino. Estos individuos ejercen su liderazgo exponiendo la verdad al público para que mucha gente pueda beneficiarse de este conocimiento. El papel de los que muestran el camino no es decirles a los demás que los sigan, sino animar a todos a usar sus dones y ser la mejor versión de sí mismos. No piden que se crea en su palabra, sino que cada uno le pregunte a su guía interior, pues este es el maestro en el que se puede confiar. Cualquier maestro que nos indique que lo sigamos y que espere que esto sea lo único que hagamos, sigue estando en el ego y *no* es digno de confianza.

Quien muestra el camino puede ser una persona instruida o un meditador, un canal, un guía o, sencillamente, un ser muy espiritual que ha encarnado en la Tierra para ayudar a las almas a encontrar su camino. Por una parte están los que muestran el camino, y por otra los maestros. A veces los maestros los provocan, para empujarlos a adquirir su propia maestría. En cualquier caso, todos ellos están trabajando juntos con un propósito: que el colectivo humano se incorpore a la 5D.

Busca instructores que te inviten a desafiarlos y te pidan que compruebes sus enseñanzas por ti mismo. Esto no significa que ridiculices abiertamente al instructor o te burles de él o ella, sino que tomes su enseñanza y la explores en tu interior. Después, pregúntate si es apropiada para ti, si va a beneficiarte, si es la que buscas. Puede haber instructores muy reconocidos que te transmitan enseñanzas erróneas; tu responsabilidad es discernir la diferencia y proceder según tu sabiduría interior.

LOS GUARDIANES

Si eres un guardián, eres un protector y compañero de almas muy elevadas que tienen un trabajo importante que hacer. Tu función no es otra que la de estar disponible y velar por los nuevos instructores; «cuidas» a otras almas sagradas que están ayudando a allanar el camino para la nueva familia humana. No tienes que «hacer» nada; sin embargo, tu trabajo es igual de importante que el de esas otras almas especiales. He tenido muchos guardianes en mi mundo. Si eres un guardián, no tienes que pasar por los mismos avatares que todos los demás. Tu vida es suave, desprovista de incidentes, productiva y abundante; sin embargo, no tienes unas ambiciones o metas específicas, ni estás sujeto a ninguna exigencia, excepto la de estar disponible.

«MUY BIEN, PERO ¿A QUÉ TENGO QUE RENUNCIAR?»

En un intercambio de impresiones en el que participé hace años, un hombre dijo que no estaba dispuesto a renunciar a ciertos aspectos de su vida tridimensional, como la comida. Asentí con la cabeza e hice este comentario: «Sé lo que quieres decir, pero trata de adoptar una perspectiva más amplia. Piensa en lo mucho que has cambiado desde la infancia. Por ejemplo, el restaurante favorito de un niño de seis años puede muy bien ser uno de comida rápida. Cuando este niño se convierte en adulto, nunca se le ocurriría impresionar a su novia llevándola a un restaurante de comida rápida, pues conoce los placeres de la buena mesa».

Estarás satisfecho cuando hayas recreado una realidad afín a los deseos y las posibilidades de la existencia centrada en la 5D. Cuando evolucionemos y dejemos de lado los placeres por los que actualmente nos sentimos atraídos y que disfrutamos, descubriremos unas experiencias y estructuras mucho más ricas, significativas y agradables que proporcionarán una mayor satisfacción a los demás y a nosotros mismos. Este aspecto es importante: uno de los cambios que experimentarás será que no estarás satisfecho a menos que el otro también lo esté.

¿A qué renunciarás? A los hábitos no saludables. Presta atención a los alimentos que consumes y acude a las versiones ecológicas siempre que puedas. Cuando estés listo para llevar una dieta más saludable, lo sabrás.

VIDAS QUE SE ENTREMEZCLAN

Muchas personas están experimentando, de forma abrupta e inesperada, vidas pasadas que tal vez tuvieron un final horrible. Reviven episodios y situaciones de esas vidas que son un calco de experiencias particularmente difíciles. El conocido autor y médico Norm Shealy me habló de varias veces en las que soñó que moría estrangulado. Cuando descubrió quién había sido en una vida pasada, las pesadillas cesaron. Otras experiencias no siempre se resuelven tan fácilmente.

El miedo puede transmitirse de una vida a otra y mantenernos encerrados en un espacio psicológico de impotencia. Una vez que obtenemos el conocimiento, somos libres. Lo importante de todo esto es que es más fácil adentrarse en la propia divinidad una vez que se han logrado estas comprensiones. Las líneas temporales se están fusionando para construir una nueva realidad en la que no haya tanto dolor.

Inicialmente, la transición de la 3D a la 5D puede ser tan graciosa que uno no puede hacer más que reírse. Finalmente nos damos cuenta de que ciertas cuestiones que considerábamos que eran de vida o muerte no lo son en realidad. Y descubrimos que la persona o cosa que más temíamos, aquello por lo que nos sentíamos más oprimidos, no era temible en sí, sino que lo que nos subyugaba era nuestra creencia respecto a su dominio. De ese modo, podemos decir alegremente «¡zas!, ¡te has ido!» y observar cómo esa persona o cosa pierde poder sobre nosotros.

OTRAS VERSIONES DE TI

En mi práctica, a veces me encuentro con dos personas similares que contratan una lectura en el mismo momento. Esto me ha sucedido varias veces; dos personas con nombres poco comunes han aparecido de forma prácticamente simultánea. O bien compraron una lectura de registros akáshicos, o bien se registraron para una clase o bien acudieron al mismo taller, el mismo día.

En una ocasión, en mi oficina pensábamos que estábamos tratando con una mujer llamada Carolina, a quien ya conocía. Solo unas semanas más tarde descubrimos que la Carolina con la que habíamos estado hablando era otra mujer, una clienta nueva, que también había pedido una cita conmigo. Ambas habían contratado una sesión privada para el mismo día. Al principio, no podíamos entender cómo pudimos confundirlas tanto en nuestras mentes. Pero las circunstancias eran tan peculiares y sincrónicas que cuando pregunté qué estaba ocurriendo, la respuesta fue «evidente»: ¡eran la misma alma! A continuación pregunté si debía decirles algo. La respuesta de mi yo superior fue un gran sí, y las presenté. Una de ellas vivía en Florida, ¡y la otra iba a mudarse allí la semana siguiente!

Mis archivos están llenos de personas a las que conozco en todo el mundo que son la misma alma. A menudo están trabajando con aspectos distintos del mismo tema. Siempre es un placer trabajar con ellas, y bajo la guía de mi yo superior puedo saber si esto es lo mejor para todos.

Los Adams

Llegué a la conclusión de que hay varias versiones de todos nosotros. ¿Qué beneficio presenta que conozcas a otra versión de ti? Podéis trabajar juntos, incluso ayudaros mutuamente a lograr algo que no podríais conseguir solos.

En la tabla 8.1 expongo un ejemplo de las muchas versiones de un alma: un conjunto de hombres a quienes conocí a través de varios amigos que se conocían bien; algunos incluso asistieron a mis clases. ¿Cómo supe que eran todos la misma alma? Aparecieron muchas «pistas» al respecto, y cuando lo consulté con mi yo superior, me lo confirmó. Omito algunos detalles para proteger sus identidades. En un caso, el rostro de un hombre se superpuso al de otro, lo que me permitió ver claramente las dos versiones de la misma persona. ¡Imagínate viendo eso!

Este grupo de hombres son una misma alma. He conocido a los cuatro. El primero de ellos desencarnó hace unos veinte años. Cuando conocí una versión más joven de él, David, ambos vivían en la misma ciudad. Ambos habían elegido vivir allí. Cuando conocí al tercero, le pregunté si alguna vez había pensado en mudarse al mismo lugar. Me dijo que sí, pero que lo desestimó tras acudir a una entrevista de trabajo. El más joven aún

Tabla 8.1. Cuatro versiones de un alma

Cualidades	Vida 1	Vida 2	Vida 3	Vida 4
Nombres diferentes pero representativos. Observa que tres de ellos empiezan por la misma letra y que dos de ellos solo se diferencian por una vocal.	Adam	David	Adum	Allan
Profesión e intereses.	Sanitario en la Segunda Guerra Mundial, ingeniero, granjero, muy espiritual, muy dedicado a la familia.	Ingeniero (trabajó como tal para las fuerzas navales), espiritual, muy dedicado a la familia.	Ingeniero, médico, muy dedicado a la familia.	Muy interesado por la mecánica, muy religioso, muy dedicado a la familia.
Fecha de nacimiento (excluyendo el año).	Misma fecha.	Desconocida.	Misma fecha.	No disponible.
Edad.	Actualmente fallecido.	En la sesentena.	En la cincuentena.	En la treintena.
Lugar de residencia.	La misma ciudad.	La misma ciudad.	Entrevistado para un trabajo en la misma ciudad pero decidió no aceptarlo; vivió cerca de mí un tiempo.	Vivió cerca de mí un tiempo.
Todos del mismo sexo.	Hombre.	Hombre.	Hombre.	Hombre.
Raza.	Blanca.	Blanca.	Negra.	Blanca.

se está conociendo a sí mismo. Todos ellos presentaban el perfil de ingeniero. Uno diseñaba inventos sin haberse formado oficialmente como ingeniero. Los dos siguientes se habían licenciado en Ingeniería. El primero y el tercero tenían casi el mismo nombre (solo con una vocal diferente), habían nacido el mismo día del mismo mes (pero no el mismo año) y estaban muy vinculados a la medicina. El primero fue sanitario en la Segunda Guerra Mundial y quería ser médico; el segundo llegó a ser médico.

Observa las contundentes similitudes en la tabla para ver las semejanzas de un alma encarnada en varias generaciones, que se cruzó en mi camino e interactuó conmigo a largo plazo. Estas son las encarnaciones que conocí personalmente. Como es obvio, esta persona tiene una influencia importante y potente en mi vida; esta es la razón por la cual apareció «en varias versiones». Estas son algunas de las encarnaciones de esa alma; solo conozco esas cuatro, pero no me extrañaría que hubiese más.

Esta experiencia fue extraordinaria para mí, ya que cada vez que conocí a uno de esos hombres, su identidad se me reveló espontáneamente, sin que yo preguntara. ¿Era la misma persona en todos los casos? Sí. Me he encontrado en muchas ocasiones con este fenómeno de que distintos individuos son la expresión de una misma alma, y es un misterio que sigue presentándose. Sorprendentemente, es algo que ocurre a menudo, hasta el punto de que sé que puedes estar teniendo experiencias similares.

La ventaja de saber que hay otras versiones de ti

Todo esto significa que tu alma puede ocupar dos cuerpos. Hay más de una versión de ti. ¡Esto invierte totalmente la creencia de que hay una sola alma asociada a un solo cuerpo! ¿Qué más crees que puede no ser verdad? Es hora de que amplíes tu concepto de la realidad. Si eres honesto contigo mismo, debes aceptar que hay más de lo que podrías imaginar desde una perspectiva lineal. Debes replantearte todo lo que pienses sobre ti mismo, tu vida, tu misión, etc. Tienes la oportunidad de convertirte en tu yo más avanzado cambiando la forma en que piensas sobre las cosas. Al menos, considera la posibilidad de estar más abierto a otras perspectivas.

A medida que empieces a aceptar el conocimiento de que hay múltiples dimensiones y múltiples versiones de ti, podrás comenzar a asumir, gracias a tu mayor apertura mental, que hay mucho más en la realidad que aquello de lo que eres consciente. Es muy posible que se lo hayas oído decir a otros instructores, pero que esa información no cuajase en ti; tal vez, incluso, te generó confusión. Encuentra un punto de anclaje en una experiencia que te ayude a confirmar este conocimiento. Tal vez hayas tenido un sueño en el que te hayas visto a ti mismo en el «camino que no tomaste»; tal vez tus meditaciones te hayan brindado información sobre aspectos de tu existencia que sabes que no corresponden a la vida que estás viviendo actualmente. A continuación recuerda que estás ampliando tu enfoque, aunque permanezcas en el ahora siempre presente.

Imagina que estás nadando en el mar. Al mirar hacia la orilla, es posible que necesites dos puntos de referencia para hacerte una idea de dónde estás. Cuando llegues a «sentir» lo que es estar en otras dimensiones, como un nadador en el mar, podrás servirte de los puntos de referencia que aparezcan y, gradualmente, sabrás identificar dónde te hallas. Cuando reconoces que no hay una sola versión de la realidad, tu percepción aumenta. A veces, se incrementa antes de que aceptes la existencia de múltiples realidades. Para llegar adonde quieres ir, es útil que respetes tu posición actual mientras no pierdes de vista otras posiciones y mientras tienes clara tu posición futura en relación con algún punto de referencia externo. ¡Permanece abierto a la forma en que esto podría suceder! Se parece un poco a conducir: eres consciente de la posición que ocupas entre el tráfico, y muchos otros conductores también.

Preguntas y respuestas con Maureen J. St. Germain

Pregunta: Aunque mi relación de pareja acabó hace seis meses, aún experimento a menudo fuertes oleadas emocionales de ira, remordimientos, culpa, traición, vergüenza y confusión. Mentalmente, estoy en paz con mi decisión de dejar a ese hombre, pero estas emociones, más los recuerdos de discusiones e incluso *nuevas* discusiones que tengo con él en mi cabeza, me hacen sentir curiosidad por saber qué está pasando.

Maureen: Debo decir que no estás sola: hay otra versión de ti que optó por permanecer con ese compañero. Esta situación que estás experimentando, en la que sientes unas emociones tan fuertes, es una manera que tienes de llegar a esa otra versión de ti que aún está en la relación. De hecho, es muy probable que haya cinco expresiones tuyas: dos de perfil superior, dos de perfil inferior y una que está manifestando lo divino. Según lo implicada que estés con las prácticas que te ayudan a mantener vibraciones más altas, puedes mantener otras diferentes.

P: ¿Cómo es posible que una realidad se filtre en otra?

MJS: Tus emociones son intensas (no solo como sensaciones sino que también te suscitan recuerdos visuales y, a veces, incluso «oyes» o revives las discusiones en tu cabeza) y enormemente contrastadas. Teniendo en cuenta que están dotadas de una gran energía, y recordando que las emociones son el puente de la cuarta dimensión, se pone de manifiesto que estás utilizando el puente de la 4D para cruzar hasta esa versión de ti; es decir, las dos versiones se encuentran a través de dicho puente.

P: ¿Cómo lidio con esto?

MJS: 1. Date cuenta de que la otra versión de ti está ahí y de que las emociones son reales.

2. Adopta la postura del observador con relación a esa otra versión y a las emociones.

3. Distánciate lo suficiente como para darte cuenta de que estás percibiendo sensaciones correspondientes a otro marco temporal, a otra versión de ti. Declara para tus adentros que estás percibiendo dichas sensaciones.

4. Con un enfoque compasivo hacia ese panorama, declara que estás muy contenta de haber elegido la versión de la realidad en la que te encuentras.

5. Sé consciente de que no eres la única en alimentar la realidad alternativa. Por ejemplo, a ti te preocupa el bienestar de tu expareja y te sientes culpable por su herida; y tu expareja puede estar extrañándote, deseando que aún estés allí.

6. Reconoce que tienes la posibilidad de alimentar otras realidades. Además, puedes desconectar de ese sentido de la responsabilidad y de esa culpa. Declara que todos los implicados lo hicisteis lo mejor que pudisteis, tú incluida, y luego descarta la situación, de forma muy liviana. Hazlo como lo harías con un niño al que le has preguntado si está bien y te ha respondido que sí; te limitas a decir «de acuerdo», y no te preocupas más.

7. El solo hecho de ser consciente de que estás haciendo esto te da la oportunidad de aceptar las emociones con las que tu expareja está alimentando esa realidad. Ocurrirá

que cuando dejes de alimentarla, tu expareja no podrá seguir haciéndolo, y esa realidad dejará de existir.

8. Recuerda que todo esto es un juego y que todos los jugadores participan por voluntad propia. No te sientas culpable por tus decisiones, buenas o malas; esto hará que te resulte más fácil soltar.

P: Me recomendaron que escribiera una carta a todas y cada una de las personas con las que me he enojado en mi vida y que luego las quemase. Este procedimiento me pareció arduo. ¿Hay otra manera de transmutar la ira?

MJS: Este tipo de ejercicio es principalmente para aquellos que no tienen la capacidad de perdonar, cuyos corazones no están lo suficientemente abiertos para perdonar a partir de la premisa de que en realidad nadie puede hacerles daño. Basta con que uses el mantra de la antigua práctica hawaiana conocida como *ho'oponopono*: *lo siento, perdóname, gracias, te amo*. Esto tendrá un efecto transmutador a través del perdón sincero.

Otro método inmediato es el uso del canto cabalístico «Kadosh, Kadosh» incluido en mi CD *Mantras for Ascension* (consulta el apartado «Recursos»).

TRATAR CON EL EGO

Nuestra comprensión del ego en la 3D tiene un alcance limitado; no hemos entendido la necesidad que tiene de sobrevivir. En Oriente impera la filosofía de someter al ego, pero hay que tener en cuenta que allí no se alienta a las personas a ser diferentes de la forma individualista que utiliza el ego. En Occidente, nuestros egos son demasiado grandes para que podamos someterlos. Es mejor enseñarle al ego lo que se necesita para efectuar la transición y fusionarse con la 5D. Además, *los que quieren retenernos* desean que creamos que debemos usar el ego para resolver los problemas (los propios y los de los demás).

En una publicación que incluí en mi blog escribí acerca de una ocasión en que encargué algunos regalos sorpresa para mi querido esposo para la Navidad, que iban a llegar a casa estando yo de viaje. Le dije, unos días antes de irme, que había encargado algunas cosas por Internet y le pedí encarecidamente que no abriese ningún paquete que llegase mientras yo estuviese fuera. Sabía que él *no* había pedido nada, por lo que no era necesario que le dijera que mirara la etiqueta de la dirección. También le envié un mensaje de texto, después de irme, con el mismo recordatorio (ya que suele abrir todo lo que llega a nuestra puerta). ¡Incluso se lo recordé por correo electrónico!

En mi primer día de ausencia, ¡mi marido me informó de que había puesto un intercomunicador que había llegado para mí en mi despacho! Ese era uno de los regalos sorpresa que tenía para él. Me sentí muy molesta y herida. ¿Era incapaz de respetar una simple petición? Él, por otra parte, no pudo comprender mi desilusión y agitación. Le dije:

—Bueno, adelante, pruébalo, y si no te gusta, podemos volver a ponerlo en la caja en la que vino y devolverlo.

Su respuesta:

—Ah..., pues ya he tirado el embalaje exterior.

Lidié con mi frustración; pregunté, en meditación, qué estaba sucediendo. Obtuve la información al instante: ¡era mi ego! Mi «yo» quería hacer algo especial para él, ya que él hace mucho por mí. Quería regalarle algo que desconociera (por lo general, obtiene lo que necesita cuando lo necesita) para poder sentir que estaba «haciendo mi parte», que le estaba mostrando mi amor y reconocimiento.

¡Ay! No me gustaba admitir que me encontraba en el ego. Pero entonces afloró un recuerdo de la infancia. En él, mi madre estaba abriendo un regalo de Navidad de mi padre. La historia de fondo es que él le había preguntado qué quería para Navidad y luego la había llevado a la tienda en medio de una tormenta de nieve para conseguirlo. ¡Y después lo dejó en la mesa con todos los otros regalos para que ella los envolviera!

En la mañana de Navidad, lo abrió con elegancia delante de todos, sonrió dulcemente a mi padre y dijo: «¿No sería gracioso que hubiera un billete de cien dólares en este bolso?». Lo abrió y, en efecto, ¡había un billete de cien dólares! Mi padre se esforzó mucho para sorprenderla: hizo que ella lo comprase y lo envolviese; a continuación tuvo que tomarse muchas molestias para encontrarlo, desenvolverlo con cuidado y volver a envolverlo, para poder añadir esa sorpresa. Y en ese momento supe la verdadera razón por la que quería sorprender a mi marido: porque aprendí que las sorpresas son una de las formas que tenemos de mostrar nuestro amor y reconocimiento. Pero a veces aceptar lo que ocurre es el mayor de los regalos.

Da un paso evolutivo ascendente

En la actualidad, la humanidad está siendo bombardeada constantemente con maravillosas vibraciones de apoyo que están cambiando la realidad de tal manera que cada vez nos es más fácil estar en la quinta dimensión. Tus oraciones y meditaciones diarias, especialmente las que llevas a cabo en contextos grupales, te ayudarán a anclar en la realidad a tu yo de la 5D. Aunque todo se basa en el libre albedrío, tu intención de abrirte a recibir la abundancia, la sanación, la transformación y la maestría te conecta con estas vibraciones y respalda todas tus decisiones. Imagina que caen millones de dólares de un edificio de gran altura:

para que sean útiles, las personas que se encuentran debajo deben recoger esos billetes y utilizarlos para su propio bien y el de la humanidad.

Parte de esta energía te ayudará a manejarte a través de la baja vibración del ego. Tienes muchas oportunidades de trabajar con él. Busca y aprende las herramientas para conectarte con el yo superior (ver el capítulo uno), lo cual también te ayudará a enseñarle al ego qué beneficios presenta dicha conexión. En algún momento, cabe esperar que puedas fusionar el ego con el yo superior.

EL EQUILIBRIO ENTRE LO MASCULINO Y LO FEMENINO EN LA QUINTA DIMENSIÓN

Cuando uno de mis hijos se encontraba en la preadolescencia y le estaba enseñando que todas las personas tienen un componente masculino y uno femenino, replicó enfáticamente: «Mamá, ¡no hay nada femenino dentro de mí!». Sonreí ante su arrebato. Lo ideal es que tanto los hombres como las mujeres aspiren a desarrollar un yo equilibrado, que constituya la plena expresión de lo divino femenino y lo divino masculino en ambos sexos. Esto se manifiesta a través de las expresiones físicas de compasión y receptividad en el lado femenino y las expresiones de equilibrio, orden y poder en el lado masculino. Cada uno de nosotros estamos llamados a conseguir este equilibrio, y seguiremos lidiando con todos estos aspectos hasta que los hayamos dominado a través de dicho equilibrio.

En la 5D, la expresión de las cualidades de lo masculino y lo femenino puede ser interna o externa, según la situación y las necesidades del momento (piensa en los hombres que cuidan a sus hijos y en las mujeres que operan maquinaria). Esto nos otorga una flexibilidad tremenda. Imagina que eres capaz de alternar entre la expresión masculina y la femenina, según la persona con la que estés o la situación en la que te encuentres. Las mujeres y los hombres han estado haciendo esto, de una forma casi espontánea, durante bastante tiempo.

Tras haber permanecido en casa con mis hijos durante unos años después de estar en el mundo empresarial, no me di cuenta de que me había convertido en una madraza. Sin embargo, cuando volví a trabajar, recuperé mis modales empresariales. Regresaba a casa por la noche llevando puesto todavía mi «sombrero empresarial, masculino», y eso empezó a causar estragos en la familia. Cuando me di cuenta de esto, decidí «cambiar de sombrero» a conciencia al llegar a casa —es decir, pasar de la energía de tipo empresarial (masculina) a la energía de cuidado (femenina)—, y el caos dejó de reinar en el hogar. Este nuevo equilibrio es característico de la 5D. A medida que vayas conectando con tu verdadera identidad y sumergiéndote en ella, irás descubriendo que es muy fácil manifestar expresiones masculinas o femeninas o polaridades masculinas y femeninas de forma casi simultánea.

La sanación de lo divino masculino y lo divino femenino

Desde principios de 2006 hemos estado asistiendo a la gestación y el nacimiento de lo divino masculino y lo divino femenino en los seres humanos. Ahora vamos por la etapa de la primera infancia, en la que es el momento de «aprender a hablar». Las siguientes fases se pueden comparar con la niñez, la adolescencia y, finalmente, la edad adulta. Tu objetivo es reinventarte y avanzar hacia las nuevas vibraciones.

La rejilla de lo divino masculino —que constituye la base energética de la forma en que los hombres actúan, reaccionan y resuelven los comportamientos de liderazgo— ha sido actualizada. Originalmente, el macho divino seguía al macho alfa y la energía de la hembra divina era de apoyo. En la nueva versión, la de la 5D, cada hombre puede ser su propio líder y trabajar con otros hombres de una manera más igualitaria. Para que lo comprendas mejor, examinemos el viejo sistema de liderazgo.

En los tiempos de los caballeros templarios, la acción masculina tenía una base muy diferente de la actual. Un caballero del grial estaba al servicio de la misión de un siervo del grial. Su trabajo consistía en proteger y servir al líder del grupo. La compañera de este caballero era desconocida y estaba oculta. Estos hombres a menudo tenían familia, la cual no figuraba en ninguna parte. Las familias ocultas fueron llamadas *amigos del grial*. Estos amigos del grial vivían en comunidades en los que su verdadera identidad no era nunca revelada, como medida de protección de la mujer y los hijos. Este modelo en el que la mujer, que pasaba inadvertida, se limitaba a seguir y apoyar, formaba parte del contrato que vinculaba a hombres y mujeres en el contexto de una misión.

Ha habido una misión más grande en segundo plano en la que han participado muchas personas que han estado trabajando con María Magdalena. En el primer viaje sagrado vinculado a María Magdalena que realizamos, en 2006, algo cambió cuando nos reunimos en Francia. El último día nos encontrábamos en un lugar muy sagrado, cerca de Ussat, con un miembro del linaje de María Magdalena, quien nos ungió y dirigió una ceremonia en la que los hombres representaron a los hombres de la humanidad y las mujeres a las mujeres de la humanidad. En esa ceremonia, los hombres avanzaron desde la posición de servidores del grial a defensores del grial, y las mujeres pasaron de ser amigas del grial a compañeras del grial. Estos nuevos modelos capacitaron a ambos para que manifestaran su ser divino en lugar de permanecer en posiciones basadas en la lealtad a una persona.

El hecho de que los hombres se convirtieran en defensores significaba que no tenían que demostrar nada ni conquistar nada para dejar clara su valía. Tampoco necesitaban seguir a un líder. Y es importante destacar que ya no se les exigía que abandonaran a su familia para cumplir su misión. También podrían elegir la forma de expresar su trabajo, lo cual podría incluir trabajar con otros. Por su parte, las mujeres pasaban a ser compañeras, iguales a los hombres en todos los ámbitos. Esto significa que las rejillas de los servidores y las amigas fueron reemplazadas por la nueva energía de los defensores y las compañeras.

Sin embargo, hacía falta trabajar más en esto para que se integrara en la realidad, y requirió más tiempo de lo esperado. Mientras tanto, hombres y mujeres de todas partes iban encontrando su forma de manifestarse en consonancia con estas nuevas rejillas e iban anunciando su clara intención de ser diferentes de sus predecesores.

En 2012, el chamán maya Hunbatz Men encabezó un viaje sagrado conmigo y otros instructores espirituales. En las ceremonias nos recordó a todos que esta es la era de la mujer, que los hombres tendrán que echarse a un lado. Muchos instructores espirituales están diciendo lo mismo. En aquel evento, «acepté» la responsabilidad de este liderazgo espiritual en nombre de todas las mujeres y recordé a los asistentes que nos incumbe a todos, especialmente a las mujeres, que este nuevo poder sea el de la igualdad y el liderazgo compartido.

El viaje sagrado de Magdalena de 2014 fue una extensión de la bendición que había sido nuestro viaje anterior. El defensor (el hombre) fue sanado de la herida de la manipulación y el agobio. La compañera (la mujer) fue sanada del dominio abrumador y la subyugación. Anclar el antídoto de estas heridas constituyó solamente una parte de la ceremonia. También reclamamos el *consolamentum* para cada miembro de nuestro grupo en nombre de la humanidad. Este «sacramento de los cátaros» era el equivalente a la inmersión en el Espíritu Santo, o Unión Divina. El *consolamentum* era una ceremonia que se realizaba exclusivamente en la cueva donde estábamos; a través de ella, el candidato, hombre o mujer, se convertía en «perfecto», es decir, pasaba a estar totalmente conectado a su ser divino. Nos activamos y cada uno le pidió a su yo superior que efectuara la unción. La sanación de estas heridas hizo que hombres y mujeres pasasen a estar conectados en la igualdad de poder y la armonía.

En todo el planeta se están llevando a cabo muchas ceremonias similares para sanar y unificar las viejas heridas emocionales creadas por los excesos que ocasionaron abusos. Facilitar y crear ceremonias y rituales es una de las claves para obtener grandes logros en relación con las nuevas energías. Esta es una forma importante de poder lograr un grado de dominio y conexión entre la persona y su ser divino. Conéctate con tu corazón y trabaja con dichas energías.

9

RECONOCER LAS DIMENSIONES SUPERIORES

Hasta ahora hemos estado hablando de las primeras cinco dimensiones, pero en realidad hay trece, y es posible acceder a todas ellas. Al final de este apartado he incluido unas tablas para que te sirvan como referencia rápida y puedas empezar a explorar las dimensiones; en ella, hago constar sus valores y características. Eres multidimensional, no lo dudes, y los puntos de referencia proporcionados te ayudarán a identificar dónde estás ubicado en cualquier momento dado. En última instancia, te ayudarán a comprender que estás oscilando simultáneamente entre múltiples dimensiones mientras estás enfocado, principalmente, en una sola en cada momento.

Una de las características de la 5D es que nos volvemos más conscientes de las anomalías de la realidad. Si viste la película *Matrix*, podemos hacer una analogía con la escena en la que Neo (el protagonista) ve que un gato se desplaza hacia delante, después hacia atrás y luego hacia delante de nuevo. Menciona este hecho, y sus acompañantes ven en ello la señal de que deben abandonar la matriz de inmediato. Definitivamente, vale la pena que veas esta película si quieres comprender las dimensiones, ya que muchos de los principios son fácilmente transferibles. Puesto que contiene escenas de violencia, te recomiendo que te tapes los chakras mientras la ves.*

Tenemos la capacidad de tomar conciencia de las anomalías de la realidad porque podemos discernir fácilmente las mentiras creadas por los medios de comunicación y la contrainteligencia de la desinformación cuando ya no estamos conectados al control mental de la conciencia de masas dirigido a la humanidad. Ya no se nos puede mentir sin que nos demos cuenta de que hay algo que no es correcto. Gran parte de lo que una vez fue la nube de desinformación se vuelve muy claro de repente. ¿Cómo podemos adquirir esta conciencia? Una forma es empezar a comprender lo que tiene por ofrecer cada una de las dimensiones superiores y cómo podemos experimentarlas. En capítulos posteriores veremos métodos para salir del confinamiento que supone la tercera dimensión.

Las tablas 9.1, 9.2 y 9.3, que encontrarás en páginas posteriores, sintetizan las características principales de las trece dimensiones, que aparecen divididas en tres ámbitos: el de la creación baja o basada en la polaridad, el de la creación media y el de la creación superior. Ser capaces de identificar las diversas dimensiones nos permite desplazarnos conscientemente a esos lugares en nuestras meditaciones y, finalmente, añadirlas

---

* Para tapar los chakras, basta con efectuar un movimiento sencillo con la mano. Coloca la palma unos quince centímetros por encima de la parte superior de la cabeza, y luego desplázala por la parte frontal del cuerpo, manteniendo la distancia y poniendo la intención de cerrar cada uno de los chakras, como cuando cerramos los ojos con la mano. Se volverán a abrir fácilmente, por sí mismos, más tarde.

intuitivamente a nuestro entorno consciente, el de la vigilia. Esta habilidad también nos ayuda a comprender que hay orden, congruencia y enfoque en todos los niveles.

Los pasos evolutivos básicos que estamos dando nos permiten tener una idea de lo que viene a continuación. La creación inferior debería ayudarte a entender lo que ya sabes y experimentas. A través de esta comprensión, puedes empezar a contemplar las dimensiones superiores.

Desde mi punto de vista, esta información es útil para la mente lineal, que siempre está tratando de comprender. Puedes dejar que tu trabajo espiritual te guíe y, finalmente, vibrar en el ámbito de la quinta dimensión, o puedes elegir utilizar, además, tu mente. Esto significa adoptar una actitud mental que te conduzca a reconocer y observar en ti mismo —a través de la introspección, tus amigos cercanos o tus comportamientos— creencias o actitudes que estén en conflicto con el concepto de la quinta dimensión. Esto te permite anclarte en un espacio más elevado de lo que habría sido posible si solo hubieses trabajado con tu corazón. A menudo nos sentimos más seguros con nuestro cónyuge o con nuestros familiares y amigos cercanos, con quienes exhibimos nuestro peor comportamiento. Este es el entorno ideal para cambiar, si lo permitimos. Al fin y al cabo, no es más que un sistema de información que contribuye a nuestra comprensión para que podamos quitarnos de en medio de nuestro propio camino. Así como aprendes a dejar en suspenso tu incredulidad mientras estás en el cine, lo cual te permite coexistir en más de una realidad, ahora es el momento de dejar que tu mente egoica permita tus posibilidades multidimensionales. A medida que vayas aceptando esto y te vayas haciendo consciente de las cualidades únicas de cada dimensión, podrás acceder a ellas intencionadamente.

Los humanos ya estamos ocupando múltiples dimensiones a la vez. Existen varias versiones de ti que actualmente participan en otras dimensiones. Este hecho es contrario a lo que nos indica el sentido común, porque una de las funciones de la 3D es constituir un punto de ensamblaje, lo cual hace que el observador y el experimentador sean una misma persona, y esto elimina la conciencia de otras expresiones. Esta es una de las cosas que están cambiando en la actualidad. De hecho, nuestras experiencias en la creación también están replicando las *relaciones* existentes entre las dimensiones, así como las cualidades específicas de estas. Además, el hecho de comprender y aceptar el concepto de las dimensiones proporciona una manera única de que la información de las experiencias de un individuo quede organizada por capas en la realidad. Nos ayuda a reconocer que, aunque podamos estar vibrando en la quinta dimensión en cualquier momento, las dimensiones están anidadas vibratoriamente, como las muñecas rusas. Esto significa que podemos interactuar con nuestra familia aunque se encuentre todavía en el ámbito de la 3D, porque en cualquier nivel tenemos acceso a experimentar los niveles más bajos. Existen reglas sobre la forma que adopta la interacción, pero se aplican principalmente a la quinta dimensión y las superiores a esta. Estudia las tablas que se incluyen al final de este apartado para que te ayuden a identificar las cualidades de cada una de las dimensiones. Con esta nueva comprensión, podrás comenzar a ver que las relaciones entre las creaciones son tan importantes como las creaciones mismas.

La simetría y el orden que se encuentran en el mundo físico y en el universo en todas las formas de la geometría sagrada como la música, los materiales visuales o el arte para llevar puesto[*]

---

[*] *Wearable art*, el arte ponible, también conocido como *artwear* o *art to wear*, se refiere a piezas de ropa o joyas hechas a mano diseñadas individualmente creadas como arte o inspiradas en alguna obra artística.

ayudan a la humanidad a volver a tejer o calibrar sus viejos patrones disfuncionales e irregularidades en su propio diseño divino. Hay muchos artistas nuevos trabajando en este ámbito.

Cuando analices las tablas 9.1, 9.2 y 9.3 podrás ver una estructura básica asociada a las dimensiones. Ya hemos hablado de varias dimensiones, hasta la quinta, pero a continuación examinaremos también las que están más allá de esta.*

La sexta dimensión es el lugar al que vamos a menudo durante el sueño. Es un espacio que tiene estructura y forma si lo deseamos, pero no las exige. Es el lugar de todas las plantillas de las estructuras básicas de la Tierra, como el ADN, la geometría y los lenguajes de luz, que constituyen la base para las expresiones y experiencias desarrolladas en la tercera dimensión. En la sexta dimensión, nos sentimos tan satisfechos con la individualidad de la quinta que estamos listos para comenzar a expresarnos en contextos grupales. Sin embargo, la estructura grupal aún no está perfeccionada. Esta es la zona en la que podemos comenzar a reconocer otras versiones de nosotros y nuestro trabajo en otra persona.

La séptima dimensión viene directamente de la Fuente, y conlleva el aspecto material de la precisión. Aquí se encuentra la base de la expresión grupal. Este es el último lugar donde uno puede experimentarse como separado. En la séptima dimensión sentimos una conexión emocional tan dulce con la conciencia, tal como se expresa a través de almas similares a nosotros, que la manifestación en grupos se produce fácilmente.

La octava dimensión es tan vasta que nos es difícil comprenderla desde la tercera. Aquí, uno no puede experimentar el yo como separado. Generalmente, cuando la conciencia está

---

* Puedes leer más sobre todas las dimensiones en mi libro *Beyond the Flower of Life* [Más allá de la flor de la vida].

enfocada en este espacio, el yo tridimensional se desactiva; la fuerza de la vida pasa a ser el colectivo, el todo colaborador. Aunque en este ámbito hay grupos, la infinitud de la conciencia lo impregna todo. Aquí cada uno es más un *nosotros* que un *yo*.

La novena dimensión representa la conciencia colectiva de grupos disímiles: planetas, sistemas estelares, galaxias y dimensiones. Sin embargo, la conciencia es dirigida internamente. Esta dirección interna específica que crea la conciencia colectiva funciona análogamente a como las distintas partes del cuerpo humano en su conjunto constituyen un gran sistema.

La décima dimensión es aquella en la que moran los seres de la base de la creación. Su energía es tan vasta que está más allá de la capacidad inicial que tenemos de comprenderlo. Aquí es donde se conforma el plan divino. Los *elohim* y otros seres y sistemas divinos tienen su origen en este espacio. Es el código fuente en su máxima expresión.

La undécima dimensión es un maravilloso lugar de anticipación. En ella, los conceptos están más vivos que las formas. Es el entorno de la conciencia integrada de las partes separadas de Dios, que aquí se encuentran en unión y comunión. El grado de éxtasis del espacio de unión no puede ser descrito. Aquí se encuentran los registros akáshicos, que, como recordarás, son un campo vivo que va cambiando. Aunque usemos la palabra *registros*, que implica permanencia, es más bien un entorno vivo y que respira. Esta dimensión es la región de los arcángeles, de *lord* Metatrón y de los códigos matemáticos, que incluyen los códigos genéticos que posibilitan la expresión de todas las versiones de la realidad. También contiene un tipo de euforia que puede compararse con el momento anterior al orgasmo. Cuando uno ha conocido esta dimensión, experimenta un cambio permanente en el nivel del ser.

La duodécima dimensión es el lugar de la Conciencia Pura y la Conciencia de la Luz. Este entorno está tan conectado a sí mismo que no hay ningún tipo de separación. Hay quienes consideran que es el punto de parada de la creación.

La decimotercera dimensión entiendo que es la Conciencia de la Unidad y un lugar para los nuevos comienzos. He experimentado esta energía como el espacio en el que cualquier pensamiento de *no Dios* causaría dolor y es inconcebible. El amor es la esencia de todo aquí, e incluso esta descripción es insuficiente.

Una de las formas de experimentar la multidimensionalidad es quedarse completamente en blanco. En general, cuando olvidamos lo que vimos o hicimos en nuestra meditación es porque subimos tan arriba que perdimos cualquier punto de referencia. Otra forma en que la mente lidia con la sobrecarga que supone cambiar la forma en que experimentamos y entendemos el mundo que nos rodea es el olvido: estamos a punto de hacer algo, y luego nos damos cuenta de que hemos olvidado lo que estábamos pensando y tememos que nos pueda estar ocurriendo algo grave. Estos olvidos son momentos ideales para que la conciencia desconecte completamente de una versión de la realidad y pase a otra.

Cada uno de estos momentos constituye una manera de desconectar de los mecanismos de aferramiento del ego. Si has tenido muchos de estos olvidos últimamente, plantéate la posibilidad de que estés pasando de una dimensión a otra sin ser capaz, todavía, de mantener la conciencia en ambas.

A lo largo de los años he comunicado mucha información, pero sigo considerando que las tablas 9.1, 9.2 y 9.3 ofrecen el contenido que más te ayudará a comprender de forma sintética las distintas dimensiones y a experimentarlas. También puedes encontrar información adicional en mi libro *Beyond the Flower of Life* [Más allá de la flor de la vida].

Tabla 9.1. Dimensiones primera a cuarta: ámbito de la
creación inferior o basada en la polaridad

Dimensión	Estados del ser	Qué encontramos aquí
1.ª	Enfocado hacia dentro, auto-conciencia, voluntad de Dios.	Punto de autoconciencia.
2.ª	Enfocado hacia fuera, punto y línea, una sola superficie (como una hoja de papel), sabiduría de Dios.	Reconocimiento de la relación orientada hacia uno mismo y los demás, el inicio de la polaridad.
3.ª	Enfocado hacia dentro, basado en la materia, inteligencia activa, devoción hacia Dios; lugar en el que integramos la individualidad con la santidad, en el que aprendemos a experimentar dolor y a sanar; los sonidos y colores procedentes de dimensiones más elevadas emanan de los cuerpos y la armonización los convierte en patrones funcionales; actos ceremoniales (palabras, ceremonias). *Objetivo:* equilibrar las experiencias de la polaridad integrando la materia y el contraste; *de base material.*	Crear el cielo en la Tierra, proyecciones desde otras dimensiones, el drama del bien y el mal, la conciencia de la polaridad; los números y las relaciones, como las «constantes» irracionales como *pi* y *phi*, constituyen la base para la creación en la materia; la permanente conciencia de la polaridad causada por el hecho de encontrarnos aislados de Dios provoca el deseo ocasional de escapar de la 3D y entrar en el cielo. *Objetivo:* trabajar por el equilibrio y utilizar el deseo para crear el cielo en la Tierra.
4.ª	Enfocada hacia el exterior; el reino elemental proviene sobre todo de la 4D; pureza de Dios (arte, música, cultura); proyección del reino elemental (gnomos, hadas, elfos, magia). *Objetivo:* aprender a equilibrar el mundo del espíritu; *de base emocional.*	Dimensión extremadamente cambiante. Alta: movimiento ascendente (hacia la 5D). Baja: plano astral (lugar de seducción, es fácil quedar atrapado o atascado aquí, las fuerzas de la polaridad siguen operando).

Tabla 9.2. Dimensiones quinta a novena: ámbito de la creación media

Dimensión	Estados del ser	Qué encontramos aquí
5.ª	Enfocado hacia dentro, conciencia crística, cuerpos de luz; pruebas de la existencia de Dios en el ámbito científico. *Objetivo:* equilibrar todos los aspectos del yo tal como se expresan por medio del yo superior, último grado de la perfección humana; *de base espiritual.*	El cielo según el concepto que se tiene de él en la 3D; la perfección tal como la conocemos; dicha, proyección de la perfección concebida, plena integración, conciencia de estados del ser mayores, implica la conciencia grupal.
6.ª	Enfocado hacia el exterior, paz e idealismo; todo el lenguaje simbólico es utilizado aquí; siguen existiendo los cuerpos individuales, pero son mucho más longevos que en la 3D; uso del MerKaBa y otra geometría sagrada para apoyar emprendimientos creativos y unificar propósitos; control de la materia física del propio cuerpo para amoldarla a los pensamientos; movimientos grupales; *basado en la forma grupal.*	Ámbito del color, la luz, la música, la geometría, los moldes de ADN (los patrones de todos los tipos de especies), la cocreación con los demás, la creación de las formas, el trabajo durante el sueño; la conciencia crea a partir del pensamiento y solamente tiene un cuerpo si lo desea.
7.ª	Enfocado hacia dentro, manifestación desde la fuente, luz lúcida, tonos claros, geometría clara y expresión pura, como un banco de peces (que están separados y aun así se mueven como uno solo); *basado en la expresión grupal.*	Lugar de la precisión infinita; el yo se percibe como individuo.
8.ª	Enfocado hacia el exterior, mente grupal, alma grupal, más *nosotros* que *yo*, conciencia centrada en el grupo en cuanto *nosotros* (movimiento grupal del tipo banco de peces); colectivo = un corazón, una mente, un ser; *basado en la conciencia grupal.*	Proporciones enormes que están más allá de la comprensión posible en la 3D, dificultad para conservar la conciencia si se viaja aquí desde la 3D (uno puede dormirse o quedarse en blanco en esta dimensión; el elemental del cuerpo «apaga» todas las actividades aquí y más allá).

Dimensión	Estados del ser	Qué encontramos aquí
9.ª	Enfocado hacia dentro, conciencia colectiva de los planetas, los sistemas estelares, las galaxias y las dimensiones; conciencia grupal de grupos disímiles; *basado en la conciencia colectiva*; enormidad.	Conciencia interior mayor que la conciencia exterior (el uno forma parte de un todo complejo), todo es más vasto que nuestra comprensión de la conciencia.

Tabla 9.3. Dimensiones décima a decimotercera: ámbito de la creación superior

Dimensión	Estados del ser	Qué encontramos aquí
10.ª	Enfocado hacia el exterior, desarrollo de nuevos planes; los seres de la base de la creación; *basado en la creación en la materia*.	Aparición del plan divino, los componentes básicos, sentido de la individualidad (no en el mismo grado que en la 5D).
11.ª	Enfocado hacia dentro, los procesos más que el estado de ser, lugar de anticipación, luz preformada; Metatrón, arcángeles; registros akáshicos para el planeta, la galaxia y todo el sistema; los registros akáshicos están vivos; *basado en la gestación y la expectativa*.	Entorno de la unión amada (amor de las partes separadas de Dios demasiado extático para poder describirlo); punto anterior a la creación/un estado de expectativa exquisita (no se puede resistir el conocimiento de la inminencia de la creación), unión a la potencialidad, el éxtasis previo a la concepción.
12.ª	Enfocado hacia el exterior, una conciencia de todo, una fuerza, un Dios, una luz, ninguna separación (redundante), la capacidad de experimentar un Dios; *basado en la luz de la conciencia*.	Retorno a un punto, toda conciencia sabe que es totalmente una con *Todo lo que Es*, no hay ningún tipo de separación, tocados/alterados para siempre por el conocimiento de quiénes somos realmente.
13.ª	Enfocado hacia dentro; *basado en la unidad de la conciencia*.	El amor es la esencia de todo; disponibilidad compasiva.

LA BASE DE LAS DIMENSIONES

Cada categoría tiene una base operativa. Esto significa que la superposición que se produce en las distintas dimensiones se rige por esta expresión. La tercera dimensión está basada en la materia, la cuarta en las emociones, la quinta en el espíritu, la sexta en la forma grupal, la séptima en la expresión grupal, la octava en la conciencia grupal, etc.

Una forma de empezar a comprender esto es reconocer que todos estamos operando ya dentro de estas estructuras sin darnos cuenta. Por ejemplo, la mujer que fundó la organización Mothers Against Drunk Driving (MADD) ('madres contra la conducción en estado de embriaguez') pasó por una experiencia material: su hija murió. Después lidió con sus emociones de dolor, que crearon la base emocional. Luego se implicó en el servicio a través de la espiritualización de la experiencia; se propuso ayudar a otras personas. A continuación formó un grupo, que desarrolló sus propias expresiones; incluso habló delante del Congreso. La MADD se convirtió en el símbolo de una toma de conciencia a partir de las colaboraciones que estableció (por ejemplo, con la Automobile Association ['asociación estadounidense de automoción']) y gracias a la cultura específica del grupo. Como etapa final, creó innumerables colaboraciones adicionales y una conciencia colectiva que es muy conocida y aceptada.

Cuando pasamos al ámbito de la creación superior, que abarca de la dimensión décima a la decimotercera, la analogía se adentra más en lo esotérico, pero nos ayuda a darnos cuenta de que es muy probable que estemos avanzando en múltiples dimensiones al mismo tiempo. Puedes comenzar a identificar esto al examinar tu propia vida y tus intereses, junto con la forma en la que te expresas a través de estos intereses.

La mayoría de las personas se hallan en las dimensiones pares o en las impares. Las dimensiones con números pares son de carácter introspectivo y están orientadas hacia dentro, mientras que las dimensiones con números impares tienden a estar basadas en el exterior, son expansivas. También se podría decir que todas las dimensiones de numeración impar tienen que ver con la acción y son por tanto masculinas, y que las dimensiones de numeración par tienden a ser introspectivas y receptivas, o femeninas. Todo esto es muy emocionante cuando empezamos a darnos cuenta de lo muy similares que son el macrocosmos y el microcosmos.

Una experiencia más allá de la octava dimensión

Uno de mis amigos y anfitriones de Bulgaria me escribió un correo electrónico conmovedor que confirma parte de esta información relativa a cómo experimentar las dimensiones superiores:

Hoy era el primer día de un taller muy avanzado llamado Iniciaciones Mahatma. Hicimos un trabajo en lo que denominas dimensiones séptima, octava y novena, y el amor era inmenso. Estuvimos eliminando viejas creaciones, patrones e intenciones, realidades que ya no nos sirven, etc. Al final creamos un programa para la abundancia, la prosperidad, el amor y la luz, y la sensación fue de pura dicha. Después de eso dejé que cada uno creara sus propios programas.

Una mujer perdió el conocimiento al final de la meditación. Se quedó sentada en la silla sin respirar y sin pulso, y su cuerpo intentó adoptar la postura fetal. La «despertamos» (así que no hubo problema), pero nos dijo que intentó regresar a la Fuente por sí misma y que no experimentó más que una pura luz dorada y un profundo amor. Nada más; ningún pensamiento. Dijo que estaba en todos los lugares de la creación y que la vivencia duró horas. Te informo de esto solo a modo de confirmación de lo que dijiste de que el elemental del cuerpo «apaga» este si la mente se aventura más allá de la octava dimensión. No te preocupes; no fue una experiencia atemorizante. Todos entramos en un estado de mucha calma y solo utilizamos un lenguaje amoroso después de ese suceso.

CAMBIOS DIMENSIONALES

Para ayudarte a comprender las dimensiones, te presento a continuación algunos ejemplos de lo que se puede experimentar al ser consciente de más de una dimensión. Hay varias posibilidades. Tal vez puedas percibir colores, sonidos y olores que no podías apreciar anteriormente. ¡O puede ser que tengas experiencias de «cuelgue» extraordinarias! En una ocasión en la que padecí una intoxicación alimentaria, sentí que abandonaba el cuerpo y me sentí bastante «desconectada» de la realidad; la experiencia puede ser un poco parecida a esta. Y si, incluso estando sentado, sientes que aún tienes que estabilizarte, puede muy bien ser que estés experimentando cambios dimensionales.

Oír un tono fuerte

Algunas personas oyen un tono fuerte inmediatamente después de tener esa sensación. Ten la seguridad de que esto también forma parte de tu nueva normalidad. Lo que ocurre es parecido a estar cargando una mesa pesada escaleras arriba e ir parando para recuperar el equilibrio. Imagina que unas cuantas almas fuertes están subiendo dicha mesa, haciendo pausas cada pocos escalones para ajustar la posición, modificar los puntos de agarre y reafirmar su convicción de que van a lograrlo. El tono fuerte que llega es la señal de «confirmación» de que todo está en orden y es apropiado seguir adelante.

Ver luces

Algunas personas de mi círculo interno también ven luces. En un caso, una mujer que tiene cortinas opacas en sus ventanas se despertó en mitad de la noche y pudo ver bolas de luz brillantes. Al principio tuvo miedo, pero pudo decidir cognitivamente que no estaba viendo nada que hubiese en su habitación y optó por consultarme. Yo también había visto esas luces. Puede ser que también te esté ocurriendo a ti, y la razón de ello acaso te sorprenda.

Significa que estás percibiendo o viendo como tu yo de la 5D mientras estás también en la 3D. ¡Bienvenido a la quinta dimensión! Ver las luces por el rabillo del ojo al mediodía también es una experiencia habitual (¡no es lo mismo que las manchas oscuras conocidas como «moscas flotantes» que aparecen con la edad!). Cuando percibas a estos seres –quienes, por cierto, hace algún tiempo que están por aquí–, asiente con la cabeza, sonríeles y dales la bienvenida con estas palabras: «Si pertenecéis a la luz, os invito a mi espacio para que me prestéis vuestros servicios y los prestéis a quienes me rodean». Esto activará tu canal de sabiduría en ese momento.

10

VIBRAR EN LA QUINTA DIMENSIÓN Y ACTIVAR LOS CHAKRAS SUPERIORES

Los chakras son ruedas, portales y centros energéticos que tienen múltiples propósitos. Son receptores y transmisores. Se ha escrito muchísimo sobre el sistema de los siete chakras, y realmente es un tema que vale la pena estudiar. Mi intención en estas páginas es ayudarte a conocer tus chakras superiores (del octavo al decimosegundo), abrirte a ellos y activarlos. Dicha activación te abrirá al ámbito de los dones espirituales que anteriormente estaban reservados a los budas. De hecho, *buda* significa 'alguien que ha despertado'.

Todos los chakras están abiertos y disponibles para todos nosotros. Empezaremos por examinar brevemente cada uno de los chakras superiores para saber cuáles son sus funciones y cómo puedes conectarte con ellos. Al igual que ocurre con las dimensiones, los chakras que están enfocados hacia dentro alternan con los que están enfocados hacia fuera. En la expresión del ser propia de la 3D, los chakras se manifiestan principalmente de manera interna o externa. En los hombres, el chakra de la raíz, el del plexo solar, el de la garganta y el de la corona son masculinos o, lo que es lo mismo, se expresan externamente. En las mujeres, estos mismos chakras se expresan de manera interna.

Los chakras no se abren necesariamente en un orden secuencial, sino que se estimulan entre sí para obtener un despertar gradual en todos los niveles. También es cierto que cuando se abre un chakra, el que está debajo resulta energizado y estimulado, lo cual hace que la curva de aprendizaje sea muy rápida. Algunos de los lectores de esta obra ya habéis abierto y activado los chakras superiores sin que haya intervenido ningún esfuerzo o conciencia procedente del exterior. Algunos sois maestros ascendidos que están liberando suavemente las energías de estos chakras superiores a medida que aprenden a operar en las frecuencias más altas. Ya tenéis pleno acceso a ellas, pero en general elegís elevaros lentamente, para no ocasionaros problemas a vosotros mismos ni causarlos a otros individuos.

LA ACTIVACIÓN DE LA GLÁNDULA PINEAL

Antes de explorar los chakras superiores, es importante que hablemos brevemente de la glándula pineal y el chakra del tercer ojo. Edgar Cayce, psíquico y sanador clarividente del siglo xx, dijo: «Mantened la glándula pineal operando y no envejeceréis [...] siempre seréis jóvenes».*

Si te tomas en serio las activaciones y las energías que se mueven a través de ti, harás bien en tomar algunas decisiones

---

* Esta cita proviene de una lectura efectuada por Edgar Cayce en la que buscó información sobre su propio proceso psíquico. Dado que muchas lecturas anteriores habían mencionado la importancia de la glándula pineal en relación con las experiencias psíquicas, esta era sin duda una recomendación razonable.

para mejorar tus resultados. Sigue los consejos siguientes en la medida de lo posible; cualquier cambio que efectúes en este sentido te será útil:

1. Evita el agua fluorada, porque calcifica la glándula pineal, y detiene así su actividad.

2. Evita el trigo, el gluten y el azúcar, porque ralentizan las expresiones de alta vibración y, en algunos casos, las limitan completamente.

3. Elimina los metales pesados (mercurio, aluminio, etc.) y otras toxinas del agua. Y desintoxica el cuerpo de estos metales (hay muchos recursos para lograrlo).

4. Medita a diario. Desarrolla tu práctica para que tengas hambre de meditación cuando no lo hagas.

5. Come productos ecológicos y tantos alimentos crudos como puedas.

6. Haz ejercicio a diario.

7. Exponte al sol. Visita el sitio web del médico experto en salud alternativa Joseph Mercola[1] para obtener más información sobre la vitamina D y la exposición al sol. Escucha también la conferencia TED sobre el mismo tema (la exposición al sol) pronunciada por el dermatólogo e investigador Richard Weller.[2]

8. Mantén un sueño regular. Muchos han pasado por alto el tema del sueño; lo ven como un mal necesario. Sin embargo, los equipos deportivos y la gente de negocios están aprendiendo que el sueño mejora el rendimiento en todos los ámbitos de la vida.[3]

Existe mucha información relacionada con todos los puntos anteriores a la que es fácil acceder. Estos consejos básicos harán que te sea más fácil alcanzar y mantener el estado de vibración correspondiente a la quinta dimensión. A medida que explores estos nuevos compromisos contigo mismo, empezarás a identificar y advertir que la mente subconsciente te da pistas.

Conectar con Dios

Puede haber algunos momentos en los que te cuestiones seriamente lo que está sucediendo. Cada uno de nosotros tenemos la capacidad de conectarnos directamente con Dios a través de la apertura del tercer ojo y la columna central —el tubo pránico—. Algunos experimentan la rápida apertura del río de energía que conduce a la glándula pineal como un «acontecimiento». En las tradiciones orientales más antiguas, estos eventos, denominados a veces *despertares de la kundalini*, les «ocurrían» solamente a los instructores y líderes espirituales. Hoy en día, esta experiencia le puede sobrevenir a cualquiera, y puede ser, de hecho, la llamada a emprender el trabajo espiritual que se tenía la intención de acometer.

Al principio, puedes asustarte si no sabes lo que está sucediendo. Es posible que experimentes que el caudal de energía que fluye por tu tubo pránico aumenta considerablemente. Una de las oportunidades más mágicas es que empieces a reconocer que estás transmitiendo tu energía a diario. Sabiendo esto, puedes elegir conscientemente mantenerte centrado y enfocado en el corazón.

Profundizar en la conciencia de la energía que se desplaza a través de uno tiene un efecto muy potente. La mayoría de nosotros pensamos que recibimos la información a través de la mente, pero ahora sé que nuestra mente no hace más que tomar la información procedente del corazón y descifrarla y clasificarla para nosotros.

Permítete descubrir esto prestando atención a los cambios energéticos que se produzcan alrededor de tu corazón. Muchas personas están almacenando activamente información en esta zona. Una de las formas en las que puedes abrirte a ello es a través del trabajo de Tom Kenyon. Podrías empezar con su maravillosa meditación guiada *White Gold Alchemy* ('alquimia de oro blanco'),[4] con la que aprenderás a activar los canales desde el corazón hasta la glándula pineal. Esto abrirá las puertas a tu conexión con el yo superior.

Activar el dodecaedro que se encuentra alrededor del corazón

Hay un dodecaedro alrededor del corazón que actúa como receptor de información de las dimensiones más elevadas, con lo cual constituye un portal para la comunicación divina procedente de otras dimensiones. Cuando la mente está apaciguada –gracias a la práctica de la meditación o de actividades mundanas apacibles, como caminar por la naturaleza o lavar los platos–, podemos abrir el canal de comunicación. Podemos abrir el corazón de muchas maneras; una de ellas es atraer al yo superior, pero también puede ocurrir por otros medios. Uno de ellos es que nos partan el corazón.

Se nos parte el corazón cuando nos lastima alguien a quien conocemos y a quien queremos, y de quien esperábamos un comportamiento mucho mejor. No esperábamos esa decepción, y es por eso por lo que este episodio puede conducirnos eficazmente a cambiar, soltar o abrirnos. Una vez que hemos abierto el corazón, se trata de mantenerlo así.

La desinformación abunda

Hay muchísimos agentes de desinformación en la espiritualidad emergente y en los campos de la salud, el comercio y otros. Por ejemplo, busca lo que se dice en Wikipedia sobre la homeopatía. De hecho, esta desinformación se encuentra en todos los ámbitos y, sin duda, habrás descubierto casos por ti mismo. Plantéate lo siguiente: sin la capacidad de discernir, ¿cómo sabrás si una cura, un tratamiento o una terapia son correctos? ¿Cómo sabrás qué hacer en medio de las circunstancias en las que os encontréis tú, tu familia u otras personas? ¡Debes acudir a tu yo superior!

Es útil trabajar en grupos. Por ejemplo, en este contexto es posible que descubras que determinada información es inapropiada para alguien, porque así se lo han comunicado a todos los miembros del grupo sus fuentes de orientación divina. No dejes de desconfiar de todo aquello que te dé una mala impresión o que genere dudas en tu grupo de estudio.

A veces, los individuos que difunden desinformación ni siquiera saben que lo están haciendo. Y saber detectar la información falsa es primordial para pasar a vibrar en la quinta dimensión. La buena noticia es que una vez que estamos en la 5D detectamos fácilmente cualquier tipo de desinformación.

EL ACCESO A LOS CHAKRAS SUPERIORES

Despertar en la 5D te permite acceder a los chakras superiores. Siguen a continuación algunas indicaciones relativas a lo que puedes esperar a medida que se van abriendo y energizando.

Puedes empezar a reconocer cuándo están abiertos o se están abriendo tus chakras superiores en virtud de las cualidades energéticas que pasan por ellos cuando están disponibles para ti. Sirven para proporcionar a los humanos información que no pueden recibir a través de sus cinco sentidos. El hecho de usar estos chakras superiores le indica al universo que estás listo para comenzar a vivir según una frecuencia dimensional superior.

El octavo chakra

Este es el chakra que está por encima de la cabeza. Cuando lo abras, puede ser que sientas un hormigueo o presión sobre la cabeza. Su propósito es conectarte con tu yo evolucionado en cuanto ser humano de la quinta dimensión. Es el «canal del parto» del portal superior y, como tal, da origen a la activación de los cinco chakras secretos y los cinco rayos secretos. Los cinco chakras secretos se encuentran en las palmas de las manos, las plantas de los pies y cerca del bazo o el timo.

Cuando usamos las manos para realizar cualquier tipo de trabajo energético, estas devuelven energía negativa. Los pies nos permiten anclarnos en el chakra cero (del cual se habla más adelante en este mismo capítulo) y nos conectan a las energías de la Tierra. Estos rayos secretos son anclados a través del hemisferio derecho del cerebro. El chakra secreto del bazo también se canaliza a través de la lactancia materna. Ocultos en su interior hay poderes que pueden sanar y ayudar a la humanidad y al planeta. Los cinco rayos secretos están contenidos dentro de los rayos blancos y amarillos del arcoíris, y se activan de forma natural cuando nos abrimos al octavo chakra.

El octavo chakra, conocido como la cámara secreta del corazón, nos abre a un grado de amor incondicional tan grande que experimentamos compasión por toda la vida, lo que se conoce como amor divino. Ahora, este amor divino puede fluir a través de ti. Representa tu conexión con la totalidad de la vida. A medida que aumenta tu compasión y preocupación por los demás, las situaciones y las circunstancias, tu octavo chakra se activa, y viceversa. Esto significa que a medida que practicas la meditación y efectúas activaciones que abren este chakra, cada vez te resulta más fácil tener compasión por los otros seres humanos y mantenerla.

Este portal energético eleva tu conciencia a un nivel superior al que corresponde a tu realidad física. Te dota de paz interior y te conecta internamente con los demás. Esta conexión interior ya es conocida en el reino animal. El naturalista griego Plinio el Viejo la definió en los delfines, pero ahora también puede atribuirse a los humanos: es la *amistad desinteresada*.

Adondequiera que vayas, descubres esa dulce amistad entre extraños que apenas existía antes. Algunos dicen que aquí es donde reside el karma, pero para todos los propósitos prácticos, el karma ya no existe, debido a las exenciones que están disponibles para la humanidad (consulta el capítulo cuatro). Te animo a reclamar tu nueva herencia; ¡se acabó el karma!

La gente experimenta el octavo chakra de muchas maneras. El color del mío es entre iridiscente púrpura y verde con dorado. Su nueva ubicación está por encima de la cabeza, pero algunos individuos suelen sentirlo entre el chakra del corazón y el de la garganta.

El noveno chakra

A medida que vamos abriendo y activando este chakra, vamos tomando conciencia de nuestro verdadero diseño cósmico. En algunas tradiciones, corresponde a la energía del cuerpo causal, el «almacén del cielo». Se describe a menudo como un arcoíris esférico ubicado alrededor de un cuerpo central, el cuerpo causal. Este chakra te ayudará a sanar tus heridas y te permitirá empezar a controlar tu realidad. Te conecta con el sol y el sistema solar. Es un portal multidimensional. Si tienes abierto este chakra, puedes traer abundancia, conciencia y conexión a tu continuo espacio-tiempo y puedes ser testigo de múltiples versiones de ti mismo. A medida que este templo cósmico va estando más disponible para ti, tus conexiones cósmicas aumentan y tu sabiduría interna y tu sabiduría externa se sincronizan.

El décimo chakra

El décimo chakra proporciona la conexión con el grado de maestría adquirido en las encarnaciones o vidas anteriores. Este chakra resuena con el gran sistema del sol central de nuestra galaxia, la Vía Láctea. Cuando este chakra se abre, podemos acceder a algunas capacidades de otras vidas, a ciertos dones que no están disponibles para los humanos. Podemos recopilar información con precisión, conectar con nuestro propio canal de sabiduría y oír con claridad los sabios mensajes de nuestros ángeles y guías. Esta es la energía activa que refleja la maestría alcanzada en vidas pasadas.

Este chakra se abre a una edad muy temprana, a veces incluso antes de la adultez, en las almas que ya son maestros ascendidos. Se vuelven conscientes de que pueden hacer cosas que otros seres no pueden hacer. Debido a su maestría, generalmente permanecen humildes. A menudo programan determinadas experiencias infantiles para asegurarse de que no operarán desde un espacio egoico. Por ejemplo, puede ser que tengan un padre o un hermano inusualmente exigente que trate de «retenerlos». Como solo conocen el amor, este comportamiento no los perjudica; solo tiene el efecto de condicionarlos a ser útiles y comprensivos con los demás y de ayudarlos a conservar la humildad. Por el contrario, quien haya tenido una infancia difícil y albergue tendencias narcisistas estará en modo de supervivencia; ese individuo no podrá ver el amor solamente, a diferencia de aquellos que han alcanzado la maestría y están encarnados para ayudar en la transformación de la humanidad.

El undécimo chakra

Por lo general, es la devoción por lo divino lo que permite acceder al portal del undécimo chakra. En términos físicos, resuena con toda nuestra galaxia como una entidad viviente. Gozamos de una comprensión plena; ya no necesitamos la polaridad para operar en la vida. Todas las decisiones fluyen con suavidad y sencillez. Cuando tenemos abierto este chakra, tendemos a la complacencia, porque el amor a lo divino es cordial y apacible.

Para mantenerte motivado mientras este chakra esté abierto y activado, sostén la atención en el chakra *estrella de la Tierra* (se presenta en el próximo apartado, «El chakra cero»). De esta forma podrás completar tus proyectos y misiones. Podemos percibir este chakra como una alfombra mágica personal, ya que su apertura nos brinda las capacidades de viajar en el tiempo, bilocarnos, leer la energía de otras personas y precipitar objetos y sustancias materiales. Quizá hayas oído hablar de yoguis que precipitan el *vibhuti* (una sustancia blanca pulverulenta) o joyas; de todos modos, la precipitación instantánea puede ser de cualquier cosa material. Este don acude cuando uno cuenta con el dominio que le permite manejarlo.

El duodécimo chakra

Esta apertura nos permite estar totalmente conectados con nuestro ser divino. De hecho, algunas personas han forjado una conexión directa con Dios; Nikola Tesla fue uno de los iniciados que lo hicieron. El duodécimo chakra nos ayuda a completar nuestra maestría divina. Mientras estemos encarnados, no siempre percibiremos estas habilidades como diferentes, porque cuando nos encontramos en este estado de activación, no advertimos lo que es diferente (sobre todo porque hemos abandonado el juicio y los apegos).

EL CHAKRA CERO

El chakra cero está justo debajo de los pies. A menudo se lo llama *estrella de la Tierra*. Su propósito es brindarnos una conexión profunda con la Madre Tierra para que experimentemos nuestro propio bienestar y el del planeta como uno solo. Al tratarse de un chakra nuevo, no contiene residuos de otras épocas que puedan frenar nuestra conexión sincera con la nueva Tierra.

También nos permite ser parte de la nueva visión para la Tierra, algo muy importante en lo que podemos participar solo con que estemos conectados a ella. A medida que vas ampliando tus conexiones superiores, es importante que te mantengas conectado a la Madre Tierra al mismo tiempo. Esto significa que debes permanecer en un cuerpo mientras expandes tu conciencia a través de las meditaciones. Esta posibilidad es nueva y pertenece, exclusivamente, al ámbito de expresión de la 5D. Anteriormente, estos «estados de alta vibración» solo estaban disponibles si desconectábamos el cuerpo en una meditación en la que entrásemos en un estado de quietud. Ciertamente, usarás las meditaciones potenciadoras de la quietud para activar y alinear todos los centros energéticos (chakras) y te servirás de esta alineación para conectar y sanar. Pero ahora también podrás, cada vez más, mantener este estado en la vigilia, incluso cuando estés caminando. Podrás estar conectado a lo divino y a lo terrestre al mismo tiempo.

Esta conexión a tu estrella de la Tierra, especialmente después de haber activado los chakras superiores, te anclará en el cuerpo y, al mismo tiempo, te permitirá estar conectado a tu ser divino. Este chakra te conecta con todo el planeta; es un nuevo centro cardíaco que te permite acceder a lo que está sucediendo a escala planetaria. Cuando abras este portal, podrás contribuir a sanar la Tierra.

Este chakra se ha creado para que nos sea útil cuando, estando en un cuerpo, queramos mantener un estado de iluminación. También puede ayudarnos a calmar la Tierra y a resolver las alteraciones que sufran la corteza terrestre y el clima aplicando una intención clara.

LA MEDITACIÓN

La meditación es crucial para cerrar la brecha entre lo que percibe el corazón y lo que recibe la mente. Incluso Edgar Cayce impartió enseñanzas acerca de la meditación; en su lectura 281-41 la describe con estas palabras: «No es reflexionar, ni soñar despierto; pero cuando descubrimos que nuestro cuerpo está compuesto por lo físico, lo mental y lo espiritual, es la sintonización del cuerpo mental y del cuerpo físico con su fuente espiritual».

La meditación *mindfulness* es muy popular hoy en día. Consiste en vaciar la mente para hacer espacio para la nada. El *mindfulness* o atención plena es extremadamente útil, ya que nos prepara para recibir los recursos ilimitados del universo. Si la mente está siempre ocupada clasificando, analizando y examinando, no tiene espacio para el conocimiento espontáneo. Todos los grandes pensadores lo saben. Muchos de los hallazgos más importantes de la historia se presentaron en un sueño o en un estado meditativo. La meditación *mindfulness* tiene un papel importante a la hora de hacer que permanezcamos abiertos a ideas nuevas y desconocidas, a la creatividad y a más aspectos. Es un tipo de meditación cuyo objetivo es que alcancemos la completa quietud mental.

La atención plena ha sido bien estudiada, y se ha demostrado científicamente, una y otra vez, que da lugar a unos resultados beneficiosos increíbles.[5] La mente puede hacer que permanezcamos rehenes de la interpretación que hace de nuestras experiencias. *Cuando te permitas soltar el control que tiene el ego sobre los mensajes de tu mente, estarás abierto a recibir los mensajes del corazón y lograrás pasar a la quinta dimensión.* Cuando enfocas la atención en el *ahora*, tu autoconciencia es ilimitada. La humanidad está recibiendo el don de unas energías cada vez más refinadas con el fin de que le resulte más fácil meditar y de que las meditaciones sean más significativas.

Las opciones no se acaban con la meditación *mindfulness*. La meditación guiada específica también es muy útil, porque es la única que nos permite crear determinados campos energéticos. La meditación MerKaBa mencionada en el capítulo dos es un ejemplo de esta modalidad; si tienes la capacidad de practicarla, te la recomiendo encarecidamente.*

Actualmente existe una versión evolucionada de esta práctica que permite llevar la activación a los chakras superiores, lo que hace que cada vez sea más fácil acceder a estas energías y utilizarlas. Una vez activados, los chakras superiores están preparados

---

* La meditación MerKaBa *Classic* está disponible en DVD para que puedas aprender la fórmula original; consulta el apartado «Recursos».

para manejar dichas energías de manera eficiente. Esto supondrá un gran avance en tu práctica meditativa.

Esto no es solo una vaga promesa. El MerKaBa 5D nos conecta con un campo de energía expandido, incrementa el tamaño del tubo pránico y después centra nuestro campo energético de tal manera que alcanzamos campos de conciencia más elevados a la vez que nos conectamos al planeta. Esta expansión ayuda a la Madre Tierra de una manera que nos permite sintonizar con ella y a ella le permite sintonizar con nosotros. Esto significa que pasamos a ser parte de la solución; aprendemos a «pensar como la Madre Tierra» de una manera que es positiva para nosotros y para ella. También nos ayuda a conectar y sintonizar con nuestro yo más evolucionado.

Aparece un MerKaBa expandido

En mayo de 2007, un ser capaz de conectarse con todos los universos a la vez emergió del gran silencio y se canalizó a través de las dimensiones (como si se desplazara a través de un agujero de gusano espacial) hasta llegar a esta realidad. Este ser introdujo una nueva frecuencia energética en el plano de existencia de la 3D, la cual constituye el vehículo que debe permitirnos vibrar de acuerdo con las frecuencias de la 5D que nos trasladarán y sostendrán a medida que nos vayamos adentrando en nuestro nuevo mundo.

En ese momento, el MerKaBa de la quinta dimensión se implantó en este plano de existencia para que la humanidad pudiera conectarse con esas energías y mantenerlas dentro de la 5D.

Ese ser empezó por anclar el puente del arcoíris –el puente tradicional que hay entre Dios y el hombre– a través del reino cósmico.* Usando la geometría sagrada creada para este propósito, primero cruzó a través de las Pléyades y luego a través de Arturo.** Desde allí formó un ángulo recto, lo que dio lugar a una pirámide. Las energías del puente del arcoíris fueron ancladas en tres lugares (no revelados hasta el momento) de Estados Unidos. A continuación se añadieron los nuevos colores que trajeron los señores de la luz octavo y noveno (seres de dimensiones superiores sin nombre o identidad individual): el verde azulado cristalino y el magenta cristalino. Cuando el arcoíris energético se insertó en el cristal central de esta rejilla, irradió desde este hacia todos los cristales que estaban allí, pasó a través de todos los puntos de cristal y se expandió hasta el infinito. Muchas personas ven los dos nuevos colores indicados en los arcoíris y otros elementos visuales. Todos los colores de la 5D son transparentes y cristalinos. Esta energía se bajó a través de las Pléyades, lo cual es la clave necesaria para sintonizar con ella. *Quien esté sintonizado con esta energía y la lleve consigo puede administrar esta activación.* En ese momento, esas energías de la 5D fundamentaron la activación del MerKaBa de la quinta dimensión, que actualmente está implantado en este plano de la existencia para que la humanidad pueda conectar con la quinta dimensión y llevar a cabo todo su recorrido de Ascensión a ella.

---

* En las mitologías de todo el mundo encontramos el arcoíris como puente hacia lo divino. Raymond L. Lee júnior y Alistair B. Fraser, autores de *The Rainbow Bridge: Rainbows in Art, Myth, and Science* [El puente del arcoíris: los arcoíris en el arte, la mitología y la ciencia], encontraron este concepto en las mitologías zulú, navaja, hawaiana, japonesa, camboyana, griega, chumash, hopi, nórdica y de los aborígenes australianos.
** Arturo, de la constelación *Bootes* (el Boyero), es la estrella más brillante del hemisferio celeste norte. Con una magnitud visual de -0,05, es la cuarta estrella más brillante del cielo nocturno.

EL MERKABA MÁS POTENTE

El MerKaBa multidimensional de la 5D es el más potente del planeta. Te abrirá a tu yo de la quinta dimensión de una manera nueva y potente. Ahora bien, es necesario contar con un MerKa-Ba tridimensional activo antes de poder sostener el MerKaBa de la quinta dimensión. Si actualmente *no* estás activando el MerKa-Ba de las diecisiete respiraciones y nunca lo has hecho, plantéate aprenderlo antes de empezar con este. Sigue a tu guía interior.

La meditación del MerKaBa de la 5D se ve reforzada con las respiraciones de activación 14-17. Estas energías se basan en los elementos constitutivos de las energías geométricas de la 3D y las expanden a alturas aún mayores. De manera similar a lo que ocurre con un juguete Transformer, que con unos cuantos giros se convierte en un vehículo avanzado, esta meditación ofrece mayor energía para impulsar el desplazamiento mucho más arriba de lo que se podría haber imaginado.

Con este nuevo vehículo, ahora podemos viajar más allá de las dimensiones tercera y cuarta, arraigar en la quinta e incluso tocar la sexta. Durante esta activación aparece un reloj de arena en posición vertical, es decir, una figura en forma de ocho, pero evito la analogía del ocho porque ofrece una imagen bidimensional, plana, incompleta. El bucle inferior engullirá tu actual existencia tridimensional. El punto de cruce será el canal de nacimiento a la cuarta dimensión, que te impulsará hacia tu nueva existencia en la quinta dimensión. Ahora podrás entrar en contacto con la sexta dimensión. Durante esta meditación, literalmente experimento que paso por un canal de parto; veo una vulva o uno de los hermosos cuadros de Georgia O'Keeffe.

La expansión energética provocada por este MerKaBa más evolucionado y arraigado te permitirá activar tus chakras octavo, noveno, décimo, undécimo y duodécimo. Atraerá energía divina desde más allá del yo superior con el que estás vinculado actualmente y te conectará con el cosmos. Además, ingresar a través de esta puerta te permitirá abrir un portal que te posibilitará acceder a herramientas energéticas pertenecientes a tu yo de la octava dimensión.

Efectuada correctamente, con la preparación adecuada, esta nueva meditación casi siempre potencia las otras meditaciones y prácticas espirituales de la persona. Mejora el contento y el flujo de energía cósmica, además de liberar las nuevas frecuencias de ADN que se reproducirán en el cuerpo. Cuando empieces a practicar esta nueva meditación, probablemente desearás seguir con ella, porque tiene la gran capacidad de crear cambios sustanciales al expandir nuestra verdadera naturaleza. De hecho, muchos practicantes se encuentran con que realizan esta meditación cada cuarenta y ocho horas aproximadamente, ya que es el vehículo que los está conduciendo hacia su nuevo despertar y la echan de menos. Personalmente, he observado un humor mucho mejor y más amoroso en personas cercanas y cómo un individuo que no suele meditar pero que aprendió esta meditación y empezó a practicarla regularmente pasó a emanar alegría y buena voluntad.

Además, los estudiantes serios han podido ver los finos filamentos provenientes del cuerpo causal que se manifiestan cuando uno activa el MerKaBa de la 5D. El cuerpo causal contiene el tesoro que tenemos en el cielo, lo que significa que alberga todos nuestros logros del pasado y del presente. Estos filamentos son potentes rayos cósmicos en forma de aguja que refuerzan la Tierra. Son tan finos que no se pueden medir, pero algunos de los practicantes de esta magnífica meditación pueden verlos.

La mensajera de esta herramienta ha optado por permanecer en el anonimato, ya que su misión es preservarla para la

Tierra y la humanidad. Se la enseñó a Janiece Jaffe, una bella alma, sanadora por medio del sonido y cantante de *jazz* que la incubó durante varios años antes de mostrármela. Juntas, estas tres mujeres te la hemos traído. Acordamos que Janiece viniera a mi casa de Seattle e impartiera formación en la sanación por medio del sonido y en el MerKaBa multidimensional. Fue sensacional. Todos nos quedamos asombrados con la experiencia de esta meditación y los resultados que obtuvimos. Tú también verás cómo la activación por medio de la meditación y el sonido te dará acceso a tus chakras superiores, así como a tu yo de la octava dimensión y otros más elevados.

¿CÓMO APRENDER LA MEDITACIÓN?

Puedes usar el texto y las imágenes que te proporciono un poco más adelante. Te recomiendo que también obtengas el CD que contiene una práctica guiada, o la versión descargable en MP3 (que viene en un archivo *zip*, para evitar la pérdida de sonido que tendría lugar con la compresión normal).* Consiste en una meditación guiada de catorce minutos con música mía e ilustraciones de Endre Balogh,[6] conocido artista autor de obras basadas en la geometría sagrada, y en una activación vocal de quince minutos efectuada por Janiece. Esta activación por medio de la voz es tan potente que libera la sustancia oscura que reside en los cuatro cuerpos inferiores (físico, mental, emocional y etéreo) que nos mantiene atrapados en nuestros patrones actuales, la elimina y luego ancla las rejillas que van a sostener las frecuencias dimensionales invocadas. La meditación se narra de forma

---

* En el apartado «Recursos» encontrarás los detalles relativos al CD o el archivo descargable (la grabación es en lengua inglesa).

tan detallada que quien la escucha solamente debe visualizar o imaginar su acción. También incluye imágenes para que la visualización sea más fácil.

La energía que uno crea a partir de esta práctica es increíble. Casi todas las personas que realizan esta activación tienen experiencias significativas con ella; por ejemplo, ven ciertos colores vibrantes o imágenes del ADN junto con otras o tienen sensaciones corporales agradables (especialmente, experimentan que se les despeja el chakra de la garganta y el cuello). Mientras meditaban con el CD, muchos estudiantes han experimentado la sensación, de carácter liberador, de que su cuello se alargaba y enderezaba, así como movimientos de la columna vertebral que parecían alinear las vértebras. Otras sensaciones mencionadas son una mejoría de la vista, la salud o la claridad mental. Así describió su experiencia un estudiante:

Tuve algunas dificultades para visualizar el MerKaBa de la 5D, así que me centré en las sensaciones. Sentí que la vibración aumentaba cada vez más, especialmente durante la activación por medio de la voz. Aunque no me aclaré del todo con las instrucciones, porque no entendí algunas palabras (el inglés es mi segunda lengua), me sentí diferente, sin lugar a dudas. Durante las últimas semanas estuve practicando la meditación original del MerKaBa II de las diecisiete respiraciones y continué haciéndolo antes de incluir el MerKaBa de la 5D. Es muy potente; dinamitó mi mente y me dejó sin palabras.

A continuación encontrarás la transcripción completa de la meditación guiada. Falta la activación por medio del sonido, que solo se puede obtener escuchando la grabación.

MEDITACIÓN DEL MERKABA MULTIDIMENSIONAL DE LA 5D

Este es el nuevo MerKaBa de la 5D que se presentó para tu beneficio, grabado por Maureen St. Germain con la activación vocal de Janiece Jaffe. Lo ideal es que practiques el MerKaBa de las diecisiete respiraciones con el fin de prepararte para activar el MerKaBa de la 5D. Sin duda, te llegará el conocimiento de si necesitas este paso intermedio.

El MerKaBa multidimensional de la 5D

Este es un MerKaBa de la 5D más avanzado, muy evolucionado. Anclará tu corazón a tu octavo chakra, activará energías de dimensiones superiores y te ayudará a mantener tu corazón y tu mente abiertos a tu yo más avanzado y evolucionado.

La grabación comienza con las últimas tres respiraciones del MerKaBa clásico original. Recuerda llevar amor incondicional a tu corazón al inspirar, procedente tanto de la Tierra como del cosmos.

1. Sostén las manos en el mismo *mudra* que en la respiración 14; mira la figura 10.1: los dedos anidados, los pulgares tocándose. Efectúa la respiración pránica durante toda la meditación (es una respiración profunda y meditativa en la que visualizas cómo el prana entra en el cuerpo desde el chakra de la corona y el perineo simultáneamente, fluyendo hacia dentro, nunca hacia fuera).

2. Ahora, contempla dentro de tu corazón la flor de la vida como una esfera. En realidad, se trata de múltiples esferas: una que

gira en el sentido de las agujas del reloj, una que lo hace en el sentido contrario y otra que gira simultáneamente en ambos sentidos. Las tres esferas constituyen una unidad completa; giran en el mismo eje que el tubo pránico, emanando del chakra del alto corazón. Ahora cambia de colores y pasa a ser una esfera de color verde azulado con líneas doradas.

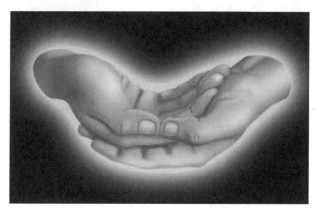

Figura 10.1. *Mudra* para la meditación del MerKaBa.

3. A continuación, deja que se expanda lentamente y se haga grande mientras gira hasta alcanzar el tamaño de tu cavidad torácica. Tómate todo el tiempo que necesites. Deja que se ajuste al tamaño perfecto para ti y enfoca la atención en estas palabras: *permitir, observar, escuchar, expansión del gozo*.

4. Invita a la energía pránica que fluye en ti a que ayude a tu esfera de la flor de la vida a subir lentamente por tu tubo pránico: se eleva con suavidad y fácilmente; primero sube al chakra de la garganta, luego al tercer ojo, después al chakra de la corona y sigue ascendiendo, hasta llegar al chakra que está por encima de tu cabeza, y las esferas de la flor de la vida quedan centradas en tu octavo chakra (mira la figura 10.2).

Figura 10.2. Centra tu esfera de la flor de la vida en tu octavo chakra, que se encuentra por encima de tu cabeza.

5. Tu esfera de la flor de la vida está ahora completamente centrada en tu octavo chakra, sobre tu cabeza, en una ubicación que está vinculada directamente a tus chakras superiores. Permite que esto sea así.

6. En este punto, has creado un flujo en forma de ocho, con un nuevo cuerpo etéreo dorado reflejado sobre tu cuerpo físico. Es posible que observes espirales a lo largo de este campo; también puede ser que experimentes las figuras superior e inferior del reloj de arena como las partes superior e inferior de una concha de almeja (mira la figura 10.3).

Figura 10.3. Flujo en forma de ocho.

7. Has creado una bella figura en forma de ocho en la segunda dimensión y un reloj de arena completamente redondeado en la tercera dimensión. El flujo en forma de ocho se desplaza alrededor y dentro de sí mismo como un toroide tubular. Se basa en una figura en forma de ocho que gira tan rápidamente sobre sí misma que parece como si estuviera pulsando dimensionalmente más allá de lo que por regla general somos capaces de ver desde nuestra perspectiva de la 3D. Tanto la parte inferior como la superior del reloj de arena tienen este tipo de movimiento característico de la 5D (mira la figura 10.4).

Figura 10.4. Flujo en forma de ocho
girando sobre sí mismo.

8. Manteniendo el centro de tu conciencia y energía en tu octavo
   chakra –tu nuevo «centro cardíaco» del amor incondicional–,
   pon la atención ahora en los tetraedros del sol y la Tierra, ubicados en la mitad inferior del reloj de arena.

9. Desplaza los dos tetraedros, el del sol y la Tierra, dentro de sí
   mismos en sentidos opuestos al mismo tiempo. El punto más
   bajo del tetraedro de la Tierra asciende desde su lugar debajo
   de los pies a través del centro de sí mismo hasta la mitad superior del reloj de arena; avanza hacia arriba, a lo largo del tubo
   pránico, hasta más allá de todos los chakras físicos; supera
   el chakra de la corona y también los chakras octavo, noveno,

décimo, undécimo y duodécimo, y encaja en la parte superior del reloj de arena. Ahora, tu tubo pránico ha doblado sobradamente su longitud normal; la mitad de su largura se extiende sobre tu cabeza. Date cuenta de que has activado suavemente los chakras superiores al cruzar cada umbral.

10. Al mismo tiempo, el punto superior del tetraedro solar original se desplaza hacia abajo dentro de sí mismo, a lo largo del tubo pránico, hacia la tierra, hacia el fondo del reloj de arena, hasta que se conecta con el chakra cero y encaja con la Madre Tierra. El chakra cero es nuevo para la mayoría de los humanos, y te ayuda a mantener la conexión con la estrella de la Tierra a medida que vas incorporando estas conexiones expandidas.

11. Observa que el hecho de anclar la esfera de la flor giratoria de energía vital en el octavo chakra te abre a un continuo y te ayudará, de forma lenta y delicada, a abrir suavemente los chakras superiores.

Tu octavo chakra –tu nuevo centro cardíaco– es el centro del amor divino y de la compasión y la abnegación espirituales. Aquí, cualquier karma no resuelto ya se ha disuelto, pero debes elegir activar las habilidades espirituales que has almacenado en este espacio.

Cuando el noveno chakra empieza a abrirse, estás entrando en contacto con el plano de tu alma. Aquí es donde se alojan en realidad las habilidades externas que se manifiestan en el octavo chakra y desde donde son cuidadosamente alimentadas.

En el décimo chakra están presentes tu creatividad, las sincronías y la fusión de lo divino masculino y lo divino femenino. Permítete activar este chakra mientras te abres a una nueva forma de sentirte centrado, equilibrado y poderoso.

El undécimo chakra te permite acceder a unos dones espirituales que están más allá de lo que actualmente se considera posible, como los viajes en el tiempo, la teletransportación o la bilocación. También puede ser que empieces a experimentar la precipitación del *vibhuti* u objetos materiales. Esto es lo que sabemos que hacen los verdaderos *bodhisattvas*, y tú mismo puedes lograrlo. Cuando este chakra comienza a abrirse, tiene lugar un efecto de monitorización, lo cual permite que a los chakras inferiores les sea más fácil beneficiarse de esta apertura.

El duodécimo chakra te conecta perfectamente con tu ser divino cósmico, el cual te conecta con el Todo. Date cuenta de que el hecho de anclar la esfera de la flor giratoria de energía vital en el octavo chakra te abre a este continuo y te ayudará, de forma lenta y delicada, a abrir suavemente estos chakras superiores.

12. A medida que vas incorporando prana desde el cosmos y la Tierra, activa, con la inhalación, la elevación del perineo hasta la parte superior del nuevo tetraedro solar. Al mismo tiempo, fluye hacia abajo la energía cósmica que desciende a través del tubo pránico. El flujo pránico está alimentando tu superautopista cósmica; y tu tubo pránico alberga ahora tu puente del arcoíris –tu conexión personal con lo divino–. El cuerpo del arcoíris es la forma que aparece cuando los *bodhisattvas* irrumpen espontáneamente en la luz.

13. Mientras respiras, pueden aparecer nuevas estructuras y colores cristalinos. Pueden hacerlo como espirales verticales de ADN de hermosos colores brillantes, cambiantes y fluctuantes. La mitad inferior del reloj de arena puede aparecer en el color verde del chakra del corazón, mientras que la mitad superior puede manifestarse púrpura brillante, el color del sexto chakra.

14. *Continúa respirando a través de este tubo pránico recién activado y extendido todo el tiempo que quieras, asegurándote de que permites que el prana acuda procedente de la Tierra y el cosmos.* Sigue energizando tu esfera de la flor de la vida, enclavada en el centro del reloj de arena, ubicado en el octavo chakra, sobre tu cabeza. A medida que el reloj de arena interactúe consigo mismo, crea dos toroides tubulares que interactúen completamente entre sí.

15. Permite que esta hermosa energía se acumule dentro de la flor de la vida. Recuerda que puede ser que veas un color específico o varios, un abanico de colores o alguna otra simbología expresada por el color. Sigue incorporando prana por medio de la respiración, procedente tanto del cosmos como de la Tierra. Estás llenando y apoyando esta nueva estructura; permite que la energía se acumule en preparación para la próxima activación.

Activación

16. Ahora, inhala y exhala profundamente, «hinchando» la esfera de la flor de la vida hasta que adquiera un nuevo tamaño: cuarenta y siete metros de diámetro.

17. Permítete visualizar la estructura conocida como *estrella de Gaia*, una estrella de ocho puntas que, por sus dimensiones, encaja perfectamente dentro de la esfera de la flor de la vida y sostiene su nuevo volumen, estructura y tamaño (mira la figura 10.5). Visualiza el espacio que hay dentro de la esfera de la flor de la vida de un color verde azulado cristalino y las líneas de la estrella de Gaia de un color azafrán cristalino. En este nivel, prosigue con la respiración pránica todo el tiempo que desees.

Figura 10.5. Este símbolo de ocho puntos –creado
superponiendo un cuadrado a otro– fue usado
por los rosacruces en el siglo XVII como símbolo
de los ocho puntos del universo geométrico,
que estaba custodiado por ocho ángeles.

Te has conectado con tu nuevo centro cardíaco ubicado en el octavo chakra. Has abierto la autopista que conduce al puente del arcoíris de tus chakras superiores, incluido tu ser cósmico. Y te has conectado con el infinito dentro del infinito. Esto te permite acceder a tu nueva realidad y la activa para ti. Es tu cuerpo energético y tu conexión con el Todo.

Que esta meditación y activación sean una bendición para ti y para todos aquellos con quienes te encuentres. Que tú y todas las personas con las que entres en contacto viváis un día del cielo en la Tierra.

EL VALOR DE LA ACTIVACIÓN POR MEDIO DE LA VOZ

Hay gente que ha preguntado si es posible realizar la meditación solamente, prescindiendo de la activación vocal. La respuesta es que sí es posible, pero en ese caso los efectos de la meditación no son duraderos. Si quieres que la activación que creaste con las energías 5D en tu campo dure cuarenta y ocho horas, te conviene efectuar además la activación por medio del sonido, para anclar las energías de la 5D. Lleva a cabo ambas en la misma sesión.

Un estudiante relató lo siguiente:

La activación por medio del sonido combina una parte diferente del cuerpo con distintas frecuencias. [...] El sonido mismo se ancla en las visualizaciones que se generaron durante la meditación. Nos puede ayudar a crear el universo, el cosmos, si queremos. Así podemos experimentar y sentir el cosmos dentro del cuerpo. La sensación de no sentirnos bien, la tristeza o el dolor se deben a que no cuidamos esa parte del cuerpo, pues ahí es donde experimentamos esos sentimientos y sensaciones.

APARECEN NUEVAS HERRAMIENTAS

He accedido a algunas herramientas muy potentes últimamente durante la práctica de este MerKaBa de la 5D. Tú también puedes hacerlo. La última es el *campo energético rojo-dorado*. Lo vi por primera vez tal como aparece en la figura 10.6, y en menos de veinticuatro horas recibí la representación efectuada por mi amigo y artista Endre Balogh (figura 10.7; ambas imágenes

Figura 10.6. Campo energético rojo-dorado.

Figura 10.7. Campo energético rojo-
dorado, por Endre Balogh.

contienen los colores rojo y dorado, que no se muestran en estas versiones en blanco y negro).

Es importante tener en cuenta que Endre y yo podemos estar meses sin comunicarnos y luego volver a conectar como si no hubiera pasado el tiempo. Desde mi perspectiva, su «versión», aunque es mucho más sofisticada que la mía, representa lo mismo.

El campo energético rojo-dorado se puede extender y moldear. Consiste en un borde exterior rojo con salientes festoneados y algo puntiagudos, como los de una hoja de acebo. El interior tiene una energía dorada, y rayos de oro más intensos emanan de los salientes internos.

Este campo se me mostró por primera vez en una meditación en la que me transmitieron que le dijese a una madre, que estaba agotada tras haber dado a luz a gemelos, que se visualizase envuelta en esta energía. Los gemelos también padecían agotamiento, y en la meditación me dijeron que esta visualización ayudaría a los tres con cualquier necesidad que tuvieran. Unos días después, en otro contexto sanador, se me mostró la misma imagen y cómo podía usarse para envolver cualquier problema específico en una determinada ubicación.

El hecho de recibir esta herramienta dos veces me convenció de que era universal. ¡Y fue al día siguiente cuando Endre me envió su última creación! Esto es lo que suele suceder: recibo una respuesta para un determinado problema, y luego aparece la misma solución para una situación diferente con otro cliente. Entonces me doy cuenta de que la herramienta es para todo el mundo.

También te permitirá sanar una situación o una dolencia física. Para empezar, visualiza la herramienta en tu espacio mental. Observa que tiene unos salientes dentados que recuerdan una puerta extensible; a mí me evoca las vallas que se colocan frente a las escaleras para limitar el acceso a los niños o las mascotas. Esta cualidad expansible es importante, puesto que permite que la imagen se extienda o contraiga para adaptarse fácilmente a cualquier forma, ya sea un objeto físico o una parte del cuerpo que necesite ser sanada. La forma final puede ser simétrica, pero no tiene por qué serlo, y hace que la curación se produzca con rapidez.

Debido a que puede expandirse, contraerse y cambiar de forma para adaptarse a cualquier tamaño, puedes colocar este campo energético, con tu intención, sobre todo aquello que necesite cualquier tipo de sanación adicional. Mientras lo miras, parpadea rápidamente, y verás que empieza a moverse. Es tridimensional y fluido, por lo que después de posicionarlo con el pensamiento, imagina que pertenece a la 5D.

11

CONOCE A TUS DRAGONES Y A LAS SERENDIPIAS

Además de toda la ayuda que puedes recibir por parte de los maestros ascendidos, los ángeles y los guías, ahora te voy a presentar a los dragones y a las serendipias, seres de otro mundo que han llegado a esta realidad para ayudar a la humanidad en el proceso de la Ascensión. ¿Fueron los dragones criaturas mitológicas exclusivamente? Lo dudo, ya que en nuestros museos se encuentran muchas representaciones artísticas de ellos de todas las partes del mundo. Fueron venerados y domesticados. Actualmente, los dragones han regresado para ayudar a los humanos a encontrar su auténtico yo. Incluso el significado del vocablo nos da la pista de cuál es su verdadero propósito: aportar claridad. Tanto en Oriente como en Occidente, la palabra *dragón* proviene de una raíz que significa 'ver con claridad'.

Un nuevo tipo de dragón ha regresado a esta dimensión para ayudar y proteger a los humanos en su Ascensión a la 5D. Su presencia en este momento es vital, ya que pueden pasar de una dimensión a otra, así como ayudar a mantener las vibraciones más altas de la 3D en la transición a la 5D.

En 2010, los dragones se me aparecieron en un terreno abierto, mientras estaba en un parque de esculturas. Storm King es un enorme jardín de esculturas ubicado a una hora de camino de la ciudad de Nueva York, al norte de esta, en el valle del Hudson. Francamente, no tenía ningún apego a los dragones ni ningún interés en ellos antes de esa experiencia. O eso creía. ¡Resulta que los había estado fotografiando desde hacía bastante tiempo, como descubrí revisando mis fotos! Tenía una vaga conciencia de los dragones porque uno de mis hijos los adoraba en sus fantasías infantiles y recuerdo que en una ocasión le compré uno de plástico como regalo. En la actualidad, los dragones siguen encantándome y sorprendiéndome.

Figura 11.1. Dragón protegiendo una puerta de la corona.

Esa vez, sin embargo, sentí que los dragones eran muy reales. ¡Me hablaron y me instaron a entender su mensaje! Me quedé intrigada. ¿Por qué estaban aquí? ¿Qué podían hacer? Obtuve la respuesta a estas preguntas y a otras. Los dragones no son reptiles. Son de sangre caliente, incuban sus huevos y nutren a sus crías (según me dijeron). En Oriente nunca se ha dejado de reverenciarlos, y hay muchas historias de dragones que han instruido a los humanos y los han ayudado a llevar orden y comprensión al mundo.

Los dragones también forman parte de la iconografía de las creencias espirituales de una era cristiana anterior. El tapiz que se muestra en la figura 11.2 cuelga actualmente en Cloisters, un museo que forma parte del Museo Metropolitano de Nueva York. Originalmente estaba colgado en un monasterio benedictino. El hecho de que no se encontrase en una iglesia, sino en un monasterio, es muy relevante. Este tapiz demuestra que los dragones fueron venerados antaño. En una era posterior, fueron sacrificados como chivos expiatorios, hasta el punto de que se los sacó de esta realidad y pasaron a otra, en la que deberían recuperarse y permanecer hasta que, transcurrido el tiempo necesario, dejasen de estar en peligro. ¿Por qué se hizo eso con los dragones? Piensa que aportan claridad y que sería difícil encubrir las mentiras con ellos presentes. Pueden cruzar el espacio dimensional y ayudarnos con nuestras experiencias interdimensionales; también con tareas simples como conducir o desatascar las congestiones de tráfico. Aunque hayan regresado, es posible que solo los veamos con nuestros ojos internos o nuestra conciencia.

Con la cola enrollada, las garras extendidas y los pies apoyados, este dragón es una potente contraparte del león. Las bestias medievales, reales o imaginarias, a menudo estaban imbuidas de un significado simbólico, como lo están hoy en día en las fábulas de animales. Sin embargo, no siempre es posible determinar cuál era su intención específica en un monumento dado, y la finalidad de esas bestias podría ser proporcionar un «deleite estético», como comentó un arzobispo del siglo XIII. El monasterio del que proviene este fresco fue abandonado en 1841.[1]

Figura 11.2. Tapiz que muestra un dragón (fresco pasado a lienzo en el año 1200 aproximadamente; se encontraba en una habitación que estaba sobre la sala capitular del monasterio benedictino de San Pedro de Arlanza, cerca de Burgos [Castilla y León, España]; Cloisters Collection, 1931: 31.38.2a, b).

POR QUÉ ESTÁN AQUÍ

Los dragones pertenecen a una ola vital que nos era desconocida. Albergan sabiduría y comprensión en relación con muchos ámbitos esotéricos. Uno de los campos en los que son expertos son los elementos tierra, aire, fuego y agua. Esto significa que pueden ayudarnos con todo tipo de conocimiento que necesitemos tener relativo a cómo trabajar con los elementos y todas sus expresiones, tales como las ondinas del agua, las sílfides del aire, las salamandras del fuego, las hadas de la tierra, los gnomos y los elfos.*

En la historia de los dragones hay dos tradiciones, la oriental y la europea. Como se señala en la leyenda de la figura 11.2, el fresco que se pasó a lienzo data del siglo XIII aproximadamente. Más tarde, los dragones europeos fueron perseguidos hasta que quedaron sumidos en el olvido, en el contexto de las persecuciones religiosas de la época. Se sabe que san Jorge, conocido como el santo patrón de Inglaterra, mató un dragón carnívoro para salvar una ciudad libia. Pero pudo ser una historia inventada para fomentar que se dejase de adorar a los dragones, como se hizo en obras anteriores (del siglo XI). San Jorge fue representado como un caballero que había matado a un enemigo humano. Por otra parte, la tradición oriental veneró a los dragones y los mantuvo como una fuente de profunda sabiduría. Para hacerte una idea de lo muy valorado que es el dragón en la cultura china, ten en cuenta que se convirtió en el símbolo reservado para el emperador, especialmente el dragón de cinco garras. Cabe destacar que el 23 de enero de 2012 supuso el comienzo del año chino del dragón. Era el mismo año en el que finalizó el calendario maya. Eso marcó el principio de la apertura de un portal más auspicioso para todos los dragones.

---

* Cuando estaba a punto de acabar de escribir este libro, descubrí el trabajo de Aurelia Louise Jones. Mi yo superior me dijo que había algo en el tercer volumen de su serie *Telos*. Agarré el libro y lo abrí al azar ¡por el capítulo que dedica a su dragón azul! No tenía ni idea de que alguien más estuviera trabajando con estos seres.

CÓMO LLAMAR A TUS DRAGONES

Sé que esto está empezando a sonar como una fantasía, pero por favor, no ignores la asistencia de tus dragones. En lugar de ello, demuéstrame que estoy equivocada. Pídeles a tus dragones que acudan, y observa las señales de que están ahí. Les encanta que los llamen y se mostrarán para ti, en tus sueños, en las nubes o de cualquier otra manera. Pide su ayuda. Guarda silencio, solicita que estén presentes y luego pregúntales sus nombres. Quédate con el nombre o los nombres que aparezcan en tu cabeza inmediatamente. A partir de ese momento, llámalos por su nombre. Puedes tener más de un dragón, y pueden ser de cualquiera de los dos sexos.

Una vez que tengas el nombre de un dragón, puedes invocarlo y hacerle peticiones. Te ha adoptado como su humano y se siente atraído por ti para servir tus propósitos específicos. *Nunca le digas los nombres de tus dragones a nadie a menos que confíes totalmente en que esa persona respetará y honrará dichos nombres.* Cuando tus dragones comparten generosamente sus nombres contigo, es como si te estuviesen ofreciendo sus servicios, porque a partir de ese momento puedes invitarlos a acudir llamándolos por sus nombres para solicitar su colaboración. ¡A ellos les encanta que se los necesite y se les pida ayuda!

Un quiropráctico amigo mío que estaba pasando por momentos difíciles se quejaba sin cesar de su situación. Le pedí que cerrara los ojos, pidiera ver a su dragón y le preguntara su nombre. Me alejé unos instantes. Cuando regresé, estaba llorando, vertiendo lágrimas de gratitud. Su dragona era de color blanco iridiscente y le dijo su nombre.

Puedes añadir los dragones al conjunto de recursos que deben ayudarte a desenvolverte por el complejo mundo que tienes delante. Puedes pedirles que busquen y te traigan ayudantes o recursos que te asistan en tus proyectos. Y lo que es aún más importante, pueden ayudarte a reconocer si otras personas te están diciendo la verdad. La figura 11.3 es la foto de un quemador de incienso con forma de dragón, al que he apodado cariñosamente *Dragón humeante*.

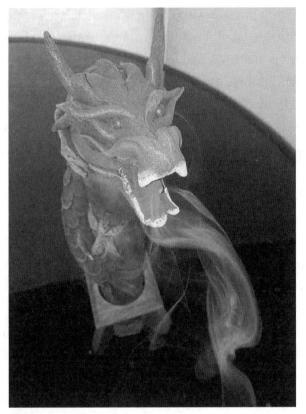

Figura 11.3. Quemador de incienso con forma de dragón.

Los dragones son tanto simbólicos como reales cuando aparecen en un sueño. Son elementales de la cuarta dimensión que tienen su propia inteligencia y sus propios programas de servicio. Son más independientes que los elementales de la tierra como los gnomos, las hadas y los elfos. Han regresado a este planeta en este momento para ayudar a la humanidad. Su propósito está relacionado con las comunicaciones, los viajes y la búsqueda tanto física como metafísica.

Saca el máximo partido de tus dragones

¿Por qué necesitamos su ayuda? Con todos los cambios que tienen lugar en nuestras vidas (los cambios en la Tierra y los cambios espirituales, laborales, sociales, etc.) pueden producirse falsos comienzos, podemos ir mal encaminados o podemos ser víctimas de la incertidumbre. ¡Los dragones están de vuelta para ayudarnos a ver con claridad! Por supuesto, no necesitamos que los dragones hagan esto por nosotros si tenemos el MerKaBa activado y una conexión sólida con nuestro yo superior. Pero ¿a quién le viene mal un poco de ayuda extra? Incluso muchas personas que cumplimos con los dos requisitos que acabo de mencionar hemos acabado por confiar en los dragones para obtener milagros, sabiduría y todo tipo de claridad. Tú también puedes hacerlo.

Puedes pedirles que «se hagan cargo de la conducción» o que te ayuden a ver y entender lo que no has visto o lo que necesitas ver. Puedes pedirles que te ayuden a llegar a tu destino. Siempre les pido ayuda con el tráfico que viene en sentido contrario y con el que va en mi sentido. ¿Por qué no? Les encanta asistirnos.

Recientemente, mi marido y yo íbamos conduciendo por una avenida muy concurrida de Seattle; el tráfico saturaba enteramente todos los carriles. La autopista interestatal que pasaba por debajo de nosotros también estaba muy congestionada. Miré a mi esposo, que estaba al volante, y le dije:

—¡Tenemos que llamar a los dragones!

Así que llamé a nuestros dragones por su nombre. Les pedimos que nos asistiesen y que ayudasen también a todos los demás vehículos a llegar a su destino de forma fácil y fluida. Al cabo de unos pocos minutos, mi marido comentó:

—Nunca he visto tantos semáforos consecutivos en verde aquí ni he pasado conduciendo por ellos de forma tan fluida.

¡Estamos hablando de veinte semáforos al menos! ¡Y todos los que teníamos por delante también estaban en verde! Dije para mis adentros, y después en voz alta:

—¡Tienen que ser los dragones!

También recibo cada vez más comentarios de clientes que me dan las gracias por haberlos informado de la ayuda que pueden obtener por parte de los dragones. Una mujer me llamó para decirme que sus dragones habían hecho posible que llegase a clase a la hora, en un tiempo récord. Un amigo que venía a verme iba conduciendo por la que es, según los camioneros, la «autopista más difícil de Estados Unidos» (la autopista del Bronx). También lo hizo en un tiempo récord y además encontró aparcamiento justo delante de mi edificio de Nueva York, lo cual no siempre es fácil.

En otro ejemplo, una clienta tuvo un sueño, antes de conocerme, cuyo contenido la invitaba a tomar conciencia de que podía pedir ayuda a los dragones. Se sentía muy mal consigo misma. Sin saber por qué, en nuestro breve intercambio le aconsejé que trabajara con sus dragones. Esta fue su respuesta:

Es interesante que hayas mencionado a los dragones. Hace unos meses tuve un sueño. Estaba en un lugar muy colorido y mágico en el que había muchos dragones de muchos colores diferentes. Estaba de pie en un valle y dos dragones vinieron a mi encuentro, uno negro y otro blanco. Me quedé en medio de los dos y extendí los brazos hacia ambos. Unas personas que estaban cerca susurraron que esos dragones nunca habían dejado que nadie los tocara antes. Me desperté al poco rato.

La interpretación que hago de su sueño es que necesita abrazar por igual la luz y la oscuridad. Este es un mensaje válido para todos nosotros; así que debes saber que puedes y debes llamar a tus dragones para encauzar un increíble poder adaptado a tus necesidades. Están de vuelta porque los humanos necesitamos más que nunca del discernimiento.

Otro ejemplo lo ofrecen mis amigos Kelly y Doug, que viven en Nueva Inglaterra. Él debe hacer un arduo viaje de ida y vuelta al trabajo: se encuentra con muchísimo tráfico, con coches que se incorporan al denso tráfico existente, con carreteras estrechas llenas de curvas y una locura generalizada en las horas punta. Aunque ama su trabajo, el trayecto no le gusta en absoluto; le cuesta una gran cantidad de esfuerzo y energía efectuar un recorrido tan intenso todos los días.

Un día, decidió hacerme caso e invitar a los dragones a que se encargasen del trayecto de ida y vuelta. Para su asombro, nadie se detuvo ni se cruzó delante de él, ningún otro vehículo estuvo a punto de golpearlo y otros conductores le cedieron el paso. Esa noche le anunció a su esposa que pediría ayuda a los dragones todos los días.

En fechas recientes, mi marido y yo estuvimos una semana en Inglaterra recorriendo zonas rurales en un coche de alquiler. A él le gusta navegar, y a mí me gusta conducir. Conducir en el Reino Unido siempre es complicado para quienes estamos acostumbrados a hacerlo por el otro lado de la carretera. Al principio, como la mayoría de los conductores, tuve algunos problemas para mantenerme lo bastante cerca del centro de la calzada. Sin embargo, cuando les pedí a los dragones que se encargaran de la conducción, esta no solo mejoró, sino que, además, un día se nos «mostró» un gran restaurante al que podríamos ir a cenar más tarde esa noche; lo encontramos al pasar de largo del desvío que queríamos tomar. Nunca habríamos visto o encontrado ese increíble restaurante sin la colaboración de los dragones. Además, sentí que mi cerebro funcionaba de manera diferente mientras conducía por el lado izquierdo de la carretera. Tal vez sea así como se supone que debe funcionar el cerebro humano. Puedo dar fe de la ayuda que nos dieron, porque no puedo imaginarme haciendo eso sin la colaboración de los arcángeles y los dragones.

Pero no tienes por qué creerme. Pruébalo por ti mismo. Tus dragones te ayudarán a descubrir los secretos de la vida en todos los niveles dimensionales. Solo con que estés listo para el siguiente paso, te ayudarán a encontrar el camino. Actualmente creo que tal vez fueron los dragones los que me proporcionaron el título de este libro.

Miedo a volar

Mi amiga Carol Kakoczky, que es una terapeuta craneosacral fantástica, me había oído hablar de los dragones, semana tras semana, en las sesiones curativas que había tenido con ella, hasta que el mensaje acabó por surtir efecto. Recientemente me contó el viaje que realizó con su marido. Ella siempre ha tenido miedo a volar. Cuando su avión se estaba preparando para despegar, se sintió superada por su fobia y decidió llamar a «sus» dragones. ¡Le sorprendió enormemente que aparecieran! Su trabajo craneosacral ha activado su visión interior, su tercer ojo, lo cual ha desarrollado su talento natural. Poder ver con su ojo interior en ese momento fue una experiencia realmente profunda para ella. Vio nada menos que tres dragones, uno verde en el ala izquierda, uno rojo en la derecha y uno blanco en la parte superior del fuselaje. Su aparición la calmó definitivamente. Durante el vuelo, cuando tuvo lugar alguna pequeña turbulencia y reaccionó exageradamente con el pensamiento aterrado de que se iba a morir, el dragón blanco le preguntó: «¿Quieres vivir?». Por supuesto, su respuesta inmediata fue un «sí» rotundo, y se sintió totalmente relajada al instante.

Es tu turno. Pídeles a tus dragones que se te muestren en tu próxima meditación. Y escríbeme contándome tus experiencias [en inglés]; quiero saberlas. Incluso los niños las están teniendo. Observa el dibujo que descubrí hace pocos días en el pavimento de un parque local (figura 11.4).

Figura 11.4. Dragón dibujado en el pavimento de un parque.

Mi equipo de limpieza energética ha visto grandes dragones negros. Actualmente creemos que estaban frenando la usurpación del poder. Cuando te encuentres con abusos de poder, puedes llamar a los dragones para que ayuden a contenerlos. Esta sola razón bastaría para justificar la presencia de la gran cantidad de dragones que están apoyando a la humanidad en estos momentos.

La energía del dragón

El dragón es considerado el más poderoso y auspicioso de los doce animales del zodíaco chino. El número del dragón, el cinco, es el número sagrado más vinculado con la suerte; esto concuerda con el hecho de que el dragón es el quinto animal de la serie. Se dice que las personas nacidas en los años del dragón son creativas, expansivas, fuertes y afortunadas. Se cree que los bebés nacidos en un año del dragón son los más favorecidos y que probablemente disfrutarán de una larga vida, prosperidad y buena salud, y que nacerán sin problemas; también tendrán una descendencia feliz y gozarán de buenas amistades y honor. Es decir, recibirán todas las bendiciones de una vida bien vivida, de acuerdo con la voluntad del cielo y el respeto de los hombres.

En *Transition to the Golden Age in 2032* [Transición a la edad de oro en 2032], Diana Cooper habla de los dragones. Aunque escribió las palabras que reproduzco a continuación refiriéndose a Japón, creo que son aplicables a la humanidad en general:

Japón tiene unas conexiones muy fuertes con la energía del dragón. Los dragones son elementales de la cuarta dimensión que nos pueden ayudar enormemente cuando estamos abiertos a ellos. Los dragones aportan fuerza, protección y compañía en apoyo a las comunidades a medida que las estructuras obsoletas se van desmoronando. Esto las ayudará a superar sus problemas y a abrirse a dimensiones espirituales más elevadas.[2]

Figura 11.5. Escultura de hierro
que representa un dragón.

El dragón del fuego usa el color rojo brillante, que combina muy bien con la seda y el oro amarillos imperiales. Para los chinos, el dragón representa un potencial y unas posibilidades ilimitados. Esta es la razón por la que en la tradición china es posible que oigamos que alguien se refiere a un recién nacido como a un «dragón».

El dragón también es conocido por ser capaz de cambiar de forma y tamaño; puede ser tan pequeño como un gusano o tan grande como el cielo. Por eso vemos tantas formas de dragones en las nubes: las nubes o los silfos replican o nos muestran lo que ya existe en la realidad. Muchos de nosotros vemos a nuestros dragones en los arcoíris. Pueden esconderse dentro de las nubes, los lagos y los ríos, y también pueden convertirse en agua.

Sean cuales sean los elementos que tu dragón pueda considerar su hogar, es veraz y mutable, y tiene todas las cualidades del agua. Todos los dragones son yang, pero tienen todo el potencial de ser yin en varias expresiones. (Un ejemplo es el dragón del agua que se muestra en la figura 11.6. Los dragones del agua tienen una forma serpentina).

Figura 11.6. Dragón del agua de Kioto (Japón), situado en la subida al monte Kurama. En su boca hay un caño que dispensa agua para la ceremonia de limpieza que llevan a cabo los peregrinos antes de ascender a esta montaña sagrada, considerada el lugar donde Sanat Kumara aterrizó su nave espacial.

LAS SERENDIPIAS

¿Recuerdas la triste historia de la muerte prematura de mi hermana? No solo ocurrió que nuestros dos hermanos compartieron la experiencia de su accidente de tráfico, sino que, además, el hijo mayor de mi hermano, que trabajaba para una compañía eléctrica francesa como ingeniero y habla francés con fluidez, estaba de camino a O'Hare para ir a París (donde vivían mi hermana y su familia) cuando recibieron la noticia del desastre. Fue un alivio que el único miembro de la familia que habla francés estuviese yendo hacia París antes de que cualquiera de nosotros pudiese tomar un avión.

¿Te has dado cuenta de que tienen lugar más sucesos sincrónicos en tu vida? Es una de las formas en las que puedes tomar conciencia de que cuentas con la colaboración de un nuevo ser: las serendipias (en plural; no hay que confundirlas con el término *serendipia*, que hace referencia a un hallazgo valioso que se obtiene como fruto de lo que parece ser una casualidad). El nuevo MerKaBa de la 5D nos ayuda a abrir los chakras superiores, y cuando se abre el décimo, las serendipias se presentan en mayor medida. Esto se debe a que hemos permitido que la energía de la conciencia superior nos «empareje» con las oportunidades significativas; y, como aportación adicional maravillosa, la presencia de las serendipias nos ayuda a abrir los chakras superiores. Esto funciona en los dos sentidos: llámalas y tu décimo chakra se abrirá con mayor facilidad. Al darles la bienvenida, te será más sencillo mantener la elevada energía que llegue a ti a través de este chakra. Recuerda que todo lo que haces ayuda a la humanidad en la plena Ascensión del planeta.

Voy a poner un ejemplo. Estaba en el coche con mi marido, cerca de nuestra casa, en Seattle. Nuestro iPod se desplazaba automáticamente a través de su vasto archivo de canciones y empezó a sonar una de Brandi Carlile. Nunca la había oído cantar, y le comenté a mi esposo:

—Me gusta mucho su música; deberíamos ir a verla alguna vez.

Dije eso como si supiera que podíamos verla cerca de donde vivíamos; no sé por qué salieron de mí esas palabras. Mi marido asintió y dijo:

—Bueno, es de la zona de Seattle, ¿lo sabías?, y a veces canta con la Sinfónica de Seattle. —Y añadió—: Buscaré en Internet.

¡Al día siguiente me dijo que tenía entradas para el domingo posterior al día de Acción de Gracias, en el que iba a actuar con la Sinfónica de Seattle! Me sorprendió enormemente saber que hacía muy pocos días que las entradas estaban a la venta, unas seis semanas antes de la fecha del concierto. Mi marido pudo obtener unos magníficos asientos. Al cabo de pocos días, las entradas ya estaban agotadas. Nos lo pasamos de maravilla. La colección de música de mi esposo es grande y variada, y las canciones surgen al azar en nuestro iPod. Yo estaba «fluyendo» felizmente en la 5D cuando el gozo que estaba experimentando con la música de Brandi Carlile me incitó la sugerencia de que fuésemos a verla; ni yo misma sabía que iba a decir eso. Todo el rato estoy encantada con lo que fluye a través de mí de esta manera, en lo que respecta a obtener lo que queremos y disfrutar de la vida. ¡Gracias, serendipias!

Voy a poner otro ejemplo, de algo ocurrido muy recientemente. Dentro de poco estaré en Nueva York y en las mismas fechas mi marido debe estar en Filadelfia para ver a un cliente... pero ahora serán dos. Ayer, mientras estábamos cenando, me dijo que había hecho un cliente nuevo en esa ciudad y que quería verlo la próxima semana. Esto significa que tiene programadas dos citas consecutivas en el viaje que va a realizar a la zona de Filadelfia. Dijo: «Al puro estilo Maureen, ¡he conseguido dos clientes que no tienen nada que ver el uno con el otro en la misma ciudad al mismo tiempo!». Damas y caballeros, así es como se vive en la 5D: la magia acontece todo el rato. Estas felices coincidencias son la nueva normalidad. ¡Y esto es solo el comienzo!

Terri y las serendipias

Cuando una de las guías de los registros akáshicos, Terri Young, me llamó una mañana, hace poco, para contarme sus experiencias con las serendipias, no tuve una sorpresa, sino que me alegré. Se le presentaron directamente, y espera escribir un libro sobre sus experiencias algún día. En un intercambio personal por correspondencia, me relató lo siguiente:

Cuando me estaba despertando, oí: «Somos las serendipias» (no «una serendipia»). Después de hacer una gran respiración, les pregunté a quienes me habían hablado: «¿¿Cómo??».

Déjame decir, para empezar, que me encanta hablar de los sucesos aparentemente fortuitos y ver todos los pasos que fueron necesarios para que una determinada experiencia maravillosa se manifestase en mi vida. Así que tener una conversación con las serendipias era todo un acontecimiento.

También quiero añadir que adoro a los ángeles. Tenemos conversaciones a menudo, especialmente si tengo un problema. Nos comunicamos con bastante frecuencia en el tiempo del sueño, más concretamente justo antes de dormirme y cuando me estoy despertando. Le pido al arcángel Miguel y a su séquito de luz cien por cien divina que estén conmigo cuando debo tomar una decisión y cuando tengo dificultades para vivir en este mundo denso.

Así que el hecho de que las serendipias se anunciasen como esos *seres...* Bueno, la explicación que dieron de sí mismas fue muy sorprendente. Una vez que estuve lo bastante despierta como para responder, pregunté: «¿Por qué yo?». La respuesta que obtuve fue que pude verlas. Brincaron. [...] Parecían, en cierto sentido, pequeñas burbujas de champán. Sentí su presencia, y estaba tan feliz y ligera que todo lo que podía hacer era sonreír. Respondieron rápidamente con más efervescencia y se alegraron muchísimo de hacerme saber que les encantaba que me diese cuenta de que habían obrado su magia para disponer las cosas con el fin de que se produjesen... *¡milagros!*

Las serendipias son las promotoras y agitadoras de los milagros. ¿Acaso no hemos experimentado todos cómo algo se resolvió sin que supiésemos exactamente cómo se llegó a ese resultado? Pues bien, quieren que sepamos de su existencia y que están muy felices de trabajar para nosotros. Solo tenemos que pedírselo.

Así es como funciona. ¿Alguna vez has dicho para tus adentros que tenías que recordar algo y al abrir un armario o una puerta pasaste a recordar lo que necesitabas? Esos pequeños pasos te llevaron a conseguir lo que querías. Agradéceselo a las serendipias. ¡Es posible divertirse tanto con ellas...! La vida puede volverse cada vez más fácil si las dejamos participar.

Di: «Serendipias, ayudadme a hacer todo lo que hay que hacer de una manera más fácil y simple hoy». A continuación, desconecta de cualquier expectativa y deja que obren su magia. Te garantizo que tu vida se volverá muy agradable. También puedes pedir rayos de amor a las serendipias. Un rayo de amor es una descarga dulce. Comienza con una amplitud amorosa en el corazón, y sientes que este amor se desplaza por el cuerpo, dentro de todos los espacios y entre ellos. La vibración del amor se convierte en una columna de luz que baja desde el undécimo chakra, a través del tubo pránico, hasta la Madre Tierra. Al sentir esta vibración amorosa sabemos que podemos usarla suavemente para explorar el cuerpo.

Las serendipias terminaron así su ofrecimiento: «Finalmente, también somos seres de luz que pueden hacer que el tiempo transcurra más despacio o más veloz. Y podemos ayudar con los pensamientos inútiles. Si estás abierta, puedes sustituir una opinión que no te sirva: cambia de parecer y cambiará tu experiencia. También podemos oír tus inquietudes y ayudarte al respecto con pequeñas intervenciones que te pondrán las cosas más fáciles».

Las serendipias están contigo. «Danos la oportunidad de ayudar –dicen– y podremos hacer milagros».

Con gozo,

Terri Young

Gracias, Terri, por transmitir tanto amor y tanta luz.

12

¿Y AHORA QUÉ?

Este planeta está recibiendo muchas influencias y están ocurriendo muchas cosas en él. La liberación ya se ha producido. Ahora estamos en la fase de la implementación, que lleva mucho tiempo. Como estamos en una zona de libre albedrío, no sucede nada que no hayamos orquestado en algún nivel. El «juego» casi ha terminado, y tenemos muchas bendiciones a nuestra disposición.

Lo más importante en cuanto a ti es que reconozcas quién eres y que, como portador de una chispa de lo divino, sepas que tienes derecho a exigir que todas las fuerzas del cielo te apoyen en todos los aspectos de tu vida. Cuando te enfrentes a algún obstáculo que parezca real, acuérdate de pedir que sea apartado y eliminado. Medita regularmente y relájate. La parte difícil ya ha pasado.

¿Estás por la labor? ¡De ti depende! Muchos seres de luz están trabajando contigo, y hay energías latentes que aparecen para ayudarte cuando *decides* aceptar todas las mejoras, todas las «actualizaciones disponibles», para cambiar tu matriz. Es hora de que optes por hacer lo que te corresponde, porque este cambio no puede producirse, y no se producirá, sin tu participación. Lo que harás, sobre todo, será trabajar con las intenciones. Este trabajo con la intención es *muy potente*; no es el típico que efectuamos para sentirnos mejor. Estamos en medio de una transformación planetaria y se nos está dando la oportunidad de reestructurar nuestro marco celular y molecular en el nivel del ADN y el ARN.

IR MÁS ALLÁ DE LA POLARIDAD

Estamos saliendo de la dinámica de la polaridad y entrando en otra. En 2002 encontré, inesperadamente, un mosaico del arcángel Miguel en el que, espada en mano, hacía una pirueta de guerrero. Estaba en una pared de la estación de metro de París ubicada debajo de Notre Dame. Cuando me detuve frente a esa obra de arte tan bella y asombrosa, el arcángel Miguel me dio un mensaje. Dijo que la humanidad solo necesita una dosis homeopática de negatividad para mantener el equilibrio de la luz.

   ¿Cuántas veces hemos oído decir a instructores espirituales que si hay más luz hay más oscuridad? Siempre que oía esta declaración me cerraba y no entendía. No podía comprender que permitiésemos que hubiese más oscuridad en este mundo. Ahora bien, cuando nos damos cuenta de que la dinámica está cambiando, podemos ver por qué tiene más sentido la nueva información de que es necesaria muy poca oscuridad: porque ello facilita en gran medida la transición desde la polaridad. En la homeopatía, el rastro energético de una hierba en la preparación final es tan pequeño que no parece estar presente en un análisis químico. Creo que el arcángel Miguel me dio este mensaje para que pudiéramos entender que ya no es cierto que gozar de más luz en este planeta implica sufrir más oscuridad. También creo que quiere que entendamos que mientras estemos en la polaridad habrá algo de oscuridad, pero tan poca que no podremos percibirla.

Imagina que hay tanta luz aquí que todo el mal que conocemos es la dosis homeopática: hemos incrementado la luz en el planeta en un instante, porque hemos puesto toda nuestra atención en la luz en lugar de hacerlo en aquello que no queremos. Ahora bien, en el mundo hay también personas «malas» (los asesinos, los ladrones, etc.); ¿qué ocurre con ellas? Formulé esta pregunta y canalicé una información que me impresionó. Para empezar, llamemos *caimanes* a estos individuos y tomemos conciencia de que cada vez que pensamos en ellos los estamos alimentando.

Para entender este concepto, trata de recordar alguna situación en la que estabas hablando con un amigo sobre alguien presente en la misma sala; de pronto, esa persona levantó la mirada y os sonrió o se acercó. Y tú pensaste: «¿Sabía que estábamos hablando de él?». La respuesta es que efectivamente lo sabía, en el nivel energético. Siempre he sido muy sensible, y en mi infancia, mi hermano mayor se burlaba de mí. Una ocasión en la que empecé a llorar, mi madre se volvió hacia mi hermano y le dijo:

—¡Deja de hacer lo que estés haciendo!

Él protestó:

—¡Todo lo que he hecho ha sido mirarla!

Mi madre respondió:

—Entonces, no la mires.

Ahora te digo: no mires la oscuridad y no alimentarás a los caimanes.

Cuando piensas en el comportamiento de los individuos «malos», a los que hemos rebautizado como caimanes, les das más energía con tu emoción. La única manera de evitar alimentarlos es decidir que deberán librar su propia batalla, la cual no te incumbe. Si te obligas a examinar el concepto del fin del karma, ya no podrás emitir juicios sobre los ladrones y los asesinos. Los caimanes han usado la fuerza para tomar el control hasta cierto punto, pero no será el tipo de fuerza que se utilizará para detenerlos. En lugar de ello, serán consumidos por el amor. La Fuente los amará de todos modos. El amor perfecto expulsa la oscuridad, y el amor omniabarcante la consume.

Cuando hacemos el MerKaBa de la 5D, traemos tanta luz que se ahogan en ella. Nuestro trabajo consiste en mantener la mirada enfocada en la luz y en hacer todo lo posible para no juzgar la oscuridad que sigue habiendo. Tú y yo no podemos hacer nada acerca de esa oscuridad, pero sí podemos hacer algo sobre el cociente de luz. En eso somos buenos. Hay personas que se ocupan de los caimanes; ese es su trabajo. Y nosotros debemos hacer el nuestro.

¿QUÉ PUEDES HACER?

Aquí tienes los doce reconocimientos que te guiarán hacia tu nuevo yo, hacia tu nueva realidad, y te proporcionarán las bases de la nueva dinámica existencial que se está instaurando:

1. Reconoce que tu yo superior eres *tú* y cómo acceder a él.
2. Reconoce que tu yo superior puede guiarte.
3. Reconoce las ventajas que presenta el hecho de preguntarle a tu yo superior acerca de todo.

4. Reconoce que los golpes emocionales al corazón son un magnífico combustible para tu Ascensión.
5. Reconoce que eres el cocreador de tu realidad.
6. Reconoce que puedes cambiar esta realidad a voluntad.
7. Reconoce que la forma en que recibes no tiene que ver con quien da.
8. Reconoce que todos los individuos están embarcados en su propio viaje.
9. Reconoce que eres el centro de tu universo.
10. Reconoce que cada día tienes la oportunidad de empezar de nuevo (ya no estás sujeto al karma).
11. Reconoce que tienes la obligación de actuar con integridad.
12. Reconoce la voluntad de permanecer conectado con tu yo superior.

Sírvete de la conexión con tu yo superior para obtener conocimiento

Usamos el ego para conocer el mundo que nos rodea y familiarizarnos con él. En la edad adulta, el ego ya no es necesario, pero se ha vuelto tan poderoso que seguimos confiando en él en lugar de incrementar nuestra conciencia del yo superior. Esto le da un significado mucho mayor al término *crecimiento*. Es hora de crecer. La conclusión obvia de despertar la conexión con el yo superior es que este y nuestro ego pueden fundirse en una sola voluntad divina.

Sírvete del yo superior para cocrear con Dios

La mente de Dios contiene toda perfección y todo conocimiento. Pero esta mente no contiene todas las experiencias que aún no se han tenido. Incluso los registros akáshicos albergan futuros probables pero no todos los futuros posibles mientras no haya una energía que apoye una opción específica.

Mensaje procedente de los registros akáshicos

Por eso te decimos desde lo alto: permítete estar abierto y receptivo al ser divino, es decir, a esa sabiduría interna oculta que representa la versión de ti que está totalmente conectada a Dios para estar presente y en tu conciencia. Haremos esto contigo.

Te pedimos que encuentres un lugar tranquilo en este momento y te invitamos a realizar un viaje meditativo con nosotros. Ahora mismo, mientras te relajas, pídele a tu yo superior que te acompañe en tu corazón. Tu yo superior está absolutamente conectado con Dios, y cuando esta parte de ti se fusiona con tu corazón, puedes acceder a la mente de Dios.

Ahora, pídele a la mente de Dios que te proteja, que te inspire, que impulse tu evolución. Pídele que intervenga y llene tu mente con el profundo amor que Dios te tiene reservado. Este amor impregnará todos los aspectos de ti y te permitirá relajar la mente y el ego; también posibilitará que la mente de Dios esté presente en ti, en tu corazón, para dar lugar a tu expresión divina.

Esta es una forma de fusionar tu ego con tu ser divino.

Cambia la realidad con tu historia para dormir

Para empezar, puedes crear una matriz a la hora de dormir. Yo lo hago como describo a continuación:

Pido lo siguiente: que me acompañen a un retiro etéreo que sea ideal para mí. Que se me conceda permiso para asistir al retiro de la Ascensión de Serapis Bey.* Que lleven mi cuerpo físico a una cámara de rejuvenecimiento o de curación, según lo que mi yo superior y mis guías recomienden esta

---

* Serapis Bey, también conocido como Anciano de los Días, representa el código fuente de las matemáticas y la determinación de Dios.

noche. Que se disponga una jaula de Faraday energética alrededor de mi cama, para permanecer aislada de cualquier tipo de energía dañina. Y pido despertarme muy fresca y descansada, independientemente de lo que pueda ocurrir durante la noche.

De hecho, tengo escritas las peticiones mencionadas en un pequeño trozo de papel con la foto de una cama, para acordarme de efectuarlas al acostarme. Rara vez las leo, pero la imagen me sirve de recordatorio para hacer la invocación.

Cambia la realidad con tu conversación sobre familiares y amigos

Aprende a «cambiar tu historia» sobre los demás. Por ejemplo, una de mis clientas compartió conmigo que tenía miedo de su hermana. Cuando su acaudalada hermana, una sij, venía de visita, siempre se sentía incómoda, pequeña e insignificante en su presencia. Quería tener una relación buena y cercana con ella, y le aconsejé que cambiara su historia. Le sugerí que se imaginara bailando alegre después de su visita, compartiendo con sus amigos lo mucho que se habían divertido y diciéndoles a los demás lo feliz que estaba por haber creado una conexión increíble con su hermana. Esta clienta me llamó después de la siguiente visita de su hermana para decirme que lo había pasado muy bien con ella y que habían reconectado de una manera totalmente nueva. Bailó con alegría, tal como había imaginado.

Según cuál sea tu caso, puedes empezar diciendo para tus adentros algo así como: «Mi hermano Tom está listo para hablar con mamá otra vez» o «Mi hermano y su esposa están listos para acoger a mamá en su casa». Visualiza el resultado que desees como si vieses una película en tu mente e incluye una conversación en tiempo real que lo ancle en tu realidad actual. Esto garantiza el resultado y, por supuesto, también estás evocando la alegría y el amor para ver lo feliz que te hace.

Cambia la realidad con tu conversación sobre los demás

Una forma de hacer esto es dejar de participar en debates políticos. Los chismes políticos pueden ser muy dañinos porque le dan energía a lo negativo. Sea cual sea la situación, sea lo que sea lo que estés pensando de una persona famosa o del presidente de cualquier país, ¡cambia tu historia! Decide crear un *nuevo* camino para que lo sigan. La forma de hacer esto es crear nuevas historias sobre ellos, para no mantenerlos energéticamente en sus patrones (reales o imaginarios).

Puedes proceder así con cualquier persona. Si decides hacerlo, concibe una historia nueva y simple sobre el individuo en cuestión cada vez que te venga a la cabeza. Lo simple es lo mejor en esta práctica. Por ejemplo, podrías pensar: «Me estoy centrando en el presidente de [el país que sea], quien realmente representa la voluntad de la gente y no está al servicio de ningún plan maestro. Es un canal para la manifestación de la sabiduría en el Gobierno».

La eficacia de este procedimiento es sorprendente. No tienes que hacerle ni decirle nada a la persona que es el objeto de tus pensamientos; basta con que cambies tu historia sobre ella cada vez que acuda a tu mente. Tu energía es una herramienta potente que puedes usar para ayudarte a ti mismo y ayudar a otros a elegir la opción más elevada posible. Esta nueva versión de la realidad se vuelve cada vez más real a medida que la repites mentalmente en respuesta a todo aquello que sea negativo u oscuro. Esta es la verdadera belleza de esta práctica. Por supuesto, no puedes tomar las decisiones de otros, pero les estás dando permiso, en el ámbito energético, para que sigan una nueva historia. Es asombroso observar cómo los demás recogen las amables expectativas que tenemos de ellos, que les hemos enviado con amor y compasión, y las cumplen (generalmente). Es muy habitual que las personas cambien su patrón poco después de que se les haya dado permiso energético para hacerlo. He encontrado que esta es una herramienta potente, excepcional.

Hace muchos años tenía un baño que no me gustaba en casa, justo al lado de la sala de estar. A menudo hacía frío y tenía un poco de moho en los rincones que estaban por encima de la ducha. Cuando se produjo una inundación e hicieron agujeros en la pared para reparar las tuberías, decidí cambiar la energía. Después de quitar el papel pintado, escribí declaraciones agradables en las paredes, como estas: «Este baño es muy bonito», «Este baño está en el lugar adecuado», «Este baño tiene una energía dulce». Después pusimos un nuevo papel, que tapó completamente las palabras. ¡Imagina mi alegre sorpresa cuando los invitados que usaban el baño regresaban a la cocina recitando lo que había escrito debajo del papel pintado!

En respuesta a las dificultades del mundo

He estado recibiendo imágenes sobre cómo utilizar la meditación del MerKaBa de la 5D de forma activa para toda la humanidad, para sanar situaciones que se produzcan en el planeta del tipo incendios forestales, huracanes, inundaciones, terremotos, etc. Es una herramienta especialmente potente si te encuentras en medio de una situación preocupante o si conoces a alguien que la esté experimentando.

1. Imagina que acabas de terminar el MerKaBa multidimensional de la 5D.

2. Luego, piensa en la situación y envía una raíz a la tierra desde tu tubo pránico, que se hunda profundamente en ella.

3. Conecta con los elementos tierra, aire, fuego y agua. Sintoniza con sus energías y únete a ellas.

4. Pídele al elemento implicado que se calme y se estabilice. Ámalo, dale las gracias y acógelo, rodeándolo de amor. Visualiza y siente que se apacigua.

La energía del cosmos se manifiesta a través de nosotros, de manera que nos llega directamente la energía resolutiva procedente de la Fuente divina, que podemos dirigir a este tipo de acciones.

MENSAJES DE LUZ

Estas preguntas que se efectuaron en el campo akáshico fueron respondidas directamente por la diosa de la libertad y los señores de la luz y canalizadas a través de Maureen.

¿Habrá otra guerra?

No. El aparato militar se está desmantelando con rapidez. Hay muchas escuelas y otras redes dispuestas para lidiar con la rápida liberación de individuos entrenados en el servicio militar. Lo más difícil es darle un valor y un lugar en la historia a su servicio.

Las fuerzas de la luz que están por encima y más allá están observando todos los escenarios y ninguno incluye una guerra. Ciertos recuerdos de posibilidades han sido borrados de la realidad. Desde un punto de vista práctico, el mayor secreto del planeta, conocido por quienes tienen acceso al aparato militar, es que las armas nucleares se han inmovilizado y muchos sistemas se han apagado o han dejado de funcionar. Aquellos cuyo plan es la guerra han sido advertidos, y su actitud ya no es más que una pose. Sus días han pasado. *

Sigue hablando la diosa de la libertad

No habrá una guerra nuclear. No habrá una tercera guerra mundial. Esto no es posible, ya que la humanidad ha pasado el punto de no retorno a este respecto. Al igual que un aborto espontáneo solo puede producirse al principio del embarazo, ya se superó ese factor de riesgo. Esto se debe a que las capacidades electrónicas de la ojiva nuclear se han desactivado y destruido. Ya no es posible que el aparato militar desencadene una guerra mundial.

Habla el señor Sanat Kumara

Aprender esta meditación [la del MerKaBa de la 5D] es una oportunidad sagrada para vosotros. El hecho de practicarla cambiará el rumbo del planeta y vuestras propias vidas. Experimentaréis más amor, oportunidades, alegría y conexiones; en resumen, la vida os será más fácil. Pero no es necesario que confiéis en mi palabra. Si olvidáis hacer la meditación uno o dos días, os preguntaréis qué está fallando. Os pedimos que recordéis este momento, en el que se os dijo que lo descubriréis pronto. Recibiréis más información más adelante. Por ahora basta que os diga que sois seres humanos notables por haber elegido este trabajo en este momento. Os agradecemos encarecidamente vuestro servicio. Y os pedimos que si flaqueáis nos llaméis para que os ayudemos, ya que nunca estamos lejos de vosotros. Vuestra devoción es como un faro y nos atraerá, y también atraerá a otros que deseen saber y comprender más. Eso es todo.

---

* Un incidente bien documentado ocurrido en la Base de la Fuerza Aérea Malmstrom en 1967 ilustra este punto (www.cufon.org/cufon/malmstrom/malm1.htm).

Habla el gran director divino

Me reúno con vosotros en este día para reforzar vuestra propia conexión con vuestro ser divino. Podéis llamarme para ampliar las capacidades que tenéis en este momento. El rumbo de las cosas ha cambiado en el planeta Tierra, así que no hay nada que temer. Mantened vuestra cita con el destino. No cambiéis vuestros planes solo porque os hayáis tranquilizado o sepáis algo; en lugar de ello, permaneced centrados en el corazón. Dejaos influir por vuestro yo superior. Orad por los demás.

Podéis declarar lo siguiente al final de cualquier oración: «Pido esto para mí mismo y para toda la humanidad». Orad por aquellos a quienes amáis y por aquellos a quienes no amáis. Orad para amar a quienes no amáis y os enamoraréis de aquellos a quienes no amáis en estos momentos, y ya no sentiréis la necesidad de no amarlos. Cuando sintáis que os fallan las fuerzas y temáis no lograr vuestro objetivo, llamadme y os infundiré mi gran energía azul de voluntad y dirección divina. Soy el gran director divino.

¡PUEDES CAMBIAR LAS COSAS!

Es útil recordar que no hace falta mucho para producir cambios. Tú puedes hacerlo. Reúne grupos con esta finalidad. Ya sea en tu centro de yoga, en una librería, en una cafetería o en tu sala de estar, juntaos pequeños grupos para conversar. Tal vez seguiréis una línea argumental y constituiréis un grupo de estudio. Posiblemente conseguiréis algo que os permita cocrear en el universo.

Cada día se crean nuevas rejillas para apoyarte. Se han colocado muchas rejillas nuevas que se han dejado en blanco o vacías a propósito para acoger tus creaciones. Todo, absolutamente todo, puede ser renegociado y reevaluado. Sin embargo, depende totalmente de ti lo que ocurra a continuación. Estás en el camino de la Ascensión, pero te corresponde a ti elegir cuándo tardarás en culminarla y qué «medio de transporte» vas a utilizar.

Hay quienes afirman que todo lo que se ha creado ya existe. Si esto fuera cierto, ¡no necesitaríamos cocrear con Dios! Pero estamos creando constantemente algo nuevo, maravilloso y potente. Reconoce que esto forma parte de la directriz suprema por la que nos regimos; ¡añade esta información a tu base de datos!

NOTAS

Capítulo 2. Cómo procesamos la información

1. Cita traducida directamente del original inglés del libro de Jonah Lehrer (2009) *How We Decide*. Nueva York, USA: Houghton Mifflin Harcourt. En español: Lehrer, J. (2011). *Cómo decidimos*. Barcelona, España: Paidós Ibérica.
2. Roy F. Baumeister (abril de 2015). «Conquer Yourself, Conquer the World». *Scientific American*.

Capítulo 5. Tus emociones tienen la llave

1. Mark L. Prophet y Elizabeth Clare Prophet (2003). *The Masters and Their Retreats* (Corwin Springs, MT: Summit University Press), p. 158. En español: Prophet, M. L. y Prophet, E. C. (2015). *Los maestros y sus retiros*. EUA: Summit University Press.

Capítulo 6. El lenguaje de la quinta dimensión

1. Josh Richardson (20 de marzo de 2014). «How to Prevent Limitation and Proceed to Your Power». PreventDisease.com. http://preventdisease.com/news/14/032014_Prevent-Limitation-Proceed-To-Your-Power.shtml.

Capítulo 7. El continuo espacio-tiempo

1. «Introduction to GCP». *The Global Consciousness Project*. Obtenido en http://noosphere.princeton.edu/gcpintro.html .

2. James Twyman. «World Synchronized Meditation Miracle». Obtenido en https://jt208.infusionsoft.com/app/hostedEmail/15749367/7321 f8c6578bef6a?inf_contact_key=d33eb85e0a2f4f05e99b65a6aec03 b8ad091c07d14d14bef26217da7aa9898e6.

Capítulo 10. Vibrar en la quinta dimensión y activar los chakras superiores

1. Joseph Mercola (23 de enero de 2017). «How Sun Exposure Improves Your Immune Function». Mercola.com. http://articles.mercola.com/sites/articles/archive/2017/01/23/how-sun-exposure-improves-immune-function.aspx.
2. Richard Weller. «Could the Sun Be Good for Your Heart?». *TED*. www.ted.com/talks/richard_weller_could_the_sun_be_good_for_your_heart.
3. Andrew Knoll (24 de abril de 2016). «N.H.L. Teams Dream of a Title After a Good Night's Sleep». *New York Times*. www.nytimes.com/2016/04/25/sports/hockey/nhl-playoffs-sleep.html?_r=0.
4. Tom Kenyon. «White Gold Alchemy». Tom Kenyon.com. http://tomkenyon.com/store/white-gold-alchemy.
5. Christina Congleton, Britta K. Hölzel y Sara W. Lazar (8 de enero de 2015). «Mindfulness Can Literally Change Your Brain». *Harvard Business Review*. https://hbr.org/2015/01/mindfulness-can-literally-change-your-brain.
6. Endre Balogh. «Sacred Geometries-Art». *Endre Fine Photographic Art*. http://endre-balogh.pixels.com/collections/sacred+geometries.

Capítulo 11. Conoce a tus dragones y a las serendipias

1. «Dragon». *The MET*. Obtenido en www.metmuseum.org/art/collection/search/471062.
2. Diana Cooper (2011). *Transition to the Golden Age in 2032*. Findhorn, Escocia (Reino Unido): Findhorn Press.

RECURSOS

La fuente principal de los recursos mencionados en este libro y los otros que ofrezco es mi sitio web, www.MaureenStGermain.com. Ahí encontrarás enlaces a todos mis libros, CD, MP3, aceites esenciales, eventos y clases. A continuación se enumeran algunos de los recursos específicos recomendados en este libro y las descargas gratuitas de meditaciones que se ofrecen junto con este. Todo el material sonoro está en lengua inglesa solamente, y el libro que tienes en tus manos es el primero que publico en español.

MEDITACIONES GRATUITAS

Puedes descargarte las siguientes meditaciones desde www.MaureenStGermain.com/5DBonus.

Meditation to the Crystal Elohim (Meditación hacia los *elohim* cristal)

Te recomiendo encarecidamente que uses esta potente herramienta energética. Ampliará enormemente tus capacidades, tu conciencia y tu expresión en la quinta dimensión. Los *elohim* «dictaron» este CD, vía canalización, en 1994. En ese momento, insistieron en que lo dejara todo y creara la meditación guiada, que es una herramienta potente. Sabemos que la humanidad está evolucionando hacia una estructura cristalina, lo cual puede implicar momentos difíciles, extraños o dolorosos. Sabiendo esto, aprovecha esta maravillosa oportunidad para conectarte con la energía de los *elohim* cristal para que te ayuden en este proceso de transformación. Al elegir hacer este trabajo, acepta la oportunidad que se te ofrece. Recuerda también que este trabajo es cíclico, en el sentido de que los esfuerzos que le dediques te conectarán con las rejillas de cristal y la rejilla de la conciencia crística, y viceversa. La rejilla de la conciencia crística te ayudará a incorporar tu yo más evolucionado a tu existencia física.

Wheel Within the Wheel Angel Meditation (Meditación angélica de la rueda dentro de la rueda)

Esta meditación extraordinaria y transformadora lleva el antiguo nombre del MerKaBa: *rueda dentro de la rueda*. Invitará a las energías cósmicas que están actualmente disponibles a desplazarte a un nuevo espacio. Te ayudará a activar los cambios en tu ADN y acelerará tu evolución. Estas energías cósmicas están cambiando lo que eres y te permiten pasar a frecuencias más altas. Esta meditación incluye una bella música de fondo compuesta por mí.

Make Your Year a Good One! (¡Haz que tu año sea un buen año!) - Meditación guiada

Esta increíble meditación te conduce a través de una serie de afirmaciones para preparar el terreno para que tengas un año y una vida prósperos y productivos. Fue creada para una clienta que padecía depresión, que fue incapaz de decir lo que quería. ¡Todo lo que pudo hacer fue mencionar lo que no quería! Transformé cada uno de sus miedos en su resultado más elevado; esto fue lo que dio lugar a las afirmaciones. Esta meditación incluye una bella música de fondo compuesta por mí.

Divine Government Meditation (Meditación del gobierno divino)

La oración de seis minutos reclama nuestra soberanía y la intervención divina. Es una herramienta que te recomiendo usar a diario.

Triple Mantra Meditation (Meditación del mantra triple)

Esta meditación se canalizó directamente desde los registros akáshicos para ayudar a un cliente a manifestar una versión más evolucionada de sí mismo. Después de la sesión, me indicaron que la convirtiera en una meditación guiada que pudiese usar cualquiera. Solamente dura ocho minutos y puedes utilizarla para rejuvenecer o para sanar comportamientos, actitudes o cualquier aspecto de ti que quieras cambiar. Te permitirá identificar áreas clave en las que quieras mejorar; al seguir las instrucciones, provocarás que se manifieste una versión más evolucionada de ti mismo, con la que te podrás fusionar. Personas que han realizado esta meditación han declarado que es una herramienta extraordinaria para alcanzar un grado de maestría que no habrían podido conseguir por otros medios.

OTROS RECURSOS ÚTILES, A LA VENTA

Mantras for Ascension (Mantras para la Ascensión)
El CD y el MP3 incluyen el Hathor Chant (canto de los *hathor*) (pista 1) y el Kadosh Chant (canto Kadosh) (pista 2).

Flower of Life MerKaBa Classic DVD (DVD del MerKaBa clásico de la flor de la vida)
Esta es una magnífica grabación de la meditación original del MerKaBa de las diecisiete respiraciones. En este DVD de formación clásica en el MerKaBa, de más de tres horas, te guío a través de los diecisiete pasos de la meditación original.

Multi-Dimensional 5D MerKaBa Meditation (Meditación del MerKaBa multidimensional de la 5D)
Esta meditación te abrirá a tu yo de la quinta dimensión de una manera nueva y potente. Te permitirá activar tus chakras 8.º, 9.º, 10.º, 11.º y 12.º. Esta nueva meditación casi siempre hace que todas las otras meditaciones sean mejores, incrementa el estado de alegría de la persona y el flujo de energía cósmica a través de ella y libera las nuevas frecuencias del ADN para que se reproduzcan en el cuerpo. Cuando empieces a practicar esta nueva meditación, desearás seguir con ella, porque es muy potente; provocará cambios sustanciales en ti al expandir tu verdadera naturaleza.

The Fountain of Youth Guided Meditation (La fuente de la juventud - Meditación guiada)
Esta meditación te hará rejuvenecer, literalmente. Es una herramienta muy potente que puedes comprar junto con la mezcla de aceites esenciales Fuente de la Juventud, de AroMandalas.

Usadas conjuntamente, erradicarán de ti la irritación y el resentimiento, y te llenarán de aceptación y capacidad de permitir. Ayudarán a tu cuerpo a adaptarse a las nuevas energías procedentes del cinturón de fotones y expulsarán de ti lo que te esté reteniendo.

Beyond the Flower of Life [Más allá de la flor de la vida], libro de Maureen J. St. Germain

Activación multidimensional de tu yo superior, el gurú interno; enseñanzas avanzadas sobre el MerKaBa; contenidos de geometría sagrada y sobre la apertura del corazón. Este libro fue escrito pensando en ti si quieres mejorar tu práctica meditativa o si estás listo para llevarla al siguiente nivel. Publicado por Phoenix Rising Publishing, perteneciente a Transformational Enterprises, Inc., de Nueva York.

Reweaving the Fabric of Your Reality: Self-Study Guide for Personal Transformation [Rearmar el tejido de tu realidad: guía de autoaprendizaje para la transformación personal], libro de Maureen J. St. Germain

Este es un libro muy esperado y revisado recientemente sobre entidades, tal como lo transmitieron los maestros ascendidos a través de mí. Comprenderás y practicarás ceremonias e invocaciones para obtener claridad y conservarla. Este libro te ayudará a entender y expulsar entidades, erradicar maldiciones, expulsar la entidad suicida y muchísimo más. La intención de esta obra es que te veas transformado por la luz y el amor.

AroMandalas®

AroMandalas es una marca de mezclas de aceites esenciales canalizados (la fuente de la canalización es María Magdalena) destinados a limpiar las principales heridas emocionales del ser humano y a elevar la conciencia humana a su ser divino. Estas mezclas curan y reparan heridas emocionales; la siguiente tabla muestra los aspectos relativos a la curación y la conciencia superior que tienen lugar cuando las heridas han sido sanadas por medio de los aceites de AroMandalas.

Estas mezclas también sirven para abrir el holograma relativo a la experiencia tridimensional magnetizando y permitiendo el acceso a dimensiones más elevadas a medida que cada herida emocional es erradicada y reemplazada abundantemente con su antítesis. Se pueden comprar en mi sitio web, www.maureenstgermain.com. La tabla siguiente describe cómo estas mezclas pueden usarse para resolver las heridas emocionales así como para curar y para fomentar una conciencia superior.

The Sacred Rings (los anillos sagrados)

Los anillos sagrados son uno de los sacramentos de Nemenhah de la iglesia nativa americana. Proporcionan una manera de ayudar a equilibrar las energías elementales de la persona mediante la aplicación de los *aceites de la dicha* a los cinco circuitos de la acupuntura energética descubiertos por el neurocirujano C. Norman Shealy. Los puedes encontrar en https://normshealy.com/the-sacred-rings.

AROMANDALAS PARA LAS HERIDAS EMOCIONALES Y LA CURACIÓN		
Mezcla de AroMandalas	Sustituyen las heridas emocionales humanas...	... por la sanación y una conciencia elevada
Angel Guidance (Guía angélica).	Indefensión.	Empoderamiento: el poder reside en el interior, y los ángeles están dispuestos a ayudar.
Crystal Elohim (Elohim cristal).	Sentimiento de no pertenencia.	Todo es uno: restablece el programa original y el ADN.
Fountain of Youth (Fuente de la juventud).	Resentimiento y frustración.	Aceptación: ayuda a la memoria celular a desprenderse de los miasmas de la conciencia de masas para reflejar la juventud eterna.
MerKaBa Mystique (MerKaBa místico).	Ira y rabia.	Compasión: en paz con el yo y con el mundo.
Pyramid Echoes (Ecos de pirámide).	Decepción.	Ausencia de juicio: elimina los viejos hábitos y las expresiones inútiles de los cuatro cuerpos inferiores.
River Dancing (Baile del río).	Desesperación.	Abundancia: despierta expresiones de realización y plenitud.
Passages (Pasajes) (volúmenes I, II o III).	Pérdida.	Soltar: elimina los sistemas de creencias estrechos y limitantes, y allana el camino para el viaje de poder que corresponde efectuar en esta vida.
Mantra.	Sentirse atrapado.	Libertad: desplazarse a niveles de la experiencia más elevados.
Magdalene Trilogy (Trilogía de Magdalena).	Ser un(a) mártir o una víctima.	Despierta, unifica y culmina el equilibrio de lo divino masculino y lo divino femenino en favor del servicio a la humanidad.
Bethany (Betania).	Ser un(a) mártir	Mi vida es servicio (no servilismo).
The Way (El camino).	Víctima (masculino).	Para uno mismo y los demás: uno debe reconocer su propia sanación antes de poder servir verdaderamente a otras personas.
The Wisdom (La sabiduría).	Víctima (femenina).	Para una misma y los demás: una debe reconocer su propia sanación antes de poder servir verdaderamente a otras personas.

AROMANDALAS PARA LAS HERIDAS EMOCIONALES Y LA CURACIÓN

Mezcla de AroMandalas	Sustituyen las heridas emocionales humanas...	... por la sanación y una conciencia elevada
Dolphin Dreams (Sueños de delfín).	Desánimo.	Restablece la alegría y el espíritu lúdico.
Himalayan High (Alto Himalaya).	Terror.	Valor, atreverse a soñar.
Andean Alchemy (Alquimia andina).	Nostalgia.	El chakra del corazón se abre a expresiones del amor más elevadas.
OCTA.	Vergüenza.	Autoestima y autoaceptación; sanación de la vergüenza de origen kármico para el yo, la familia y el planeta.
Akasha.	Anhelo.	Ascensión a ámbitos dimensionales superiores; entender qué significa ser humano en un planeta vivo y participar en un cambio de conciencia.
Genie in a Bottle (Genio en una botella).	Sentirse abrumado.	Nuevas posibilidades; liberarse de formas de pensamiento que controlan la propia vida.
Reweaving (Rearmar).	Sentirse violentado.	Expresión de la intención original; todas las experiencias son beneficiosas en el viaje de la vida.
Kyphi – Sacred to Isis (Kyphi – Sagrado a Isis).	Mezclas para la Ascensión, semilla energética.	Crear una máquina del tiempo en una botella.
Sacred Journey (Viaje sagrado).	Mezclas para la Ascensión, semilla energética.	Reconocer cuán sagrado es ser humano.
Inner Guru (Gurú interior).	Mezclas para la Ascensión, semilla energética.	Despierta al gurú interior de la persona y explora las dimensiones que se encuentran más allá de la realidad de su experiencia actual; ayuda con las experiencias meditativas para descubrir una conciencia más centrada en el corazón.
Covenant (Pacto).	Mezclas para la Ascensión, semilla energética.	Ayuda a fortalecer el vínculo entre el alma y el cuerpo terrenal.

AROMANDALAS PARA LAS HERIDAS EMOCIONALES Y LA CURACIÓN		
Mezcla de AroMandalas	Sustituyen las heridas emocionales humanas...	... por la sanación y una conciencia elevada
Convergence (Convergencia).	Mezclas para la Ascensión, semilla energética.	Esta combinación de aceites única toca los secretos profundos del alma y nos recuerda que no estamos solos en el universo. Aporta la conciencia espiritual necesaria para avanzar con fortaleza y valentía.